Accompagner l'ens

dans son parcours professionnel

Une pratique d'accompagnement pédagogique centrée sur la personne de l'enseignant en développement de compétences professionnelles

Lucie Arpin
Louise Capra

Chenelière Éducation

Accompagner l'enseignant dans son parcours professionnel
Une pratique d'accompagnement pédagogique centrée sur la personne de l'enseignant en développement de compétences professionnelles

Lucie Arpin et Louise Capra

Édition : Marie-Hélène Ferland
Coordination : Nadine Fortier
Révision linguistique : Communications Texto
Correction d'épreuves : Sarah Bernard
Conception graphique : Fenêtre sur cour
Infographie : Louise Besner
Conception de la couverture : Josée Brunelle
Impression : Imprimeries Transcontinental

Catalogage avant publication de Bibliothèque et Archives nationales du Québec et Bibliothèque et Archives Canada

Arpin, Lucie, 1942-

Accompagner l'enseignant dans son parcours professionnel : une pratique d'accompagnement pédagogique centrée sur la personne de l'enseignant en développement de compétences professionnelles

Comprend des réf. bibliogr.

ISBN 978-2-7650-1833-9

1. Mentorat en éducation. 2. Enseignants – Formation en cours d'emploi. 3. Enseignement – Travail en équipe. 4. Mentorat en éducation – Cas, Études de. I. Capra, Louise. II. Titre.

LB1731.4.A76 2007 371.102 C2007-941975-5

Chenelière Éducation

7001, boul. Saint-Laurent
Montréal (Québec)
Canada H2S 3E3
Téléphone : 514 273-1066
Télécopieur : 514 276-0324
info@cheneliere.ca

ISBN 978-2-7650-1833-9

Dépôt légal : 1er trimestre 2008
Bibliothèque et Archives nationales du Québec
Bibliothèque et Archives Canada

Imprimé au Canada

1 2 3 4 5 ITG 11 10 09 08 07

Nous reconnaissons l'aide financière du gouvernement du Canada par l'entremise du Programme d'aide au développement de l'industrie de l'édition (PADIÉ) pour nos activités d'édition.

Gouvernement du Québec – Programme de crédit d'impôt pour l'édition de livres – Gestion SODEC.

Sources des photos

p. VI : Tatiana Morozova/Shutterstock ;
p. XIII : iStockphoto ;
p. 1 : Nik Niklz / Shutterstock ;
p. 25 : Neil Wigmore / Shutterstock ;
p. 43 : TTphoto / Shutterstock ;
p. 69 : Photobank.ch / Shutterstock ;
p. 115 : Martin Trajkovski / Shutterstock ;
p. 129 : Nikolay Okhitin / Shutterstock ;
p. 149 : Roman Barelko / iStockphoto ;
p. 151 : Louise Gouin.

Tableau de la couverture :

Promenade à St-Ours

Œuvre de **Louise Gouin**, aquarelliste

Par cette aquarelle intitulée « Promenade à St-Ours », l'artiste Louise Gouin, nous invite à partager de doux moments de bonheur sur le chemin des saisons et à se permettre un temps de réflexion pour mieux poursuivre sa route.

Cette artiste peintre privilégie l'aquarelle ; ce médium lui procure une immense joie et la rapproche de la nature. Elle crée ses toiles avec la magie de l'eau et de la couleur tout en s'imprégnant de la beauté des paysages qui l'entourent. Elle se laisse inspirer par l'ombre et la lumière des sous-bois, par les chemins sinueux de la campagne et par la beauté des maisons anciennes qui se racontent. Admirer ses aquarelles c'est prendre le temps de savourer la vie et la beauté qui nous entoure.

Dans cet ouvrage, le masculin est utilisé comme représentant des deux sexes, sans discrimination à l'égard des hommes et des femmes, et dans le seul but d'alléger le texte.

Remerciements

Un merci très spécial à toutes les personnes de divers milieux de l'éducation qui ont croisé notre route et qui ont inspiré notre démarche d'accompagnement. Leur confiance et leur enthousiasme en réponse à nos interventions d'accompagnement nous ont permis d'approfondir notre compréhension de la façon dont l'enseignant apprend et de contribuer à la reconnaissance professionnelle de l'acte d'enseigner. Nous sommes particulièrement reconnaissantes à Brigitte, Anne et Céline, qui ont accepté de témoigner de notre accompagnement au regard de leurs actions personnelles et professionnelles d'accompagnatrices. Nous disons aussi un grand merci à ces jeunes enseignantes de la relève, Natalie, Catherine et Marie-Bénédicte, de nous avoir fait part des grands défis qu'elles ont à relever et de leurs besoins d'accompagnement pour la poursuite de leur cheminement professionnel.

Le pas que je fais aujourd'hui
n'effface pas celui que je fis hier.
Le chemin qui va sur demain
ne détruit pas celui qui m'a mené ici.

Gilles Vigneault

Avant-propos

Notre parcours professionnel

Dès le début de notre parcours professionnel, nous avons été préoccupées par l'acte d'apprendre et le processus par lequel l'élève s'engage dans la construction de ses connaissances. En tant qu'enseignantes, nous nous sommes interrogées sur nos pratiques et avons cherché à comprendre ce qui se passe lorsque nous apprenons. Cela nous a amenées à modifier nos théories de l'apprentissage, élaborées au cours de notre expérience en tant qu'apprenantes. S'est alors amorcée dans notre pratique une véritable transformation conceptuelle du processus enseignement-apprentissage. L'analyse de notre pratique, au fil de nos différentes expérimentations auprès de nos élèves, nous a conduites à concevoir notre modèle d'enseignement, centré prioritairement sur l'apprentissage par projets. Cette façon de travailler avec nos élèves nous a permis de comprendre ce que nous mettons en œuvre quand nous apprenons et enseignons. Ces préoccupations sont au cœur de nos deux ouvrages précédents[1], dans lesquels nous présentions notre cheminement de pédagogues et la mise en œuvre de notre modèle pédagogique, l'apprentissage par projets, où l'apprenant, soutenu par la médiation du maître, est en action et est responsable de l'apprentissage de ses savoirs en interaction avec les autres.

Depuis la parution de ces deux ouvrages, nous avons été conduites à donner de nombreuses formations auprès d'enseignants, conseillers pédagogiques et directeurs d'école, aussi bien au Québec que dans d'autres provinces du Canada. Ces formations ont donné lieu à des questionnements diversifiés et particulièrement riches quant à la façon de s'assurer de la continuité, chez les élèves, des changements amorcés par les enseignants en salles de classe. Nous avons cherché à comprendre les processus par lesquels les changements s'effectuent et les conditions pouvant favoriser le renouvellement des pratiques. Comme formatrices, notre plus grand souci était d'arriver à susciter chez les différents intervenants en éducation, et particulièrement chez les enseignants, un questionnement sur leur pratique et un engagement face à leur propre processus d'apprentissage pour le développement continu de leurs compétences professionnelles. Plusieurs fois nous avons pu constater que les enseignants accompagnés et engagés dans leur formation effectuaient de réels changements dans leur façon d'enseigner. C'est une constatation qui a renforcé notre détermination d'accorder la priorité à l'accompagnement pédagogique des enseignants.

Notre expérience de formatrices et d'accompagnatrices nous permet de reconnaître que l'engagement de la personne vis-à-vis de son processus de formation est la pierre angulaire de tout changement et favorise l'évolution

1 L. Arpin et L. Capra, *Être prof, moi j'aime ça! Les saisons d'une démarche de croissance pédagogique*, Montréal, Les Éditions de la Chenelière, 1994; L. Arpin et L. Capra, *L'apprentissage par projets. Fondements, démarche et médiation pédagogique du maître dans la construction des savoirs de l'élève*, Montréal, Chenelière/McGraw-Hill, 2001.

des pratiques pédagogiques. C'est dans cette optique que nous avons construit notre pratique d'accompagnement, et cet ouvrage se veut le reflet de nos actions et de nos réflexions au regard de l'accompagnement pédagogique des enseignants et des différents intervenants en éducation que nous avons côtoyés

Il est le fruit de notre expérience et reflète notre parcours pédagogique, constitué de plusieurs années de recherche sur le terrain. Ces recherches se sont amorcées en Montérégie avec une équipe d'intervenants soucieux de répondre aux besoins des enseignants et de favoriser le renouvellement de l'activité éducative. S'en est suivi un guide d'accompagnement[2] pour soutenir adéquatement les personnes qui s'investissent dans une démarche de formation continue. C'est ainsi que nous nous sommes engagées sur la voie du renouveau pédagogique.

Notre intention, à l'écriture du présent ouvrage, est de partager avec les différents intervenants en éducation notre expérience professionnelle de 40 années de passion pour la profession, ainsi que notre foi en l'enseignant pédagogue et expert de l'apprentissage. Sans prétendre offrir toutes les réponses, cet ouvrage témoigne de notre pratique d'accompagnement pédagogique et veut fournir des repères pour tout intervenant qui travaille auprès des enseignants et qui désire mettre en œuvre sa propre démarche dans l'action.

2 M. Le Pailleur et L. Capra, *Guide d'accompagnement pour une école en mouvement,* Québec, Ministère de l'Éducation, 1997.

Table des matières

Introduction

À la croisée des chemins

La profession enseignante est à un tournant de son évolution et est en train d'être redéfinie en raison des nombreux défis qui l'interpellent. L'évolution de la société, les innovations constantes, le savoir et l'évolution rapide des connaissances, les modifications de programmes qui ont cours à l'école, les adaptations conséquentes qu'il faut apporter à nos connaissances, à nos comportements et à nos pratiques ont, depuis longtemps, fait la preuve de la nécessité d'être en apprentissage continu. Les enseignants sont au cœur des changements actuels en éducation et ressentent le grand besoin d'être valorisés et soutenus au regard de l'évolution de leur pratique. Nous reconnaissons, de par nos interventions et nos recherches dans le milieu de l'éducation, que l'accompagnement est une voie privilégiée pour le développement professionnel des enseignants. L'écriture de cet ouvrage repose sur les questions qui ont nourri notre cheminement d'accompagnement pédagogique auprès des enseignants. Comment l'accompagnement peut-il susciter l'engagement de l'enseignant vis-à-vis de son processus d'apprentissage ? Comment peut-il favoriser chez l'enseignant la réflexion au sujet de sa pratique, pour qu'il puisse nommer et théoriser ses actions pédagogiques ? Comment articuler une démarche d'accompagnement qui tienne compte des besoins diversifiés des enseignants tout en favorisant le développement de leurs compétences professionnelles ? Ces questionnements et réflexions reposent sur différents constats qui ont des implications sur le travail de l'enseignant au quotidien et sur la façon de l'accompagner dans son parcours professionnel.

Un tour d'horizon

Nous observons que la formation initiale n'est plus une formation terminée et qu'elle connaît présentement des changements importants. Il s'agit maintenant d'une formation à visée professionnelle dont les programmes sont orientés vers le développement des compétences nécessaires pour enseigner. Il en est de même pour l'enseignant en exercice. Les perfectionnements ponctuels à la carte, toujours présents dans le milieu scolaire, s'inscrivent de plus en plus dans un contexte de formation continue. Il ne s'agit plus de donner aux enseignants de l'information sur des contenus précis ou sur de nouvelles approches sans tenir compte de leurs questionnements et de leurs expériences pédagogiques.

Les enseignants en exercice, par ailleurs, préfèrent des activités de formation qui répondent à leurs besoins et apportent des solutions aux problèmes qu'ils vivent. Ils veulent pouvoir expérimenter et partager leurs réussites et leurs difficultés, être soutenus dans leur démarche, être accompagnés dans leur cheminement réflexif au regard de leur pratique.

Dès 1997, le ministère de l'Éducation, tout en s'inspirant des avancées mondiales en éducation, a amorcé l'implantation d'un programme d'études renouvelé dans le milieu scolaire du Québec pour assurer la réussite éducative du plus grand nombre d'élèves et l'égalité des chances pour tous. Le *Programme de formation de l'école québécoise* présente de nouvelles orientations qui affectent le travail de l'enseignant. Celui-ci est appelé à collaborer avec l'équipe-école et l'équipe-cycle, à privilégier des démarches d'apprentissage qui visent le développement des compétences chez les élèves, à pratiquer une évaluation formative qui tienne compte de la progression de l'élève, à adapter son enseignement aux caractéristiques et besoins des élèves et à travailler en collaboration avec les parents.

Dans ce contexte, les enseignants voient apparaître diverses voies d'apprentissage et on leur propose différentes approches et possibilités de pratique en vue d'aider les élèves à mieux apprendre. Ils sont amenés à réfléchir à une différenciation tant des processus d'enseignement que des structures d'apprentissage et des contenus de savoir. C'est pour eux une invitation à une analyse et à une régulation continue de leur pratique éducative, pour cheminer vers une pédagogie fondée sur l'apprentissage et la construction du savoir par l'élève.

Les enseignants ressentent la justesse de ces changements dans leur pratique et sont appelés à faire un choix judicieux quant à la pluralité des moyens d'enseignement qui leur sont présentés. Ils ont une responsabilité éducative qui exige une maîtrise pédagogique des processus pour apprendre, afin qu'ils puissent porter attention autant aux contenus des disciplines à enseigner qu'aux processus mis en œuvre par les élèves pour acquérir les différents savoirs. Ils ont à offrir aux élèves des conditions d'apprentissage optimales pour les amener à acquérir des compétences utiles et transférables à la réalité de leur vie. Ces compétences pourront leur permettre de résoudre des problèmes, de travailler en coopération, de faire preuve de créativité, de s'affirmer tout en respectant les autres, et d'apprendre à devenir des citoyens engagés et critiques.

C'est un changement de culture non seulement pour le personnel enseignant, mais aussi pour l'ensemble de ses collaborateurs : le personnel du ministère de l'Éducation, les commissions scolaires, les directeurs d'école, les membres des conseils d'établissement, les autres catégories de personnel de l'école et les parents. Cette volonté de redonner un pouvoir d'agir aux divers intervenants du milieu de l'éducation veut permettre de mieux répondre aux besoins diversifiés des élèves. C'est donc un travail qui doit être fait en synergie dont il est question, et ce travail requiert une grande créativité ainsi que beaucoup de courage et de détermination de la part des acteurs du milieu scolaire. Le renouvellement des pratiques orienté vers une pédagogie centrée sur la démarche d'apprentissage de l'élève dépend de l'animation que l'on fera auprès des enseignants et du soutien qu'on leur apportera tout le long de leur cheminement professionnel. Ce soutien à l'activité pédagogique de l'enseignant en salle de classe est désormais indissociable de la formation continue des enseignants.

Un retour sur les chemins de la formation

Mais nous sommes en mesure d'observer que ce discours sur le renouveau pédagogique ne s'accompagne pas toujours d'un soutien continu à l'actualisation des pratiques pédagogiques. Il ne s'agit pas de rappeler sans cesse aux enseignants de modifier leur attitude face à leurs interventions pour que ceux-ci les mettent automatiquement en pratique. Exiger des enseignants qu'ils assistent à des formations obligatoires, calquées sur les modèles déjà existants, est décevant pour ceux qui veulent progresser. Il est encore difficile de faire reconnaître la nécessité d'accompagner les enseignants en cours d'expérimentation. L'engagement du milieu dans un suivi d'accompagnement s'arrête souvent en cours de route à cause du manque d'argent au budget de l'école. Il nous est souvent arrivé d'initier des enseignants motivés à expérimenter l'approche par projets dans leur milieu et de constater que, faute d'accompagnement et de visées à long terme de la part des dirigeants, les enseignants se retrouvaient seuls et sans ressource par la suite. Cette culture d'accompagnement du développement professionnel des enseignants est lente à se réaliser, malgré l'importance reconnue de soutenir concrètement leurs essais et la mise à jour de leurs actions en salles de classe, que les enseignants soient débutants ou expérimentés. L'enseignant en insertion professionnelle a de grands besoins à cet égard. Lorsqu'il débute dans la profession, il est souvent confronté à des problèmes à la fois organisationnels et pédagogiques et ne trouve pas toujours le soutien dont il a besoin. Cela conduit souvent ces nouveaux enseignants à abandonner la profession après quelques années. Plus nous rencontrons d'enseignants, plus nous constatons leur isolement et leur difficulté à partager leurs expérimentations. Il existe une demande essentielle de soutien axé sur les besoins réels des enseignants en salles de classe pour les aider à poursuivre les changements amorcés sur le plan pédagogique.

Les parcours des enseignants sont multiples. Pensons aux enseignants qui travaillent dans des classes multiprogrammes, à ceux qui évoluent en milieu défavorisé, à ceux qui enseignent en milieu culturellement différent, à ces enseignants qui, motivés par leurs intérêts, se retrouvent à enseigner une autre discipline sans préparation et sans soutien, aux enseignants en immersion linguistique, à ceux qui se retrouvent avec des élèves ayant des besoins particuliers et qui ne peuvent compter sur des ressources pour les guider, les encadrer et leur permettre de progresser. D'autres enseignants aiment innover et deviennent des personnes-ressources qui ont aussi besoin de partager leurs questionnements et de s'alimenter pédagogiquement. Enseigner est de plus en plus difficile et le contexte dans lequel l'enseignement se vit est en continuelle mouvance. Les équipes de travail se forment et se déforment selon les affectations des enseignants, les directions d'école se renouvellent par les départs à la retraite ou les changements de plans de carrière, les projets de développement pédagogique sont à la merci des budgets qui, souvent, sont de courte vue. Les départs à la retraite sont nombreux et il n'y a pas toujours d'accompagnement pour la relève qui débute dans l'enseignement. L'expertise des anciens est perdue et les jeunes enseignants ne peuvent compter sur cette expérience dont ils pourraient tant bénéficier.

La recherche en éducation a grandement aidé à faire ressortir les gestes pédagogiques les plus prometteurs au regard de l'apprentissage, mais il n'en demeure pas moins que les enseignants sont aux premières loges des changements et que leur travail n'est pas pour autant rendu plus facile dans le contexte actuel. Des défis multiples modifient considérablement leur tâche. Ils travaillent avec des groupes d'élèves de plus en plus différents les uns des autres et qui vivent dans un siècle où les valeurs familiales et sociales sont en pleine mutation.

L'ensemble des recherches sur les « savoirs enseignants » confirme la complexité de l'acte d'enseigner. Celui-ci fait appel au jugement et à la prise de décision concernant les gestes à poser quant à ce qui se passe, au moment où cela se passe. Dans ce contexte, l'enseignant est appelé à mettre à jour, et ce, de façon continue, ses différents savoirs pédagogiques et ses compétences professionnelles. Cela a pour effet de modifier le regard que l'on porte sur le métier d'enseignant aujourd'hui. L'enseignant est en voie de passer du statut d'exécutant ou de technicien à celui de professionnel. Ce passage est lié à sa capacité à se réapproprier son acte d'enseigner, c'est-à-dire nommer sa pratique, l'objectiver et la réguler pour lui donner tout son sens. C'est ainsi qu'il se réalise pédagogiquement dans une perspective professionnelle. Paradoxalement, les enseignants, face au mouvement de professionnalisation, semblent être des acteurs absents et pourtant… ils ont un pouvoir sur leur devenir professionnel.

Un choix de départ : une destination à privilégier

On sait maintenant très bien qu'une formation sans enracinement et sans suite dans l'expérience professionnelle des enseignants ne fait pas écho dans la vie quotidienne de leur classe et est sans effet observable sur les apprentissages des élèves. Si l'on veut assurer le réinvestissement des apprentissages réalisés lors des formations, **on ne peut dissocier l'accompagnement de la formation.** Ce soutien permet aux enseignants d'amorcer ou de poursuivre des changements, de modifier leur manière de faire et de les rendre conscients de leurs gestes pédagogiques auprès de leurs élèves. L'accompagnement s'intègre alors à l'action éducative des enseignants et assure la mise à jour continue de leurs compétences professionnelles. **On ne peut non plus dissocier la formation de l'accompagnement.** Accompagner nécessite aussi des temps de formation, parce qu'il existe un réel besoin d'éléments théoriques et pratiques, nécessaires à la compréhension de son action. Comprendre un concept, s'approprier une approche et mettre des mots sur sa pratique nécessitent parfois l'apport d'une formation en ce sens. Harmoniser des pratiques de formation-accompagnement, accompagnement-formation aux parcours différenciés des enseignants et s'assurer des retombées pédagogiques en salle de classe sont de grands défis pour ceux qui interviennent auprès des enseignants.

L'accompagnement pédagogique est désormais une voie à privilégier pour le développement des compétences professionnelles des enseignants, et ce, en contexte de formation continue. Les différents intervenants du milieu scolaire qui travaillent auprès des enseignants, directeurs d'école, conseillers pédagogiques, formateurs universitaires, consultants en éducation, experts des services éducatifs et enseignants-ressources ont un rôle significatif et important à jouer en tant qu'accompagnateurs sur la route de l'enseignant, à cette croisée des chemins de l'évolution professionnelle de l'enseignant. Évoluer vers un accompagnement davantage centré sur la pratique de l'enseignant nécessite sa participation active et son engagement tout au long du processus. C'est réfléchir avec lui à partir de sa pratique et travailler avec lui en fonction de ses besoins pédagogiques ; c'est créer de nouveaux modèles d'accompagnement pouvant favoriser le développement de son autonomie professionnelle.

Une vue panoramique du contenu de l'ouvrage

Le présent ouvrage se divise en six chapitres. Le **premier chapitre** pose prioritairement un regard sur les réalités de l'acte d'enseigner aujourd'hui, particulièrement dans le contexte des changements apportés en éducation. Le paysage de la pratique enseignante est en mutation et génère des peurs et des désirs chez les enseignants qui, souvent, éprouvent de la difficulté à voir leur travail reconnu à sa juste valeur. De plus, face au renouvellement des pratiques, certaines croyances perdurent et font obstacle au changement. Il est donc primordial, pour les intervenants qui travaillent auprès des enseignants, de réfléchir à l'impact de ces croyances sur l'actualisation des pratiques. Connaître la culture du milieu enseignant nous semble prioritaire pour l'accompagnateur. Qui est l'enseignant que l'on accompagne dans le contexte actuel des changements en éducation ? Quelles sont les incidences de cette réalité sur le rôle de la personne qui accompagne les enseignants ?

Connaître la réalité de l'acte d'enseigner aujourd'hui, c'est pour l'accompagnateur mieux se préparer à soutenir l'enseignant sur la route de son développement professionnel. Il est alors interpellé au regard de ses propres conceptions de l'accompagnement.

S'appuyant sur divers écrits théoriques et sur les travaux de chercheurs du domaine, le **deuxième chapitre** de cet ouvrage propose les bases de ce que nous entendons par « accompagnement pédagogique », dans l'optique de mettre en relief les concepts et les principes fondamentaux qui le caractérisent. Cela peut permettre au lecteur de s'interroger et de définir ce qu'est pour lui l'accompagnement pédagogique et, par la suite, d'amorcer une réflexion sur ses interventions auprès des enseignants. Quels seraient les fondements d'un accompagnement centré sur le développement professionnel des enseignants en contexte de renouvellement des pratiques ?

Dans le **troisième chapitre,** nous sommes en route vers l'action. Nous accordons une place importante à l'illustration de la mise en œuvre de notre démarche d'accompagnement pédagogique. Les phases du processus d'accompagnement sont mises en mots, de façon à fournir au lecteur des pistes d'action répondant à la question suivante : Comment engager l'enseignant dans sa démarche de développement professionnel en contexte de formation continue ?

Des exemples de pratiques d'accompagnement vécues dans différents milieux en éducation sont présentés au **quatrième chapitre.** Ils permettent aux lecteurs de comprendre davantage les fondements de cette démarche et de reconnaître ce qui peut apporter une réponse à leurs questionnements lors du suivi accordé aux divers projets d'accompagnement.

Accompagner l'enseignant dans son parcours professionnel oblige l'accompagnateur à réfléchir à ses pratiques et conceptions pédagogiques, à analyser ses interventions, à enrichir ses savoirs théoriques et pratiques et à acquérir de nouvelles compétences. Il est à son tour en apprentissage continu. Le **cinquième chapitre** de cet ouvrage pose les jalons d'une réflexion sur notre cheminement d'accompagnatrices et fournit des points de repère au regard de l'acquisition de compétences professionnelles par l'accompagnateur. Quelles compétences avons-nous besoin d'acquérir pour accompagner l'enseignant dans la maîtrise de son acte professionnel ?

Au **sixième chapitre,** le présent ouvrage fait appel au partage d'expériences concrètes d'accompagnement. Les témoignages de Brigitte, Anne et Céline, pédagogues et intervenantes en éducation, démontrent la diversité et la richesse de différentes pratiques d'accompagnement. Leur contribution permet d'avoir une vision élargie de l'accompagnement et de voir comment celui-ci peut s'adapter à des contextes de travail différents. Des pistes d'action et de recherche émanent de leurs témoignages et apportent un éclairage à de futures recherches en ce domaine.

Enfin, tout au long du présent ouvrage, nous invitons les acteurs du milieu de l'éducation à prendre la route avec nous pour réfléchir ensemble à l'accompagnement pédagogique, afin qu'il soit une aide au développement professionnel des enseignants.

Chaque chapitre de cet ouvrage est présenté à l'aide de pensées poétiques et éducatives pour accompagner le lecteur dans son cheminement personnel et professionnel. En avançant à son rythme sur la route, chaque accompagnateur peut choisir ses façons de lire ce livre et s'arrêter aux haltes pédagogiques qui l'invitent à la réflexion sur sa pratique. Par exemple, ceux qui aiment d'abord comprendre les fondements théoriques qui se rattachent à l'accompagnement pourront prendre le sentier du deuxième chapitre. Ceux qui veulent connaître les actions liées à l'intervention de l'accompagnateur préféreront commencer la lecture en se rendant directement au troisième chapitre, soit la mise en œuvre de la démarche d'accompagnement. C'est ainsi que chaque lecteur trouvera réponse à ses besoins, selon son choix de lecture.

Des outils d'analyse réflexive, présents tout au long de cet ouvrage, sont l'occasion pour l'accompagnateur d'élaborer son portfolio de développement professionnel en y inscrivant ses apprentissages, ses réflexions, ses questionnements. De plus, pour approfondir ses interrogations, des pistes pour aller plus loin suggèrent au lecteur des ouvrages susceptibles d'apporter un éclairage et de donner des idées d'action pour la construction de sa démarche d'accompagnement. Tout accompagnateur est invité lui-même à faire face au défi du renouvellement de ses propres pratiques.

Chapitre 1

Le paysage de la profession enseignante en mutation

Qui suis-je ? Où vais-je ? Que le chemin soit le voyage, je suis d'accord…

Gilles Vigneault

Le métier d'enseignant oscille actuellement entre deux grands modèles. Dans l'un, l'enseignant est un exécutant qualifié mais docile ; dans l'autre, il est un professionnel considéré comme autonome en regard de ses méthodes et des orientations de ses actions.

Perrenoud

L'évolution de la profession enseignante a un impact sur les intervenants qui œuvrent auprès des enseignants. Pour accompagner l'enseignant aujourd'hui, il importe de connaître sa culture, de prendre en compte ses capacités et la réalité de son travail au quotidien, particulièrement quand les défis de sa pratique professionnelle se font nombreux.

Le présent chapitre propose un regard sur la transformation du métier d'enseignant, pour en dégager les peurs, les désirs, les renoncements ainsi que les croyances et les conceptions des enseignants dans le contexte éducatif actuel. Que signifie enseigner aujourd'hui ? Ce chapitre nous amène également à réfléchir aux incidences de ces transformations sur le rôle des personnes qui accompagnent les enseignants dans ce paysage en mutation.

Que signifie enseigner aujourd'hui ?

Tout comme Tardif et Lessard[1], nous pensons qu'enseigner aujourd'hui ne se réduit plus à l'unique connaissance de sa discipline, à des qualités personnelles innées ou à une formation acquise une fois pour toutes. En effet, le temps n'est pas si loin où enseigner pouvait se résumer à faire apprendre des contenus à l'élève. Des élèves dociles et à l'écoute étaient représentatifs d'une classe bien gérée par l'enseignant. Il était celui qui, en avant de la classe, leur apportait l'information et les explications nécessaires au bon déroulement des apprentissages. Les élèves s'exerçaient par la suite en travaillant le plus souvent individuellement dans leurs manuels et divers contrôles faisaient foi des apprentissages. L'enseignant était respecté et des élèves et des parents. Cela ne signifie pas que ce métier était de tout repos, mais le travail de l'enseignant était reconnu et valorisé. Enseigner occupait une place importante dans la vie personnelle de l'enseignant et dans son quotidien auprès des élèves. De plus, l'évolution des savoirs au regard de la pédagogie et de l'apprentissage était en émergence ; des expériences pédagogiques étaient vécues sans nécessairement être diffusées auprès des enseignants.

L'enseignement tend maintenant à être reconnu comme une profession qui doit être exercée de manière autonome et responsable. L'enseignant ne peut plus uniquement faire référence à des modèles d'action dans lesquels les tâches sont morcelées, répétitives et limitées à l'application de consignes. Il est appelé à inventer, à créer, à innover, à mobiliser un ensemble de ressources appropriées en situation d'enseignement et d'apprentissage. C'est, pour Le Boterf[2], savoir « naviguer dans la complexité ». En effet, les groupes d'élèves sont diversifiés et ont des besoins particuliers, les jeunes vivent des situations difficiles et l'école est parfois leur seul refuge face aux problèmes qu'ils vivent. L'enseignement est un des « métiers de l'humain[3] » qui, selon Cifali, oblige à une double responsabilité : travailler non seulement sur l'autre et avec l'autre, mais aussi sur soi, ce qui implique émotivement les enseignants.

Placer l'élève au cœur de l'action pédagogique et individualiser les parcours de formation sont des enjeux exigeants. Ils demandent aux enseignants qu'ils s'investissent dans la formation continue, la pratique réfléchie et le travail d'équipe. Cela les amène à se construire une nouvelle identité professionnelle. Les programmes par compétences, le travail par cycles, la différenciation pédagogique, l'évaluation formative, l'encadrement du travail des élèves, les différentes approches pédagogiques appellent d'autres façons de travailler. Pour pouvoir affronter les problèmes auxquels ils font face au quotidien, il est nécessaire que les enseignants développent leur habileté à mieux travailler ensemble pour chercher des solutions originales et pour partager leurs expériences et innovations. Construire une pratique pédagogique pour s'adapter aux exigences d'une profession en mutation ne peut se faire et réussir que si l'enseignant modifie certaines de ses représentations et s'engage dans cette

1 M. Tardif et C. Lessard, *Le travail enseignant au quotidien,* Québec, Presses de l'Université Laval, 1999.

2 G. Le Boterf, *Construire des compétences individuelles et collectives,* Paris, Les Éditions d'Organisation, 2001.

3 Dans Patrick Robo, « L'analyse des pratiques professionnelles : un dispositif de formation accompagnante », *Vie pédagogique,* n° 122, mars 2002, p. 7.

voie. Il faut également tenir compte de l'ampleur de ces changements et considérer l'investissement humain et les conditions que de tels changements exigent. Le travail de l'enseignant n'en est pas nécessairement plus facile, et on a parfois l'impression qu'il est le seul à porter le fardeau de ces changements. On oublie que l'enseignant a une autre vie après l'école, qu'il doit concilier travail et famille et qu'il ne peut tout faire à la fois dans ce « scénario pour un métier nouveau[4] ».

Enseigner est donc un métier complexe qui n'est pas sans interpeller toute la personne de l'enseignant. En tant qu'acteur dont le cheminement et l'évolution professionnelle sont touchés, il est habité par des peurs, des doutes, des désirs, des paradoxes et des contradictions. Prenons le temps de nous arrêter un moment, en tant qu'accompagnateur, pour comprendre comment les croyances et les conceptions pédagogiques de l'enseignant influencent son agir, comment elles se manifestent dans ses choix pédagogiques et ses stratégies d'enseignement.

Des croyances et des conceptions qui influencent l'agir de l'enseignant

L'enseignant enseigne à partir de ce qu'il pense être la façon d'apprendre des élèves. Ces croyances et conceptions personnelles de la pédagogie, de l'apprentissage et de l'enseignement renvoient à un modèle implicite qu'il a construit au fil du temps et de son expérience. Elles guident sa pratique, définissent son style d'enseignement et orientent ses actions pédagogiques. Elles portent, entre autres, sur l'apprentissage et la façon dont l'élève apprend, sur son rôle de pédagogue et sa compétence à résoudre des problèmes, sur la façon d'assurer efficacement les exigences disciplinaires et curriculaires des programmes ainsi que sur le choix des manuels et des méthodes d'enseignement. Ces croyances et conceptions ont un caractère personnel et sont traduites par les enseignants sous la forme d'opinions et de convictions associées à leurs valeurs morales et à leurs émotions. Elles contribuent à nommer la pratique de l'enseignant, font partie de son paysage professionnel tout au long de son cheminement et évoluent avec sa pratique. Plus les enseignants sont expérimentés, plus ils cheminent vers une compréhension cohérente des effets de leurs actions pédagogiques auprès des élèves.

Il ne faut pas perdre de vue que, entre ce que nous sommes et pensons et la façon dont nous nous comportons dans nos interventions éducatives, entre nos certitudes tranquilles qui ont toujours servi de cadres de référence à nos savoirs instrumentaux et comportementaux et nos présentes quiétudes quant au fait que nous ne sommes peut-être pas aussi cohérents et authentiques que nous le pensions, il peut y avoir un fossé que nous aimerions bien combler.

NOISEUX

Ces croyances des enseignants agissent comme un filtre à travers lequel ils analysent les résultats de diverses expérimentations, recherches et nouveautés pédagogiques. Ces croyances, étroitement liées à l'action de l'enseignant, peuvent parfois freiner son évolution professionnelle et créer des résistances souvent tenaces à l'égard du changement de pratique. Pour Martineau[5], un certain nombre de conceptions issues de notre culture pédagogique résistent et font obstacle au changement de pratique, ce qui expliquerait pourquoi perdurent des pratiques pédagogiques peu efficaces. Le chercheur mentionne dans son étude la persistance de certains enseignants à donner des cours

4 P. Meirieu, *Enseigner, scénario pour un métier nouveau,* Paris, ESF, 1994.

5 S. Martineau, « Recherches contemporaines sur le savoir des enseignants », dans C. Gauthier, J.-F. Desbiens, A. Malo, S. Martineau et D. Simard, *Pour une théorie de la pédagogie,* Sainte-Foy, Presses de l'Université Laval, 1997.

exclusivement magistraux, l'engouement irrationnel pour les cahiers d'exercices et la peur obsessive de l'évaluation qui engendre la multiplication des tests.

Par ailleurs, Paré[6] a grandement contribué à démontrer l'influence de nos propres modèles d'apprentissage sur notre façon de faire apprendre les élèves. Pour ce chercheur, il n'y a pas de transformation pédagogique qui ne soit précédée d'une transformation intérieure de la personne. Lorsqu'on enseigne, on ne peut laisser sa personnalité au vestiaire, on ne peut laisser son esprit et son affectivité à la maison. Des composantes comme la chaleur, l'empathie, la compréhension, l'ouverture d'esprit, le sens de l'humour, etc. constituent, selon Tardif et Lessard[7], des atouts indéniables de l'enseignant pour gérer sa vie de classe.

Ces conceptions implicites ont aussi un impact sur l'enseignant en situation de formation continue. En effet, Charlier[8] a démontré, dans une étude portant sur le changement de pratique des enseignants, l'hypothèse d'une interaction étroite entre la conception de l'apprentissage portée par l'enseignant, le but qu'il poursuit en situation de formation et sa représentation de l'efficacité de la formation pour atteindre ce but. L'enseignant étant lui-même un apprenant, son rapport à l'apprentissage influence ceux avec lesquels il interagit et se forme en situation. Il y a donc lieu pour l'accompagnateur de tenir compte de ces aspects lorsqu'il travaille avec les enseignants. En effet, l'efficacité d'une formation et la pertinence d'y participer peuvent êtres teintées par la représentation que s'en fait l'enseignant. Est-ce que cela va m'apporter quelque chose de nouveau ? Est-ce que cela est si différent de ce que je fais ? Pourquoi changer de manière de faire si ce que je fais fonctionne très bien ?

Point d'observation

Les croyances et conceptions originent dans l'expérience vécue de l'enseignant; elles traduisent sa compréhension ou son appréhension personnelle de la situation; elles sont une manière d'être et orientent son agir au regard de la situation dans la vie de la classe.
— Jonhston

6 A. Paré, *Changement personnel et pratique pédagogique,* conférence, 1989.

7 M. Tardif et C. Lessard, *Le travail enseignant au quotidien,* Québec, Presses de l'Université Laval, 1999.

8 B. Charlier, *Apprendre et changer sa pratique d'enseignants,* Bruxelles, De Boeck, 1998.

Les peurs et les désirs de l'enseignant en contexte de renouvellement de ses pratiques : *Ces changements en valent-ils la peine ?*

Actuellement, les enseignants sont grandement sollicités par les transformations à la fois curriculaires, pédagogiques et administratives qui touchent l'école. L'approche par compétences bouleverse la façon d'enseigner et de travailler avec les élèves. On demande aux enseignants d'élaborer des situations d'apprentissage signifiantes et complexes axées sur l'acquisition des savoirs par les élèves en interaction avec les autres, de créer des outils, des démarches avec les élèves, d'ajuster leurs interventions aux besoins diversifiés des élèves et d'enchâsser l'évaluation dans l'apprentissage. En effet, lorsque l'enseignant choisit d'expérimenter de nouvelles manières de faire avec ses élèves, d'explorer différentes approches en pédagogie, certaines questions surgissent naturellement. Cela va-t-il nuire au cadre établi ? Est-ce que je saurai conserver l'attention de mes élèves ? Est-ce que mes élèves seront quand même disciplinés ? Vont-ils accumuler des retards scolaires ? Seront-ils prêts pour l'évaluation ? Et mon programme dans tout cela ? Sans vouloir tourner le dos aux pédagogies par projets, à l'apprentissage coopératif, à la différenciation de l'enseignement ou à l'enseignement stratégique, les enseignants ont d'abord besoin d'être persuadés de la pertinence de ces choix. En expérimentant de nouvelles approches, ils s'exposent au jugement critique de leurs pairs et risquent de perdre durant un moment leurs repères habituels et sécuritaires. L'enseignant devient alors vulnérable et n'a pas toujours les arguments nécessaires pour expliciter ses pratiques devant ses pairs qui, parfois, jugent sévèrement l'enseignant qui sort des rangs du « tout le monde pareil ». Et il y a aussi les parents, qui persistent à attendre des enseignants d'un même cycle ou d'une même école des démarches uniformes de planification et d'apprentissage.

S'il y a des modes qui méritent de survivre à la mode, ce sont celles qui rendent les gens plus intelligents de leur métier, celles qui leur permettent de comprendre ce qui se joue dans ce qu'ils vivent avec leur classe et pourquoi, de temps en temps, ça marche un peu moins mal.

MEIRIEU

L'évaluation des apprentissages des élèves demeure angoissante pour les enseignants et les fait se questionner sur leur éthique professionnelle. Ils savent que, malgré leur investissement, l'évaluation de certains élèves n'aura pas nécessairement de reflet sur leur travail et considèrent souvent cela injuste pour eux. L'évaluation est encore perçue comme étant angoissante, au lieu d'être reconnue comme un facteur de progrès et de développement. Les examens prennent beaucoup de place et l'enseignement en est influencé. Combien de fois entendons-nous dire lors de formations : *Oui, j'aimerais travailler plus longuement par situations de problèmes, mais il y a les examens et les bulletins qui arrivent à la fin de l'étape...* L'idée d'une évaluation comme relation d'aide à l'élève est longue à faire son chemin. S'habiliter à évaluer l'élève durant le déroulement de son projet ou à l'intérieur d'une situation complexe d'apprentissage présente de nouveaux défis. Cela suppose la mise en synergie de différents savoirs, savoir-faire et attitudes de la part de l'enseignant.

Et il y a toujours la peur d'être jugé et d'être comparé aux autres enseignants de même niveau. Lors d'accompagnements suivant des formations, nous avons de la difficulté à persuader les enseignants de présenter leurs expérimentations ou d'apporter les réalisations de leurs élèves pour pouvoir les analyser et décoder les apprentissages réalisés. Cela reflète la crainte des enseignants d'être évalués ou même jugés ainsi que leur insécurité à se dévoiler comme pédagogues. Pourtant, l'évaluation représente la dimension dynamique et régulatrice du cheminement parcouru. Elle permet de faire le point sur la réalité présente, d'effectuer des ajustements et de décider de la façon de poursuivre sa route.

L'enseignant qui expérimente ne réussit pas toujours du premier coup ; c'est par essais et erreurs qu'il adapte son approche. Apprendre quelque chose de nouveau, prendre des risques et s'aventurer en terrain inconnu demeurent alors une entreprise difficile, sèment parfois des doutes et provoquent une remise en question chez l'enseignant. Modifier sa pratique requiert du temps et des efforts ; l'enseignant ne peut changer dans toutes les sphères en même temps. Il s'ensuit que les compétences acquises risquent de décroître temporairement lors de l'apprentissage d'un nouveau savoir-faire. L'enseignant est alors anxieux et ne se donne pas toujours le temps nécessaire pour expérimenter ; de plus, il accepte difficilement de ne pas réussir du premier coup. Il se juge sévèrement et accepte mal l'échec, de peur de ne pas paraître à la hauteur. Il ressent la moindre contestation comme un jugement négatif à son égard. Il parle alors peu de ses réussites et de ses difficultés et préfère revenir à une pratique « confortable ». Il utilise alors certaines habiletés éprouvées, plutôt que de se questionner sur la façon dont l'élève apprend, sur les processus en jeu dans l'acte d'apprendre et de tenter de comprendre les principes fondamentaux de la pédagogie.

Pour Baillauquès et Breuze[9], être enseignant, c'est se proposer aux autres et à soi-même comme une figure sinon idéale, tout au moins tendue vers un idéal. L'enseignant pense qu'il doit se présenter comme une personne parfaite, celle qui doit tout savoir, tout maîtriser, aussi bien la classe que la matière à enseigner. C'est pourquoi il se replie spontanément sur sa classe, sur sa matière, sur ses problèmes. Il préfère garder pour lui-même son savoir et fuir le questionnement mobilisateur, se présenter d'une manière idéalisée « tel qu'il le faudrait » et non « tel qu'il est ». Il impute à ses collègues une incapacité à reconnaître le travail professionnel qu'il accomplit dans sa classe. Ces pressions internes et externes génèrent chez lui des tensions qui se répercutent non seulement sur sa vie professionnelle, mais aussi sur sa vie personnelle et familiale. Cela pourrait expliquer pourquoi les enseignants trouvent parfois difficile d'expérimenter de nouvelles façons de travailler.

---

9 S. Baillauquès et É. Breuze, *La première classe,* Paris, ESF, 1993.

Point d'observation

Il faut retenir qu'un changement peut mobiliser une énergie positive chez l'enseignant novateur, créatif et convaincu de ses habiletés et de son expertise. Il peut cependant être la source d'un grand stress et devenir une surcharge de travail lorsque les changements se précipitent et s'imposent dans un milieu.

L'enseignant en insertion professionnelle se demande: *Et si je n'y parvenais pas?*

L'enseignant qui débute dans la profession fait face à de grandes exigences pédagogiques. L'appropriation de la discipline à enseigner et la gestion de la classe sont une question de survie à son intégration au milieu scolaire. Il est confronté à la peur de ne pas être à la hauteur, d'autant plus qu'il doit rapidement démontrer qu'il maîtrise parfaitement bien les différents éléments liés à sa tâche d'enseignement.

Sa formation ne le rend pas toujours apte à faire face à la réalité de la classe d'aujourd'hui et la transition entre les études et la salle de classe se fait parfois de façon trop abrupte. Ces nouveaux enseignants, moins expérimentés, ont souvent les postes les plus difficiles et assument les mêmes responsabilités que les enseignants de métier. Souvent engagés à la dernière minute, ils ont peu de temps pour se préparer et cela contribue grandement à semer le doute en leurs capacités. On constate, selon Joséphine Mukamurera, professeure à la faculté d'éducation de l'Université de Sherbrooke qui a mené une enquête sur l'insertion des enseignants en 2005, un manque de soutien et peut-être aussi de solidarité des pairs plus expérimentés. Ces nouveaux enseignants ont à composer avec l'imprévu, car il est difficile de tout planifier, de voir venir, d'appréhender. Tout peut survenir au quotidien dans une salle de classe et cela ne fait qu'augmenter leur anxiété.

Un enseignant précipité, en début de carrière, dans une école où on le laisse sans aide face à des classes très difficiles, peut être légitimement tenté, dès qu'il a le choix, de se replier sur la transmission de savoirs.

PERRENOUD

De plus, il devient difficile pour chacun de parler de ses inquiétudes et de ses préoccupations. La culture du « chacun pour soi » est encore très présente dans le milieu scolaire. *Il n'y a personne qui m'a aidé… je me suis débrouillé seul. J'aimerais pouvoir aider, mais je ne dispose d'aucun temps pour le faire.* Le nouvel enseignant se sent isolé dans sa classe et a parfois peu de contacts avec les enseignants plus expérimentés. Ceux-ci ne partagent pas toujours leurs ressources pédagogiques avec lui et il leur est donc difficile de développer une culture pédagogique commune. Laissés à eux-mêmes, sans soutien à leur intégration dans la profession, il ne faut pas se surprendre que les enseignants qui débutent se découragent ou encore adoptent des attitudes de non-ouverture aux changements. Ils préfèrent se réfugier dans les modèles de transmission qu'ils ont connus et qui les sécurisent dans leur pratique pédagogique. Sans compter que ces nouveaux enseignants sont influençables et en développement d'autonomie professionnelle; ils rejoignent facilement les rangs d'une pensée syndicale revendicatrice et davantage préoccupée des conditions de travail.

L'accueil, le soutien et la qualité des relations avec les collègues font partie des éléments à valoriser dans une école. Il importe de se regarder non comme des adversaires mais comme des collaborateurs et de travailler dans un climat de coopération et d'entraide. C'est la responsabilité de la direction de l'école que de favoriser une bonne intégration de ces nouveaux enseignants et de leur offrir le soutien dont ils ont besoin pour résoudre les problèmes qu'ils vivent. Favoriser des temps de rencontre entre les enseignants expérimentés et les enseignants débutants, mettre en place une structure de mentorat, privilégier le travail d'équipe, modifier les horaires pour faciliter le travail entre pairs et les échanges pédagogiques ne sont que quelques pistes de solution qui sont susceptibles de favoriser une meilleure intégration de ces jeunes enseignants à la profession. Ces conditions semblent encore peu présentes dans nos écoles et on commence à peine à y prêter attention.

Point d'observation

Les enseignants en insertion professionnelle ont un intérêt certain à travailler en équipe avec des enseignants expérimentés et enthousiastes, à coopérer avec eux afin de trouver des solutions originales et de décider des actions qui sont les plus susceptibles de résoudre les problèmes qu'ils vivent.

Ils ont besoin de soutien, de formation continue et d'accompagnement sur la route de leur autonomie professionnelle. Cela ne se fait pas tout seul.

L'enseignant et le travail avec les autres: *Est-ce valable? Est-ce que cela en vaut la peine?*

L'enseignant, de par sa culture, travaille plus souvent seul et n'ose parler des difficultés qu'il éprouve dans sa vie de classe de peur d'être considéré incompétent. Il partage difficilement sa vision pédagogique avec ses pairs, particulièrement en situation de changement de pratique, parce qu'il se sait vulnérable et doit composer avec une non-compétence temporaire qui l'insécurise et le fait douter de la reconnaissance de son expertise. Il préfère échanger avec un groupe restreint de collègues partageant les mêmes valeurs et les mêmes orientations pédagogiques.

Les enseignants demeurent critiques lorsqu'il s'agit de travailler en équipe. L'inefficacité du travail en groupe, l'absence d'animation et une mauvaise gestion du temps ne font que rendre les enseignants résistants à cette façon de travailler. Le temps demeure pour l'enseignant un élément important et précieux qu'il ne faut pas gaspiller en de longues discussions et en recherche de solutions inadéquate. Les enseignants préfèrent échanger en réseau informel et consacrer leur temps à résoudre les problèmes inhérents à leur vie de classe. Il est toutefois important pour eux d'inventer ensemble de nouvelles façons de travailler, de réfléchir à la pertinence de divers outils pédagogiques, de chercher des moyens d'apporter une aide aux élèves qui ont des besoins particuliers. Pour Gather[10], en travaillant en équipe, les enseignants assurent leur développement professionnel : ils établissent de nouvelles procédures de résolution de problème et de prise de décision et accroissent leur maîtrise. Cela exige toutefois, selon cette chercheuse, le développement de trois compétences distinctes et complémentaires, à savoir : travailler en équipe efficacement, travailler à bon escient, faire face aux résistances et paradoxes de la coopération.

Travailler en équipe permet de remplacer la responsabilité individuelle de l'enseignant « titulaire » par une responsabilité collective à l'égard des élèves et briser cette chaîne de jugements professionnels qui s'exercent d'une classe à l'autre.

JEAN ARCHAMBAULT

Les enseignants qui travaillent en réseau et partagent leurs expérimentations reconnaissent la valeur de ces échanges. De telles façons de faire améliorent la qualité de leur enseignement, les aident à trouver des solutions aux problèmes qu'ils éprouvent et favorisent l'élaboration de projets collectifs. Ces relations d'échange engendrent selon eux un certain ressourcement et une confrontation motivante et stimulante. Très mobilisés, ces enseignants sont des initiateurs de projets porteurs de changements.

Mais il faut reconnaître qu'inventer une façon d'apprendre ensemble n'est pas si facile que cela semble paraître. Il y a différents niveaux à considérer dans le travail d'équipe. Selon Aurèle Saint-Yves[11], les quatre niveaux de la vie d'un groupe se définissent ainsi :

- le niveau des proximités, où l'on s'observe, s'apprivoise et s'affirme en fonction de l'impression de sa propre force et de celle des autres ;
- le niveau des appartenances, où l'on se révèle, présente ses valeurs, cherche de la rétroaction, décide de sa présence ou de son absence, partage ou s'isole ;
- le niveau des solidarités, où l'on se sent à l'aise, où les valeurs du groupe suscitent l'engagement, où l'on assume son rôle devant tous, où la créativité est présente et génératrice de communication et où l'on mise sur les forces de chacun ;
- le niveau des confiances, où l'on investit ses valeurs dans un projet commun, où la prise de décision est facilitée, où l'on peut avouer ses échecs et ses difficultés, où le groupe est capable de consensus, où les talents sont mis à contribution et où l'intégration se fait par l'appel aux compétences.

La figure 1.1 (*page suivante*) présente ces différentes phases de la vie d'un groupe.

10 M. Gather-Thurler, « Innovations et coopération entre enseignants, liens et limites », *Systèmes scolaires et pilotage de l'innovation,* Bruxelles, De Boeck, 1996.

11 A. Saint-Yves, *L'apprentissage de l'animation psycho-sociale,* Ottawa, Éditions Saint-Yves, 1973, p. 23 et 53.

Figure 1.1 Les différentes phases de la vie d'un groupe

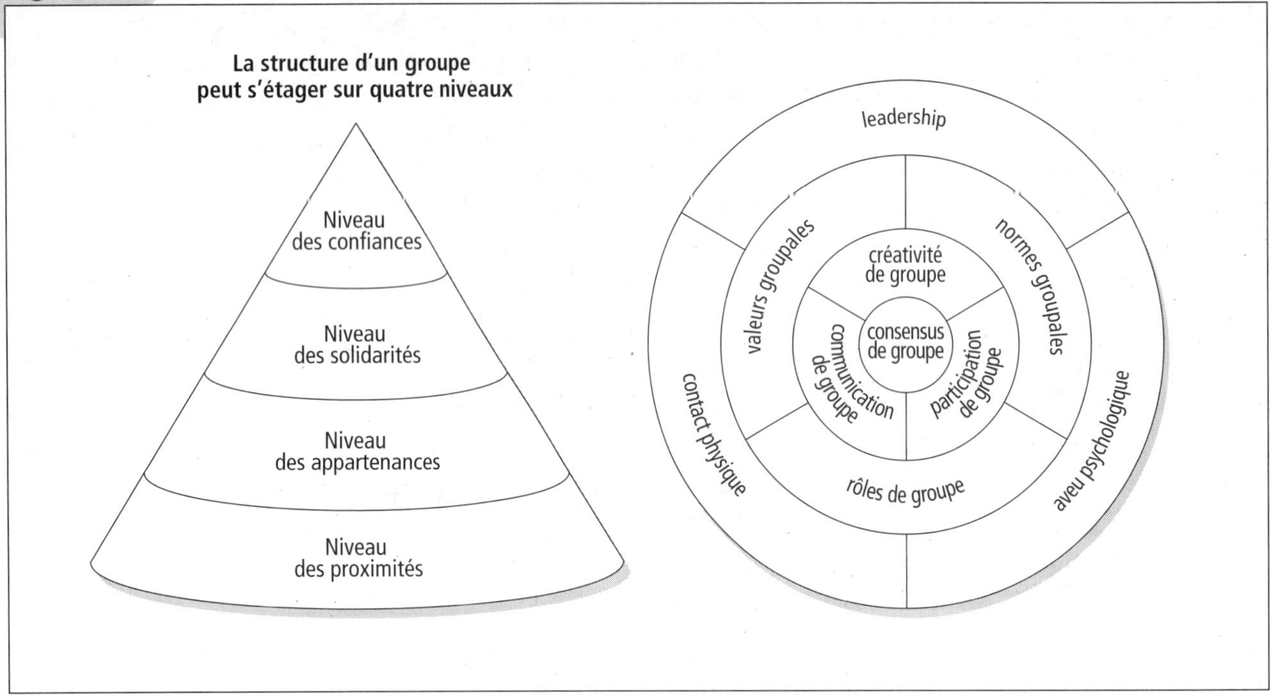

Source: Tiré de Aurèle Saint-Yves, *L'apprentissage de l'animation psycho-sociale.*

On ne peut nier qu'il est exigeant de s'engager dans un travail d'équipe-cycle ou d'équipe-école, mais la formation continue gagne à s'orienter vers le partage et la création d'interactions sociales et de réseaux. On ne peut s'empêcher de vouloir que le travail entre enseignants soit efficace, pour qu'il puisse mener au développement de la capacité d'entraide et conduire au changement de leurs actions pédagogiques et à la consolidation des savoirs nécessaires à l'acte d'enseigner. Les besoins fondamentaux que sont être écouté et être respecté sont des attitudes à privilégier pour un travail d'équipe valorisant. C'est un engagement qui suppose du temps ; cela demande une réorganisation de l'horaire de travail des enseignants et une structure d'animation de ce temps pour que la coopération s'installe, évolue, porte des fruits et donne la poussée d'énergie indispensable pour continuer sur la route des apprentissages.

Selon Fullan[12], il est indispensable de parler entre pairs des problèmes vécus lors de l'application de nouvelles stratégies ou de l'expérimentation de nouvelles approches pour adopter des attitudes d'ouverture au changement en posant les vrais problèmes liés à la mise en place, dans la classe, d'une pédagogie centrée sur la construction des savoirs. Il y a donc un long travail à faire pour valoriser les essais dans le cadre du travail d'équipe et les considérer comme autant d'occasions d'apprentissage. L'enseignant n'est pas toujours préparé et formé pour innover, pour mettre en œuvre des approches pédagogiques éprouvées, pour inventer ce qu'il ne sait pas et pour prendre des risques. Son histoire cognitive, affective, culturelle et sociale a favorisé le

12 M. Fullan, *The New Meaning of Educational Change,* New York, Teachers College Press, 1991.

développement d'une culture de l'individualisme. C'est pourquoi il fait face aux tiraillements entre une longue tradition de travail individuel et une nécessaire concertation pour résoudre des situations problématiques avec les élèves. Il saisit l'importance de faire des projets collectifs et d'exprimer ses attentes et ses besoins au regard de son travail au quotidien.

Point d'observation

Travailler en équipe permet d'augmenter le nombre, la variété et la qualité des solutions aux problèmes éprouvés, de bâtir des stratégies d'intervention et de concevoir des projets à élaborer avec les élèves.

Partager son vécu pédagogique permet de bénéficier d'un soutien concret pour l'expérimentation de pratiques nouvelles.

Il est difficile d'enseigner aux élèves à coopérer si on ne le fait pas soi-même.

L'enseignant est-il prêt à s'engager dans un processus de développement professionnel continu ?

On serait porté à penser que les enseignants sont naturellement motivés à se ressourcer, à enrichir leurs propres connaissances, à remettre leurs gestes pédagogiques en question pour analyser leurs interventions et à s'engager dans une démarche de développement professionnel continue. Ce n'est pas nécessairement le cas. De par sa propre histoire scolaire, l'enseignant a l'idée que, si lui a réussi, cela ne doit pas être si mauvais. Son rapport au savoir et à l'autorité et l'image qu'il a de lui-même font en sorte que, dans les situations qui lui causent problème, l'enseignant se fie davantage à ses moyens, à son savoir et son expérience comme à certaines habiletés plutôt que de se mettre en quête d'un éclairage neuf auprès des recherches en éducation, dans le but de comprendre les principes fondamentaux de l'enseignement et les stratégies liées à l'apprentissage. Comment l'accompagnateur peut-il susciter un tel changement de culture ?

Il y aura toujours quelque chose à changer, à modifier et à améliorer en vue d'acquérir de nouveaux savoirs ou de nouvelles compétences qui nous permettront d'éprouver plus de satisfaction professionnelle et d'effacer certaines zones d'inconfort provenant du travail d'analyse de notre modèle implicite.

Noiseux

Les enseignants ont vécu de nombreuses formations, dans divers domaines de l'apprentissage et de la gestion de classe, qui leur ont permis de rehausser leur scolarité et ont favorisé l'implantation de nouveaux programmes d'études. Certes, cela a aidé à l'application de curriculums communs et à l'amélioration de services éducatifs dans l'ensemble des écoles du Québec. Malgré ces aspects positifs, il semble que ce type de perfectionnement n'ait pas nécessairement préparé les enseignants à la distanciation nécessaire à une relecture de leurs actions pédagogiques pouvant apporter une meilleure compréhension de l'acte d'enseigner. Selon différentes études effectuées par le ministère de l'Éducation du Québec, cela a eu peu d'impact sur les élèves. Une telle situation pourrait être attribuée au caractère morcelé et ponctuel de bon nombre d'activités de formation qui, souvent, sont peu axées sur les véritables besoins des enseignants en salle de classe. La culture des perfectionnements à la carte, selon les budgets, où tout le personnel enseignant doit s'inscrire chaque année, est encore présente dans le milieu de l'éducation. C'est la responsabilité des différents intervenants en éducation que de transformer cette façon de faire et de s'assurer que l'accompagnement s'inscrit dans le processus continu de développement professionnel de l'enseignant.

Créer des contextes signifiants et authentiques d'apprentissage demande du temps et un investissement intellectuel de la part des enseignants. En effet, des chercheurs ont reconnu la nécessité d'un tel investissement ainsi que le besoin d'un accompagnement et d'un suivi affectif pour obtenir les effets escomptés d'un changement de pratiques par les enseignants. Des études effectuées dans le milieu par le Conseil supérieur de l'éducation ont par ailleurs reconnu que l'on consacre peu d'énergie au suivi et à l'évaluation des moyens d'enseignement expérimentés par les enseignants en salle de classe auprès des élèves et le fait que l'accompagnement est presque inexistant. Et si cela expliquait le manque d'engagement des enseignants ?

Il est reconnu que les enseignants consultent rarement les recherches universitaires en éducation. Est-ce par manque d'intérêt ou de temps pour en faire l'analyse et en comprendre toute la portée sur le plan pédagogique, ou plusieurs de ces recherches sont-elles encore loin des préoccupations de l'enseignant en salle de classe ? Certaines de ces recherches sont pourtant très utiles à l'enseignant et lui permettent de mettre des mots sur ses actions pédagogiques. Apprendre à théoriser sa pratique devient un enjeu majeur sur la voie de la professionnalisation. Les chercheurs universitaires s'investissent pourtant de plus en plus dans des recherches collaboratives avec le milieu scolaire et tentent ainsi de briser le clivage entre chercheurs et praticiens. Mais pour les enseignants qui poursuivent des études de deuxième et troisième cycles, il est encore difficile d'axer leur investigation sur la pratique en salle de classe, la recherche pédagogique et pratique ayant de la difficulté à s'imposer dans le milieu universitaire. Il y a donc une nécessité de rapprocher ces deux solitudes, d'intensifier la vulgarisation et le transfert des savoirs produits par la recherche et de valoriser les expérimentations bien menées par les enseignants motivés et créateurs.

Comment l'accompagnateur peut-il éveiller chez les enseignants l'intérêt et la pertinence d'agir avec originalité et audace, de manifester leur autonomie face au choix de leurs moyens d'action et les amener à s'engager dans leur projet de développement professionnel ? L'enseignant désire que son apprentissage soit centré sur sa pratique pédagogique et lié aux problèmes ou questions qui le préoccupent. Son engagement s'inscrit alors dans un besoin réel de changement, dans la recherche d'un nouvel équilibre, dans le désir de connaître et d'évoluer. Pour Bourgeois et Nizet[13], il s'agit d'un moteur premier : « [...] c'est ce désir de changement qui va sous-tendre l'engagement de chacun à l'intérieur de l'action de formation, qui va orienter et en même

13 E. Bourgeois et J. Nizet, *Apprentissage et formation d'adultes,* Paris, PUF, 1997, p. 37.

temps motiver les choix, les investissements d'énergie et les conduites à l'intérieur de l'action de formation ».

Les transformations que vit le milieu de l'éducation et les exigences d'une pratique centrée sur l'apprentissage incitent à penser que des changements se poursuivront et que les exigences de la profession seront en constante évolution. La pédagogie, comme tous les autres champs de connaissance, évolue et se transforme. La formation continue devient alors indispensable au développement des compétences professionnelles des enseignants et est une occasion de faire appel aux recherches sur l'apprentissage pour se doter d'outils pédagogiques pouvant aider à faire apprendre les élèves. Nous reconnaissons, tout comme Meirieu[14], « qu'il faut le courage des commencements », suivi d'un ajustement constant de son action de pédagogue. Cela est plus facile à dire qu'à faire, il faut en convenir, mais cela ne peut être fait sans l'engagement et la détermination des pédagogues et le soutien nécessaire aux transformations pédagogiques.

Point d'observation

L'engagement de l'enseignant dans son processus de développement professionnel continu est exigeant et fait appel à des attitudes de confiance en soi, d'ouverture aux autres, d'acceptation de sa manière d'apprendre, de partager et d'expérimenter. C'est alors se donner des moments de recul face à son développement, prendre le temps de faire et de se regarder faire.

Des renoncements nécessaires

Pour faire face à la complexité de l'agir pédagogique, il n'est pas facile pour l'enseignant d'accepter de remettre en question la façon de travailler qu'il utilise depuis plusieurs années et de renoncer aux attitudes qu'il a acquises pour essayer des actions pédagogiques nouvelles. Pour Noiseux[15], l'enseignant est attaché à son cadre de référence pédagogique et craint de remettre en question son vieux système de croyances et de conceptions personnelles. De l'avis de différents chercheurs, certains renoncements sont nécessaires à l'évolution des pratiques dans le cadre d'un parcours professionnel. Le tableau qui suit s'en inspire[16].

---

14 P. Meirieu, *La pédagogie entre le dire et le faire,* Paris, ESF, 1995.

15 G. Noiseux, *Les compétences du médiateur pour réactualiser sa pratique professionnelle,* Sainte-Foy, MST Fournier Éditeur, 1997.

16 P. Perrenoud, « Dix non-dits ou la face cachée du métier d'enseignant », *Recherche et Formation,* n° 20, 1995, p. 107-124 (repris dans P. Perrenoud, *Enseigner: agir dans l'urgence, décider dans l'incertitude. Savoirs et compétences dans un métier complexe,* Paris, ESF, 1996, p. 69-85.

Tableau 1.1 Des renoncements nécessaires à l'évolution des pratiques

• du pouvoir magistral	→	pour devenir guide, personne-ressource, animateur, etc.
• du splendide isolement	→	pour travailler en équipe, avec des collègues ou des parents
• des certitudes didactiques	→	pour explorer de nouvelles méthodologies
• des routines reposantes	→	pour chercher constamment des solutions créatives et adaptées
• de sa liberté	→	pour s'ouvrir aux autres, travailler sur soi, vaincre ses résistances
• du plaisir à se faire plaisir	→	pour se déstabiliser et opter pour l'innovation
• du rejet sur un « bouc émissaire »	→	pour assumer sa part de responsabilité et agir de façon conséquente
• d'une vision du monde, d'une manière de penser et d'agir familières	→	pour parier sur l'inconnu, l'incertain
• de repères familiers et sûrs	→	pour s'engager dans une voie inédite dont on ne peut forcément connaître l'issue
• des idées simples, des formules polémiques	→	pour s'engager dans la complexité
• de la certitude d'une transmission mécanique	→	pour faire plus de place aux projets, aux situations d'apprentissage signifiantes
• des enfants qui sont prêts à recevoir le savoir qu'on leur donne	→	pour éveiller chez eux le projet d'apprendre et de construire leurs savoirs

L'enseignant qui choisit de relever ces grands défis désire s'accomplir dans son rôle de pédagogue et éprouve un sentiment de grande satisfaction lorsqu'il participe à la réussite de ses élèves. Les changements que génèrent ces renoncements ont un impact important tant sur la personne de l'enseignant que sur son travail au quotidien et sur son développement professionnel. Elles provoquent des remises en question et bousculent des certitudes. Pour s'approprier de nouvelles façons de faire, l'enseignant doit pouvoir les intégrer à ses pratiques, porter une attention à ce que cela lui apporte dans son travail auprès des élèves et prendre en compte les exigences liées au développement de ses compétences professionnelles. Se donner le temps, se sécuriser, accepter de vivre des moments d'insécurité et se fixer des buts réalistes sont autant de conditions favorables à la mise en place d'un changement. Pas tout en même temps et avec de l'accompagnement.

Les incidences de ce paysage en mutation sur la pratique de l'accompagnement

L'éclairage apporté à la mutation de l'acte professionnel de l'enseignant nous permet maintenant de reconnaître l'importance de tenir compte de la culture de l'enseignant aujourd'hui pour que l'accompagnateur, par son intervention, soit à l'écoute de ce qu'il est, de ce qu'il vit et de ses vrais besoins. Pour poursuivre notre route, nous retenons quatre pistes de réflexion incontournables qui ont contribué à définir notre rôle d'accompagnateur et à générer, lors de nos interventions, une conscience éclairée de la nécessité de tenir compte de la personne de l'enseignant et de son travail de pédagogue au quotidien.

En tant qu'accompagnateurs, nous sommes interpellés dans notre façon de soutenir pédagogiquement l'enseignant et notre rôle se double de celui de passeur pour aider à la construction de cette culture professionnelle en émergence.

Une première piste de réflexion : Mettre à jour ses représentations au regard de la profession enseignante

L'accompagnateur qui réinterroge les rapports que l'enseignant entretient avec la profession ne peut nier qu'une nouvelle culture enseignante se construit et met de l'avant les responsabilités individuelle et collective de cette profession. Cette démarche d'appropriation personnelle de leur cheminement par les enseignants nécessite chez la personne accompagnatrice la mise en œuvre d'une approche qui intègre les dimensions cognitive, affective et sociale de l'apprentissage et qui considère alors l'enseignant comme une personne à part entière en désir d'accomplissement professionnel. Cela fait naître une nouvelle culture d'accompagnement qui ne se résume plus à transmettre un modèle idéal pour enseigner, à donner des recettes et des réponses toutes faites aux problèmes apportés, mais plutôt à rechercher une démarche d'intervention qui place les enseignants en processus d'apprentissage et qui les engage dans une réflexion vis-à-vis de leur pratique.

L'accompagnateur est appelé à actualiser ses représentations au regard de la profession enseignante, à tenir compte de l'emprise des approches pédagogiques par objectifs et à se rappeler que leur impact perdure auprès des enseignants dans la planification et l'évaluation des apprentissages. Pour Jonnaert[17], ce vaste courant d'inspiration béhavioriste est encore très présent aujourd'hui dans plusieurs salles de classe. Il a teinté plusieurs générations d'enseignants et ces derniers n'acceptent pas d'emblée d'adhérer à un nouveau paradigme qui bouscule en profondeur leurs convictions pédagogiques et leur façon d'enseigner.

Il est incontournable que les enseignants comprennent l'utilité et la nécessité des changements qui leur sont proposés. Pourquoi changer s'ils n'en entrevoient pas les profits ? Pourquoi y a-t-il tant de choses à changer en même temps ? D'ailleurs, nous n'en sommes pas au premier changement de programme au Québec et notre expérience nous permet de témoigner que ce changement n'est pas l'unique moteur du renouvellement des pratiques. On n'a qu'à penser aux pédagogues[18] qui, de tout temps, ont marqué l'évolution des pratiques. Leurs questionnements, leurs expérimentations et leurs recherches sur la façon d'apprendre des élèves ainsi que le réinvestissement de leurs apprentissages en salle de classe étaient soutenus par leur désir de rejoindre l'élève et non liés nécessairement à un changement de programme ou à une réforme en éducation.

---

17 P. Joannert et C. Vander Borght, *Créer des conditions d'apprentissage : un cadre de référence socioconstructiviste pour une formation didactique des enseignants*, Bruxelles, De Boeck, 1999.

18 On retrouve les grands pédagogues qui ont marqué l'évolution des pratiques pédagogiques dans J. Houssaye (dir.), *Quinze pédagogues : Leur influence aujourd'hui*, Paris, Armand Colin, 1994.

Aider les enseignants à poursuivre le développement des compétences professionnelles en lien avec leur action pédagogique est un autre enjeu de l'accompagnement. Cette façon de faire tient compte de l'expertise de l'enseignant et favorise la prise de conscience réfléchie de son propre fonctionnement pour ainsi contribuer à modifier ses représentations, à favoriser une meilleure compréhension des concepts et des théories plus difficiles à maîtriser. Il faut considérer que l'enseignant professionnel a toujours à développer un sens de la critique pratique dans son choix d'approche pédagogique, de manuels scolaires ainsi que d'outils pertinents pour l'enseignement et l'apprentissage. L'enseignant est un apprenant. Encore faut-il que le temps, l'organisation de l'animation, le partage et l'interaction lui permettent d'apprendre.

L'accompagnateur s'emploie alors à reconnaître dans l'agir de l'enseignant les savoirs nécessaires à l'acte d'enseigner et à développer son expertise des processus permettant l'apprentissage. Que signifie apprendre et quelles sont les conditions pouvant favoriser l'apprentissage ? Si l'on demande aux enseignants d'adapter leur façon d'enseigner pour qu'ils se centrent davantage sur leur rôle de médiateur dans la construction de savoirs par l'élève, l'accompagnateur ne doit-il pas aussi orienter son intervention dans cette voie ?

Une deuxième piste de réflexion : Offrir un espace protégé à la personne de l'enseignant

Se renouveler pédagogiquement requiert une grande capacité d'adaptation et demande à l'enseignant de relever des défis considérables au quotidien. Accompagner l'enseignant dans cette voie, c'est d'abord lui offrir un espace protégé facilitant l'expression de ses non-dits, de ses peurs, de ses frustrations, de ses doutes, de ses désirs liés à ce qu'il vit et aux exigences et inconvénients qu'engendrent les changements actuels en éducation. Trop souvent les formations ont généré chez les enseignants le sentiment de non-compétence ou le « ce que je fais n'est pas encore bon ». Pour prévenir ce risque de repli sur l'individu, un véritable soutien, des ressources adaptées et des modèles pour apprendre comment faire sont des stratégies indispensables à la construction d'une identité professionnelle. Prendre le temps de dialoguer avec les enseignants, reconnaître et valoriser les réussites et l'expertise de chacun contribuent certainement à faire cesser la culpabilité ressentie devant le fait de ne pas être un enseignant parfait.

Un espace de sécurité est d'abord un espace où l'on suspend la pression de l'évaluation et où l'on désamorce le jeu des attentes réciproques en rendant possibles des prises de rôles et de risques inédites.

Meirieu

Ce n'est que dans ce climat que l'enseignant peut bâtir sa confiance en lui et en ses capacités pour s'engager dans des expérimentations qui apporteront des modifications significatives à sa pratique. Ce temps et cet espace accordés à la personne de l'enseignant ont été féconds à plus d'un égard lors de nos interventions auprès des enseignants. En effet, lorsqu'un climat respectueux des cheminements différenciés s'établit, les enseignants se sentent écoutés, les ressources de chacun sont mobilisées positivement et le travail d'équipe en est facilité. Ce temps d'échange, dans le grand respect et l'acceptation inconditionnelle de la personne de l'enseignant, est l'occasion pour lui de reconnaître la valeur de son travail et l'importance des forces pédagogiques qui l'animent, ce qui le conduit bien souvent à se réconcilier avec ses pratiques antérieures. Cette prise de conscience de notre capacité à changer en puisant dans notre propre potentiel de créativité et d'adaptation et ce mouvement de résilience[19] ont été pour nous le point de départ, comme enseignantes, de l'évolution de nos pratiques. Nous avons cessé de nous culpabiliser de ne pas réussir du premier coup. La perfection lors de la mise en place de différentes approches ne réside que dans les livres, dans les formations reçues ou encore dans les textes de chercheurs qui remettent souvent en question le travail de l'enseignant. Il faut faire la classe pour réellement en comprendre toute la complexité.

Dans un climat d'acceptation, de sécurité et d'empathie inconditionnelle, toutes les questions peuvent être posées. L'erreur est considérée comme un outil d'analyse des pratiques plutôt que comme une faute ou encore une incompétence. La bonne réponse n'est plus recherchée. L'analyse de cas concrets relevant de pratiques variées dans différents contextes permet d'aider les enseignants à maximiser leur capacité à faire face à l'inconnu, à diminuer leurs craintes, à apprivoiser le changement. Nous parlons d'un accompagnement qui favorise le dialogue réfléchi et interactif fondé sur des attitudes de respect, d'écoute et d'ouverture, et qui valorise les solutions, les idées novatrices et créatrices aux problèmes apportés par les enseignants. Nous sommes toujours surprises de réaliser jusqu'à quel point les enseignants accordent peu d'importance à ce qui nous semble être des gestes pédagogiques extraordinaires. *Ce n'est pas si novateur que ça... C'est ma façon de faire...* **Il y a des trésors cachés dans l'agir de l'enseignant que l'accompagnateur, par son expertise et sa créativité, doit savoir mettre en évidence.**

Paré[20] déclare sans ambages qu'on ne peut intervenir en éducation sans travailler sur soi. Pour lui, le meilleur moyen est encore de savoir ce qu'on fait et ce que l'on est et de le considérer consciemment. L'enseignant est avant tout une personne désirant se réaliser à travers la profession qu'il a choisie. Quand il pose un geste pédagogique, il est en train de se réaliser, de s'inventer. Dans cette optique, l'accompagnateur est appelé à établir une approche centrée sur la personne de l'enseignant en misant sur la reconnaissance de son expérience et le respect de sa créativité. Il l'accompagne sur la route du processus enseignement-apprentissage et permet que son cheminement de pédagogue s'accomplisse en harmonie avec ses aspirations et le désir qu'il a de s'actualiser en tant que personne.

Une troisième piste de réflexion : Enraciner son accompagnement dans l'expérience pratique de l'enseignant

Cette quête de la reconnaissance de l'acte d'enseigner comme acte professionnel est encore loin d'être acquise, même si dans les faits enseigner est un acte professionnel. Difficile d'être un enseignant aujourd'hui, dans le contexte d'une société qui se transforme et s'ouvre au monde et d'une profession en recherche d'identité.

---

19 « Le mot "résilience" vient du latin et signifie "ressauter". Non pas ressauter à la même place, comme si rien ne s'était passé, mais ressauter un petit peu à côté pour continuer d'avancer » (Boris Cyrulnik).

20 A. Paré, *Changement personnel et pratique pédagogique,* conférence, 1989.

L'accompagnateur qui fonde son intervention sur le vécu de l'enseignant, en particulier sur sa richesse expérientielle, lui permet de profiter d'une assise solide pour comprendre sa pratique et intégrer de nouveaux savoirs dans une perspective d'évolution professionnelle et personnelle. Il faut se rappeler qu'une part importante de l'action pédagogique de l'enseignant se fonde sur l'habitus[21], que Perrenoud définit comme étant l'ensemble structuré de « schèmes de perception, d'évaluation et de décision » permettant à la personne de mobiliser et d'actualiser des savoirs pour les transformer en compétences. La prise en compte de cet habitus, qui se veut le reflet de la personne de l'enseignant, demande à l'accompagnateur d'utiliser des modalités d'intervention susceptibles d'engager l'enseignant dans une évolution de ses pratiques pédagogiques à travers l'ensemble des expériences qu'il a vécues en tant qu'élève et en tant qu'enseignant.

Mettre en valeur l'expérience pratique des enseignants signifie que ce sont les savoirs issus de l'action pédagogique de l'enseignant qui seront nommés, analysés, objectivés et partagés, et qui permettront que les compétences en développement soient mises à jour de façon continue. Selon Schön[22], « le savoir-faire est contenu dans l'action et le travail quotidien de l'enseignant et dépend d'un savoir tacite ». C'est le travail de l'accompagnateur de lui faire reconnaître les habiletés qu'il utilise implicitement et de l'amener à réfléchir « sur le savoir caché dans son agir professionnel[23] ». C'est une démarche qui conduit à une plus grande autonomie professionnelle par le regard que les enseignants posent eux-mêmes sur leur propre pratique. L'enseignant n'a pas toujours une connaissance explicite de ses actions et des ressources qu'il utilise et mobilise lorsqu'il enseigne. Il peut exister un écart entre ce qu'il pense faire et ce qu'il fait réellement, entre ce qu'il dit faire et ce qu'il fait, et son agir n'est pas toujours conforme aux valeurs qu'il croit véhiculer.

Travailler avec l'enseignant à développer une conscience réfléchie de sa pratique suppose pour l'accompagnateur de la flexibilité, afin d'être en mesure d'adapter ses démarches au cheminement des personnes et de se préoccuper de façon constante de la valorisation du savoir enseignant par la mise en mots de ses actions au quotidien. Les travaux de chercheurs tels que Tardif, Lessard et Lahaye[24] ont apporté un éclairage sur les caractéristiques du savoir enseignant. C'est un savoir lié à l'agir que l'enseignant mobilise dans l'accomplissement de son travail. Ce savoir est au service de l'action. Il répond aux besoins en fonction des contextes variés de la pratique. Il est complexe et

---

21 Pierre Bourdieu a développé une théorie de l'action, autour du concept d'habitus, qui a exercé une influence considérable sur le domaine des sciences sociales. Cette théorie cherche à montrer que les acteurs sociaux développent des stratégies, fondées sur un petit nombre de dispositions acquises par socialisation (« l'habitus »), qui sont adaptées aux nécessités du monde social (« sens pratique »). Elles sont transposables bien qu'inconscientes. Bourdieu veut dire par là que des dispositions acquises lors d'une certaine activité sociale (par exemple au sein de la famille) sont transposées à une autre activité (par exemple le monde professionnel). Source : *Former des enseignants professionnels,* Bruxelles, De Boeck, 1996, p. 85, 104 et 105.

22 D.A. Schön, *Le praticien réflexif, à la recherche du savoir caché dans l'agir professionnel,* Montréal, collection « Formation des maîtres », Les Éditions Logiques, 1994, p. 76-77.

23 *Idem.*

24 M. Tardif, C. Lessard et L. Lahaye, « Le savoir enseignant et les fondements de la pratique du métier », *Échos du 25e anniversaire de la Faculté des sciences de l'éducation,* Montréal, Faculté des sciences de l'éducation, Université de Montréal, 1991, p. 73-90.

interactif, intègre des expériences nouvelles, des connaissances acquises en cours de cheminement et des savoir-faire adaptés en fonction des changements effectués en cours d'action. Ce savoir pratique est teinté de l'expérience de travail, mais aussi lié à l'histoire de vie de l'enseignant, à son identité, à son agir et à sa façon d'être en tant que personne. Ce savoir est temporel, évolutif et dynamique, se transformant et se construisant dans le cadre du parcours professionnel de l'enseignant. Il est enrichi par l'apport des pairs, des différents acteurs en éducation ainsi que par la recherche universitaire dans le domaine.

Une quatrième piste de réflexion : Exploiter l'entraide et la collaboration entre pairs

On oublie trop souvent que l'enseignant, seul dans sa classe avec ses élèves, peut trouver difficile la réflexion en cours d'action. Il ressent le besoin de communiquer avec ses collègues, de partager ses points de vue, de parler avec eux de ce qu'il trouve difficile à réaliser, de confronter ses opinions et d'élargir son champ de vision de sa pratique. Notre expérience de praticiennes nous permet de dire combien nous avons apprécié les petits moments de partage de nos réussites lors de rencontres où nous pouvions présenter nos idées novatrices, nos essais, nos ajustements, nous encourager à continuer, nous permettre de nous donner le temps d'apprendre à faire autrement, de nous faire confiance, de prendre soin de nous, de réduire les tensions qui s'installent durant le changement et persévérer. Gather[25] a justement établi un lien entre la coopération et la professionnalisation des enseignants. Pour cette auteure, on ne se professionnalise pas tout seul mais de manière interactive, ce qui exige des enseignants qu'ils aient la capacité et la volonté de coopérer pour une mise en commun d'objectifs favorisant la réussite des élèves, pour gérer ensemble des parcours de formation, pour en arriver à une construction commune de sens face aux actions quotidiennes. Cette auteure énumère des mesures pour faire évoluer les pratiques, telles que : la planification commune, l'observation participante et le dialogue, la mise en place d'un système d'autoévaluation continue et systématique pour vérifier la cohérence entre les pratiques et les objectifs visés.

Mais nous savons aussi que c'est une nouvelle culture de travail à s'approprier. Comment amener l'enseignant à cette prise de conscience « qu'il ne peut échapper à la coopération parce qu'il travaille dans un champ où son action est constamment et fortement dépendante de l'action des autres »[26] ? L'accompagnateur peut être amené à jouer un grand rôle dans ce changement professionnel qui mise sur la responsabilité individuelle et collective des enseignants. Sa démarche d'accompagnement doit tenir compte du développement d'attitudes et de compétences liées à l'évolution de la coopération chez les enseignants. Son intervention fait ressortir l'apport important de

---

25 M. Gather-Thurler, « Innovation et coopération : liens et limites », dans M. Bonami et M. Garant (dir.), *Systèmes scolaires et pilotages de l'innovation : émergence et implantation du changement,* Bruxelles, De Boeck, 1996, p.145-168.

26 *Idem.*

l'entraide et de la coopération pour la découverte de stratégies efficaces lors de la résolution de problèmes dans un contexte de travail en équipe.

De plus, en continuité avec son accompagnement, l'accompagnateur peut avoir recours à diverses façons de faire pour soutenir l'agir professionnel des enseignants.

En voici quelques exemples :

- Favoriser la mise en réseau, particulièrement dans les régions éloignées, le travail entre pairs, l'encadrement pédagogique, la gestion de projets par cycle et la formation d'équipe-école pour ainsi valoriser les parcours multiples de cheminement professionnel ;
- Superviser la collaboration interécoles, la mise en place de mentorat sous forme de parrainage lors de l'acquisition de nouvelles compétences en insertion professionnelle, et ainsi mettre en valeur les acquis du personnel de l'éducation ;
- Participer à l'aménagement d'un coin pour les ressources pédagogiques, pour ainsi aider au développement d'idées innovatrices et susciter la réflexion, la recherche et l'objectivation ;
- Organiser des visites pédagogiques dans d'autres classes et rendre possible l'observation mutuelle, l'entraide pédagogique nécessaire à l'amélioration des pratiques, en fonction des demandes formulées par les enseignants ;
- Privilégier l'entretien métacognitif, pour ainsi favoriser l'objectivation des pratiques et la mise en mots des gestes quotidiens des savoirs et savoir-faire ;
- Accompagner l'intervention d'enseignants-ressources dans les écoles pour ainsi favoriser l'entraide et le partage d'expertise et valoriser les savoirs pratiques des enseignants ;
- Utiliser les échanges pédagogiques par courriel, les forums de discussion, les entretiens en réseau, les vidéoconférences au poste de travail, la possibilité d'un tuteur en ligne et la fréquentation d'universités virtuelles.

Cette vision de l'accompagnement fait donc également appel au développement d'attitudes nouvelles de la part de l'accompagnateur pour permettre la coopération, le partage et l'entraide entre collègues. Il devient un passeur sur la route du changement vers une culture pédagogique qui tient davantage compte de la façon d'apprendre des élèves et de la mise en place des conditions qui la favorisent. Il accompagne l'enseignant dans le passage d'une culture de transmission des pratiques vers une culture de construction des pratiques en interaction avec les autres et avec l'environnement. L'accompagnateur chemine alors vers le développement de nouvelles attitudes que l'on retrouve dans ce poème du philosophe danois Soeren Kierkegaard[27]. Il résume admirablement bien l'importance de la personne et les attitudes à privilégier en situation d'accompagnement.

27 Cité dans B.-M. Barth, *Le savoir en construction,* Paris, RETZ, 1993, p. 175.

Si je veux réussir à accompagner un être vers un but précis,
je dois le chercher là où il est et commencer là, justement là.

Celui qui ne sait faire cela se trompe lui-même
quand il pense pouvoir aider les autres.

Pour aider un être,
je dois certainement comprendre plus que lui,
mais d'abord comprendre ce qu'il comprend.

Si je désire avant tout montrer ce que je sais,
c'est parce que je suis orgueilleux
et cherche à être admiré de l'autre plutôt que l'aider.

Tout soutien commence avec humilité
devant celui que je veux accompagner;
et c'est pourquoi je dois comprendre qu'aider
n'est pas vouloir maîtriser mais vouloir servir.
Si je n'y arrive pas, je ne puis aider l'autre

KIERKEGAARD

Une halte sur la route de l'accompagnateur pédagogique

Nos expériences de praticiennes ainsi que nos formations et accompagnements auprès d'enseignants nous ont permis de constater l'importance que l'on doit accorder à la personne de l'enseignant, à ses croyances, à ses valeurs, à ses compétences, à ses résistances ainsi qu'à l'image qu'il a de son expertise au regard de sa pratique. Nous constatons également que le climat d'une école où la pédagogie occupe une place importante ainsi que la motivation des dirigeants à appuyer les initiatives heureuses des enseignants favorisent la poursuite des changements pédagogiques amorcés. De plus, les personnes accompagnatrices ont besoin que leur rôle de soutien auprès des enseignants soit appuyé par l'organisation scolaire.

Pour vous aider en tant qu'accompagnateur à poursuivre votre réflexion sur les enjeux que suscite pour l'enseignant la mise en œuvre de pratiques davantage centrées sur l'apprentissage et le développement professionnel, nous vous proposons de centrer votre vision sur cette réalité qu'est enseigner aujourd'hui. C'est pour vous l'occasion d'inscrire vos réflexions dans l'outil suivant et d'ainsi amorcer votre portfolio de développement professionnel.

Un outil d'analyse réflexive pour l'accompagnateur : pour comprendre la réalité de l'enseignant aujourd'hui

- Quelle est la réalité de l'enseignant d'aujourd'hui ?

- Comment mon intervention peut-elle rejoindre sa motivation et son questionnement ?

- Comment puis-je tenir compte des peurs et des résistances des enseignants ?

- Comment puis-je accueillir les peurs et les résistances des enseignants au regard de l'évolution de leur pratique ?

- Quelle est ma définition de l'enseignant professionnel ?

- Comment vais-je faire appel à ses représentations et conceptions pour soutenir son engagement face au développement de ses compétences ?

- Comment vais-je favoriser le partage du savoir d'expériences chez les enseignants ?

Des pistes pour aller plus loin : livres, articles, etc.

Nous trouvons utile de partager avec vous les références aux auteurs qui ont alimenté notre réflexion sur la profession enseignante.

GAUTHIER, C. 1997. *Pour une théorie de la pédagogie. Recherches contemporaines sur le savoir des enseignants,* Québec, Presses de l'Université Laval.

HOUSSAYE, J. (dir.). 1994. *Quinze pédagogues : Leur influence aujourd'hui,* Paris, Armand Colin.

LESSARD, C., PERRON, M. et P.W. BÉLANGER (dir.). 1991. *La profession enseignante au Québec. Enjeux et défis des années 1990,* Québec, Institut québécois de recherche sur la culture.

PARÉ, A. 1982. « L'acte d'enseigner, un geste d'art source de perfectionnement », *Prospectives,* p. 175-191.

PARÉ, A. 1989. *Changement personnel et pratique pédagogique,* conférence, Université de Montréal.

PERRENOUD, P., ALTET, M., CHARLIER, E. et L. PAQUAY. 1996. *Former des enseignants professionnels,* Bruxelles, De Boeck.

SCHÖN, D.A. 1994. *Le praticien réflexif, à la recherche du savoir caché dans l'agir professionnel,* Montréal, collection « Formation des maîtres », Les Éditions Logiques, traduction Heynemand, J. et D. Gagnon.

ZAKHARTCHOUK, J.-M. Avril-mai 2006. « Une tâche difficile, une profession qui avance », *Vie pédagogique,* n° 139.

J'inscris les éléments importants que je veux retenir de mes lectures :

Chapitre 2

Notre conception de l'accompagnement et les fondements de notre démarche

Voyager ce n'est pas aller en longueur
mais en profondeur.

Félix Leclerc

L'apprenant n'est pas isolé dans son acte d'apprentissage;
ce qui est un facteur d'apprentissage,
c'est l'interaction entre lui et le formateur.

Guy Avanzini

En prenant appui sur les réflexions amorcées au chapitre précédent ainsi que sur les différents changements pédagogiques qui influencent l'acte d'enseigner aujourd'hui, nous présentons maintenant notre vision de l'accompagnement. Qu'entendons-nous par accompagnement et quels sont les fondements que ce processus sous-tend ?

C'est l'occasion, pour les différents intervenants qui travaillent auprès des enseignants, de réfléchir aux diverses théories et pratiques pédagogiques sur lesquels s'appuient leur conception de l'accompagnement.

Comment se définit l'accompagnement ?

Selon notre conception, l'accompagnement se définit comme un soutien pédagogique au développement professionnel continu des enseignants. Il est centré sur l'acte d'apprendre de l'enseignant et sur le développement de ses compétences professionnelles au regard de sa pratique. Ce soutien se concrétise, lors de la mise en œuvre par l'accompagnateur-médiateur, d'un processus réflexif et métacognitif favorisé par l'interaction et la coopération avec les pairs. Il favorise le renouvellement des pratiques par le réinvestissement des apprentissages réalisés en salle de classe auprès des élèves. Le schéma qui suit permet d'en considérer les composantes.

Figure 2.1 La dynamique du processus d'accompagnement pédagogique

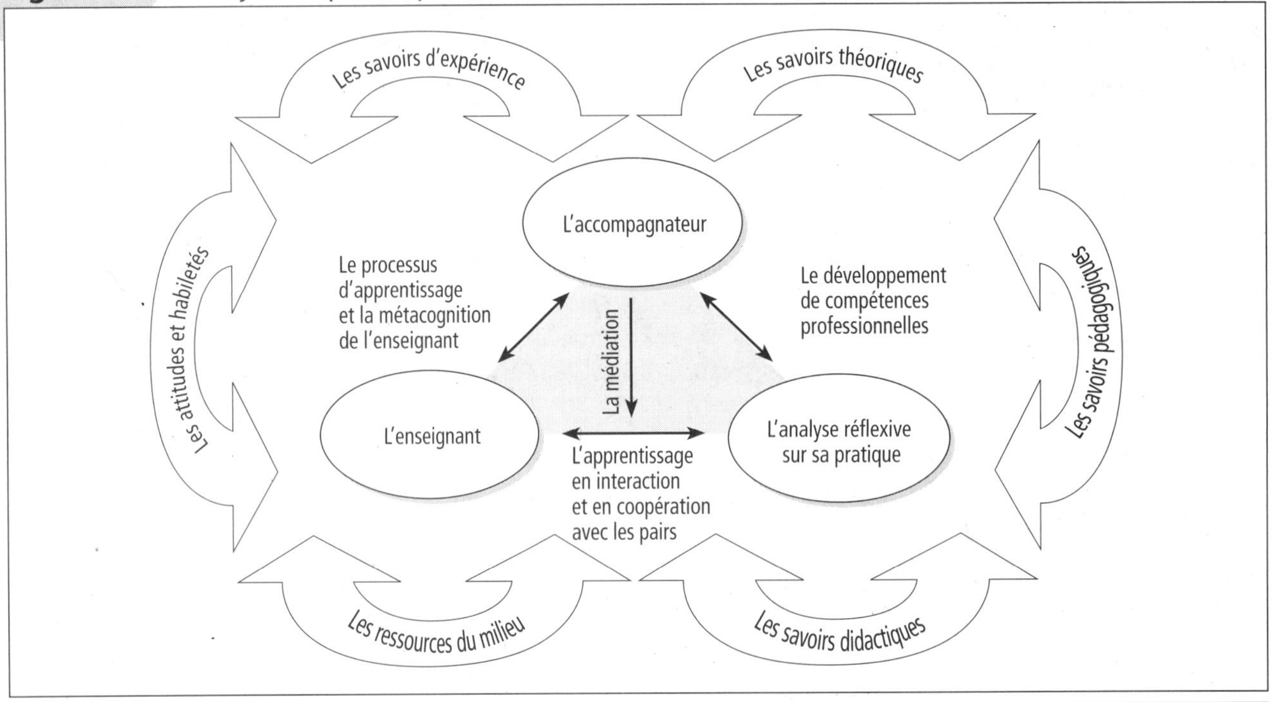

Accompagnateur : tout intervenant qui soutient et guide les enseignants en réponse à leurs besoins pédagogiques.

Enseignant : ensemble des enseignants accompagnés, qu'ils soient débutants ou expérimentés.

Médiation : ensemble des actions ou des stratégies de l'accompagnateur qui font appel au processus d'apprentissage et à la métacognition des enseignants accompagnés.

Analyse réflexive sur sa pratique : analyse qui consiste à établir un dialogue intérieur entre son action et la compréhension de son action pour la décrire, l'analyser, la critiquer et la réguler.

Savoirs : ensemble des savoirs de l'enseignant.

Attitudes et habiletés : ensemble des savoir-être et des savoir-faire déjà acquis ou qui le seront au fur et à mesure de l'accompagnement.

Ressources du milieu : ensemble des aides extérieures auxquelles l'enseignant peut avoir recours tout au long de l'accompagnement (personnes, médias, réseaux, livres, sites Web, etc.).

Ce processus d'accompagnement, tel qu'il se présente dans le schéma, est lié aux actions interactives de l'accompagnateur avec les enseignants et tient compte des principes fondamentaux suivants :

- La médiation[1] se situe au cœur du processus d'accompagnement, parce qu'elle favorise la réflexion et une meilleure compréhension par l'enseignant de l'acte enseignement-apprentissage. L'accompagnateur est alors un médiateur qui se centre sur la démarche d'apprentissage de l'enseignant en faisant appel à sa métacognition. Par son interaction avec l'enseignant, il l'aide à prendre en compte ses connaissances antérieures et à établir des liens avec les nouvelles connaissances acquises. Il favorise chez l'enseignant ce regard réflexif sur sa pratique tout en lui permettant d'acquérir des savoirs pour ensuite réinvestir les apprentissages réalisés auprès des élèves en salle de classe.
- L'accompagnateur intervient en tenant compte des différentes ressources de l'enseignant : savoirs d'expérience issus de la pratique quotidienne ; savoirs pédagogiques sur le comment faire pour mettre en œuvre des conditions d'apprentissage adaptées aux besoins des élèves et à leur manière d'apprendre ; savoirs didactiques dans la structuration, l'adaptation et la gestion des contenus d'enseignement des différentes disciplines ; savoirs théoriques en lien avec la culture enseignante et les recherches sur l'apprentissage et l'enseignement ; utilisation des ressources du milieu selon le contexte et les actions des enseignants. L'enseignant est aussi animé par des savoir-être et des savoir-faire qui se reflètent dans ses attitudes, les valeurs qui l'animent et sa manière de faire la classe.[2]
- L'accompagnateur privilégie la pratique de l'enseignant comme point de départ de son intervention. Il tient compte des besoins différenciés de chacun dans le partage et l'interaction avec les pairs. Il y a donc une interaction constante entre l'accompagnateur et l'accompagné.
- Le transfert aux élèves des habiletés et des connaissances acquises lors des formations et de l'accompagnement favorise chez l'enseignant la consolidation des apprentissages et contribue à l'enrichissement de son expertise professionnelle et au développement de ses compétences.

Regardons maintenant plus attentivement les fondements qui se rattachent au processus d'accompagnement pédagogique.

Le processus d'apprentissage et la métacognition de l'enseignant

Il nous semble indispensable que l'accompagnement en contexte d'éducation donne priorité à la dimension pédagogique de l'acte d'enseigner et favorise le

1 La psychologie cognitive définit le concept de médiation comme étant « l'ensemble des aides ou des supports qu'une personne peut offrir à une autre personne en vue de lui rendre plus accessible un savoir quelconque (connaissances, habiletés, procédures d'action, solutions) » (F. Raynal et A. Rieunier, *Pédagogie, dictionnaire des concepts clés (apprentissage, formation et psychologie cognitive)*, ESF, 1997, p. 220).

2 Il existe actuellement de nombreux travaux de recherche portant sur les savoirs enseignants. Notre intention, ici, est d'utiliser les savoirs dans le contexte de cet ouvrage et non d'en faire une étude exhaustive. Ces savoirs étaient sollicités lors de nos interventions.

passage à une pratique d'enseignement centrée sur l'apprentissage. Pour aider l'enseignant à évoluer dans cette voie, l'accompagnateur doit placer l'acte d'apprendre au cœur de ses interventions, c'est-à-dire prêter attention à la démarche d'apprentissage de l'enseignant pour le sensibiliser à reconnaître ses actions cognitives. Mais comment l'accompagnateur peut-il aider l'enseignant à prendre conscience du processus par lequel il apprend et construit ses compétences professionnelles ? Quelle aide peuvent lui apporter les données de diverses recherches au regard de l'apprentissage ?

Qu'est-ce qu'apprendre ?

Apprendre est le processus de toute une vie ; le besoin de savoir ainsi que la volonté d'apprendre jouent un rôle capital dans l'apprentissage. La motivation de l'enseignant à apprendre est grandement liée à son désir de résoudre les problèmes qu'il éprouve dans l'organisation de sa vie de classe ainsi qu'à sa recherche de solution pour modifier certaines de ses actions. Apprendre doit répondre à un besoin de l'enseignant de même qu'à ses questionnements et doit contribuer grandement à améliorer sa pratique. En effet, selon Bourgeois et Nizet[3], « comme apprenant, je mobilise de l'énergie et des ressources diverses dans un projet de formation si, et seulement si, je pense et escompte que cette action de formation va produire du changement dans ma vie personnelle, sociale ou professionnelle ; qu'elle va contribuer à la réalisation d'aspirations dans ces différents domaines ». L'enseignant apprenant est alors davantage engagé et actif, puisqu'il sait qu'il apportera des changements à ses propres connaissances et que ses conceptions risquent d'être bousculées.

L'acte d'enseigner devient alors un geste d'art qui se construit, se fait et se fabrique au fur et à mesure que l'action du pédagogue se déroule.

PARÉ

L'expérience personnelle est une source très riche de motivation et d'engagement pour l'apprentissage. Kolb[4], de par ses recherches, a fait ressortir l'importance d'un apprentissage fondé sur l'expérience tout au long de la vie. Pour ce chercheur, l'apprentissage n'est jamais achevé et l'expérience concrète par laquelle s'amorce le processus d'apprentissage, qui est ensuite évaluée, conceptualisée et appliquée, est alors une expérience formatrice qui permet d'apprendre à partir des conséquences réelles de ses erreurs et réussites.

Selon la théorie constructiviste, les savoirs et les savoir-faire sont construits par les apprenants eux-mêmes dans un contexte stimulant. Cela implique, pour l'apprenant, une modification de ses conceptions et une réorganisation de ses ressources cognitives. De nouveaux savoirs, de nouvelles acquisitions provoquent des changements dans l'agir de la personne. Apprendre est alors une transformation des connaissances préalables en connaissances nouvelles. Apprendre, c'est aussi élaborer sa compréhension d'une réalité par la comparaison avec autrui de ses perceptions et de ses façons de faire. Cette confrontation agit sur l'identité affective et favorise des remises en question chez la personne qui apprend.

Vigotsky a fait ressortir la dimension sociale de l'apprentissage, qui apporte un soutien à l'apprenant et lui donne le goût de s'engager pour progresser

3 E. Bourgeois et J. Nizet, *Apprentissage et formation d'adultes,* Paris, PUF, 1997, p. 38.

4 D.A. Kolb, *Experiential Learning: Experience as the source of learning and development,* Englewood Cliffs (NJ), Prentice Hall, 1984.

dans l'acquisition de ses connaissances. Il a mis en évidence l'existence d'une « zone proximale de développement[5] » dans laquelle les apprentissages sont facilités quand il y a une interaction avec autrui. Apprendre engage alors toute la personne dans ses dimensions affective, cognitive et sociale. L'accompagnateur attentif à la personne de l'enseignant et à sa façon d'apprendre est susceptible de favoriser chez lui des changements au regard de ses conceptions ; cela aura un impact sur sa façon d'intervenir auprès des élèves en salle de classe. Selon Meirieu, on sait aujourd'hui « qu'il n'y a pas deux apprenants qui apprennent de la même manière et que les paramètres dans ce domaine sont très nombreux[6] ». En voici quelques exemples, puisés dans les énoncés de ce chercheur, pour l'accompagnateur qui veut aider l'enseignant à être attentif à la manière dont il apprend :

- Ai-je besoin de manipuler longuement pour accéder à l'abstraction en construisant lentement des concepts par des observations successives ?
- Est-ce que je préfère être confronté à des concepts de manière plus directe et ne les faire fonctionner qu'ensuite ?
- Est-ce que je mémorise mieux des images auditives ?
- Est-ce que j'appréhende mieux des schémas que je peux me représenter plus facilement mentalement ?
- Est-ce que j'ai besoin d'un environnement calme et minutieusement organisé ?

Comprendre ce que l'on fait quand on apprend et être attentif à ce que l'élève fait pour construire ses connaissances est une compétence professionnelle de première importance chez toute personne qui travaille en éducation. À cet égard, nous rejoignons la pensée de Bourgeois et Nizet selon laquelle « on ne peut se permettre de développer des pratiques de formation qui ne soient un tant soit peu éclairées par une compréhension, aussi partielle soit-elle, du processus d'apprentissage[7] ». C'est pourquoi prendre en compte les actions cognitives que l'on fait pour apprendre fait l'objet d'une véritable formation lors de nos accompagnements, afin que les enseignants placent le processus d'apprentissage de l'élève au premier plan de leurs interventions pédagogiques.

Pour aider l'enseignant à prêter attention aux actions cognitives qu'il pose lorsqu'il apprend

Placer l'acte d'apprendre au cœur de son intervention suppose donc, pour l'accompagnateur, d'établir un climat de confiance et de mettre en valeur le savoir pratique des enseignants pour leur permettre de nommer leurs actions pédagogiques, d'objectiver leurs stratégies, de partager leurs questionnements et de trouver des réponses à leurs préoccupations en lien avec leur expérience. C'est donner le plus possible à l'enseignant l'occasion de déterminer par lui-même ce qu'il estime devoir travailler, apprendre, ajuster, transformer.

---

5 L. Vygotsky, *Le problème de l'enseignement et du développement mental,* Neuchâtel, Delachaux et Niestlé, 1985.

6 P. Meirieu, *Frankenstein pédagogue,* Paris, ESF, 1996, p. 92-93.

7 E. Bourgeois et J. Nizet, *Apprentissage et formation d'adultes,* Paris, PUF, 1997, p. 209.

Toute personne a un intérêt souverain à se connaître, mais l'éducateur l'a, à double titre, puisqu'il a pour tâche d'aider les autres à utiliser leurs propres ressources.

ANGERS

À partir des travaux de Pierre Angers[8] sur l'apprentissage et le développement de la personne, nous avons pu mettre en lumière les opérations intellectuelles que la personne déploie en situation d'apprentissage, opérations élaborées à l'état implicite et qui dirigent ses actions. Avec ce chercheur en éducation, nous avons travaillé à comprendre cette théorie de la connaissance, qui découle de ses observations éclairées. Cette étude nous a incitées à faire avec lui un travail d'abstraction et de conceptualisation au regard du processus d'apprentissage, pour arriver à intégrer cette conception de l'apprentissage à notre pratique d'enseignantes, de formatrices et d'accompagnatrices. Que se passe-t-il quand j'apprends et comment mes connaissances se construisent-elles ?

Nous pensons, tout comme Angers, qu'il est essentiel que les enseignants réfléchissent à la façon dont ils ont appris, qu'ils trouvent et précisent les motivations à partir desquelles ils l'ont fait, qu'ils prennent conscience de leur propre « intériorité en tant que structure dynamique[9] » de leur **être** personnel et responsable. L'auteur précise que mieux connaître les actions cognitives que l'on fait pour apprendre, c'est se donner la possibilité de mieux aider la personne qui apprend tout en cheminant vers l'appropriation de nouvelles connaissances.

Angers parle même d'un apprentissage authentique qui place la personne au cœur de la situation d'apprentissage et exige son engagement actif tout au long du processus. Repérer, par l'analyse réflexive, les actions intérieures que l'on fait pour apprendre consiste, pour ce chercheur, à effectuer un retour sur soi-même et centrer son attention non seulement sur ce que l'enseignant veut apprendre, mais sur lui-même en train d'apprendre.

Le schème[10] des opérations de la conscience intentionnelle qu'il a élaboré, et que nous retrouvons dans le tableau suivant, met en évidence la dynamique des quatre niveaux d'opération de l'acte d'apprendre, soit ceux de la connaissance empirique, de la connaissance intellectuelle, de la connaissance rationnelle et de la connaissance responsable.

---

8 Pierre Angers a élaboré une réflexion philosophique axée sur la personne et son développement. Voir P. Angers et C. Bouchard, *Le développement de la personne,* collection « L'activité éducative – Une théorie, une pratique », Montréal, Bellarmin, 1986; P. Angers et C. Bouchard, *L'appropriation de soi,* Montréal, Bellarmin, 1986.

9 P. Angers et C. Bouchard, *De l'expérience à l'intuition,* Montréal, Bellarmin, 1985, p. 79.

10 Selon Piaget, un schème est un ensemble organisé de mouvements ou d'opérations dont la personne dispose ou qu'elle acquiert et développe par son interaction avec le monde environnant.

Tableau 2.1 Le schème des opérations de la conscience intentionnelle

Quatre niveaux d'opération						
EXPÉRIMENTER	→	COMPRENDRE	→	JUGER	→	DÉCIDER
PERCEVOIR	←	CHERCHER	←	RÉFLÉCHIR	←	DÉLIBÉRER
Voir	→	SAISIR	→	VÉRIFIER	→	CHOISIR
Goûter	←	CONCEVOIR	←	PESER le vrai et le faux	←	ASSUMER comme valeur
Toucher	→	EXPRIMER	→	PRONONCER un jugement	→	DÉCIDER
Entendre	←	ÉLABORER	←	AFFIRMER	←	AGIR
Sentir	→	FORMULER	→	ÉVALUER	→	EXÉCUTER
Éprouver	←		←		←	
RECUEILLIR des données internes et externes	→		→		→	
OBSERVER	←		←		←	
IMAGINER	→		→		→	
CONNAISSANCE EMPIRIQUE	↔	CONNAISSANCE INTELLECTUELLE	↔	CONNAISSANCE RATIONNELLE	↔	CONNAISSANCE RESPONSABLE

Source : Adapté de P. Angers et C. Bouchard, *La mise en œuvre du projet d'intégration,* collection « L'activité éducative – Une théorie, une pratique », Montréal, Bellarmin, 1984.

Le schème présenté dans le tableau 2.1 constitue un outil conceptuel pour l'accompagnateur attentif au processus d'apprentissage de l'enseignant. Il lui permet de développer un questionnement en lien avec les quatre niveaux du schème pour permettre à l'enseignant de reconnaître et de nommer les opérations cognitives qu'il fait pour apprendre. L'accompagnateur, par sa médiation, fait appel à la métacognition de l'enseignant qui, selon les travaux de Flavell[11] sur la métacognition, renvoie à la connaissance que chaque personne a de son processus cognitif, mais aussi à l'utilisation de ces connaissances pour effectuer la gestion de ses processus mentaux.

Il aide l'enseignant à se reconnaître comme personne apprenante et l'incite à prendre conscience de la façon dont il peut :

- joindre ses connaissances antérieures à de nouvelles informations : Qu'est-ce que je connais, qu'est-ce que je sais ?
- s'interroger et réfléchir aux problèmes, chercher des solutions : Qu'est-ce que je veux apprendre, résoudre, connaître ?
- s'exercer, essayer, évaluer, réguler, modifier, réessayer : Comment vais-je m'y prendre ? De quelle façon vais-je procéder ?

11 J.H. Flavell, « Speculations about the nature and development of metacognition », dans R.H. Kluwe et F.E. Wienert (dir.), *Metacognition, Motivation and Understanding,* Hillsdale (NJ), Erlbaum, 1987, p. 21-29.

- partager ses problèmes, ses réussites, ses découvertes: Comment avez-vous procédé? Est-ce que cela a réussi?
- demander de l'aide et du soutien dans son environnement: Qui pourrait m'aider à trouver des solutions aux problèmes que je vis? De quelles ressources ai-je besoin?
- utiliser la démonstration d'une approche qu'il maîtrise pour se renseigner sur la manière de faire: Voici ma manière de procéder: quelles sont les étapes à respecter? Montre-moi ta façon de faire...
- rétroagir, discuter, se renseigner: Quels sont les résultats de mes actions?
- juger de l'efficacité d'une stratégie, de son transfert: Qu'est-ce qui a été plus efficace? Quelles ont été les stratégies les plus pertinentes?
- décider de son action: Qu'est-ce que je désire réinvestir? Qu'est-ce que je choisis de faire?

L'accompagnateur-médiateur, par ses questionnements, rend le praticien « intelligent des choses éducatives », lui donne prise sur sa pratique et lui fournit les moyens de construire ses propres outils, ce qui conduit au développement de l'autonomie professionnelle.

MEIRIEU

Ce regard métacognitif que l'enseignant porte sur ses façons d'apprendre et sur les processus mentaux qu'il met en action est susceptible de modifier ses représentations de l'apprentissage des élèves. Il devient davantage attentif au fait de permettre aux élèves de prendre conscience de la façon dont ils apprennent, de faire des liens entre les différents savoirs rattachés aux diverses disciplines et ainsi les aider à comprendre l'utilité de ces apprentissages dans la vie réelle. Son savoir pédagogique et son expérience pratique s'en trouvent enrichis. Cela démontre bien la nécessité, pour l'accompagnateur, de tenir compte de ce processus qui active, chez l'enseignant, le désir de devenir un chercheur dans le contexte de sa pratique et de développer ainsi un savoir pratique d'intervention pédagogique.

L'adulte est lui-même une source de savoir, de compétence, d'expérience, de richesse qu'il faut utiliser et exploiter.

KNOWLES

Pour accompagner l'enseignant dans l'analyse réflexive de sa pratique

Accompagner l'enseignant dans le développement d'une pratique réflexive, c'est accorder une grande place aux situations vécues en salle de classe. Faire face à l'imprévu, décider en situation, intervenir par essais et erreurs, s'ajuster au quotidien, constamment rectifier ses interventions, voilà autant d'actions qui constituent pour les enseignants des occasions de s'adapter à des situations pédagogiques incertaines et très complexes. L'enseignant ne décide pas à partir de règles établies, mais utilise des raisonnements souples tout en s'appuyant grandement sur ses expériences antérieures d'apprentissage. L'accompagnateur qui travaille avec l'enseignant à ce rapport réflexif en action et sur l'action a pour but de l'amener à porter un regard critique sur son agir pédagogique, pour le comprendre, l'actualiser et ainsi apprendre par l'expérience.

Huberman s'est intéressé à la pratique de l'enseignant comme étant un objet d'apprentissage[12]. Pour lui, ce processus de réflexion en cours d'action et sur l'action comporte un élément novateur porteur d'apprentissage par la démarche de résolution de problème sous-jacente à l'agir de l'enseignant. Son modèle du cycle de résolution de problème apporte un éclairage sur la manière dont les enseignants construisent en interaction leurs connaissances et leurs compétences professionnelles et développent des savoirs d'action. Selon ce modèle, l'enseignant perçoit d'abord un problème qui émane de la situation enseignement-apprentissage au regard de sa vie de classe, l'évalue, pose un diagnostic et mène une expérimentation en introduisant une nouvelle stratégie ou une autre manière de faire. Lors de cette expérimentation, s'il s'avère que les résultats sont concluants, il poursuit et applique cette nouvelle pratique. Sinon, il abandonne la stratégie expérimentée et se met à la recherche d'autres moyens qu'il essaiera à nouveau.

Pour changer une pratique pédagogique, il faut d'abord que celle-ci existe, qu'elle ait été construite patiemment au cours des années, qu'elle soit stabilisée. L'enseignant doit pouvoir s'appuyer sur cette pratique s'il souhaite la changer. Il doit pouvoir la reconnaître, la décrire pour éventuellement la mettre en cause. Il doit pouvoir y fonder son projet.

CHARLIER

Ces connaissances construites par l'enseignant ont une grande valeur à ses yeux et sont le point de départ du processus d'apprentissage de l'enseignement par la réflexion. Cette réflexion sur l'action est amorcée en cours d'action, puis reprise et prolongée au moment du retour sur les événements pour les analyser et les comprendre. Quand le praticien réfléchit à son agir professionnel, il en développe une connaissance explicite, il pense à ce qu'il a fait, analyse pourquoi il l'a fait de cette façon, décrit comment il l'a fait en cherchant à en comprendre toutes les composantes ; il devient un chercheur dans un contexte de pratique.

La capacité de réflexion des enseignants sur leur pratique semble être une voie d'apprentissage pouvant conduire au développement d'une pratique renouvelée. Selon Schön[13], ils tirent alors profit des expériences analysées, qui sont réinvesties dans de nouveaux épisodes de la vie de la classe. Elles deviennent des savoirs implicites, tacitement cachés dans l'agir. Nous pouvons dire que plus l'enseignant est expérimenté, plus il possède ce savoir caché de l'agir professionnel. C'est pourquoi la réflexion en cours d'action, chez les enseignants, comme résolution de problème et comme source d'apprentissage expérientielle, s'est avérée pour nous une voie de recherche qu'il était intéressant d'explorer.

L'apprentissage en interaction et en coopération avec les pairs

Tout au long de son action, l'accompagnateur mise sur l'interaction et la coopération des enseignants en favorisant le partage des savoirs acquis ainsi que sur l'entraide au regard de la reconnaissance des actions cognitives pour apprendre. Charlier[14] énonce certaines conditions pouvant permettre à l'enseignant d'enrichir progressivement sa pratique, par exemple : l'échange

12 A.M. Huberman (1995), dans L. Paquay, *Formateurs d'enseignants,* chapitre 6 : « Approche de la construction de la professionnalité des psychopédagogues, formateurs de futurs enseignants », Bruxelles, De Boeck, 2002, p. 147.

13 D.A. Schön, *Le praticien réflexif, à la recherche du savoir caché dans l'agir professionnel,* Montréal, Les Éditions Logiques, 1994.

14 B. Charlier, *Apprendre et changer sa pratique d'enseignants,* Bruxelles, De Boeck, 1998.

avec des pairs sur le plan local (la section, l'école) ; l'échange avec des pairs appartenant à d'autres écoles (le réseau d'enseignants) ; l'ouverture du réseau d'enseignants à des experts externes apportant ponctuellement des références conceptuelles, de nouvelles approches didactiques ou un soutien aux démarches d'analyse.

Le partage des expérimentations est une ressource pour tous ; il donne confiance en les possibilités de chacun et soutient la motivation intrinsèque. L'interaction entre pairs est aussi présente quand, quotidiennement, les enseignants partagent leurs savoirs sous forme de matériel, de stratégies, de façons de faire, de manières d'organiser la classe. Ils échangent certes des renseignements sur les élèves, mais aussi un savoir pratique d'intervention pédagogique. Ensemble ils peuvent « jongler entre aventure et sécurité, entre déstabilisation nécessaire et indispensable sécurité et faire preuve d'audaces professionnelles[15] ». L'enseignant qui débute sa carrière recherche les conseils de l'enseignant expérimenté pour apprendre les « comment faire » du métier, pour valider sa pratique, confronter ses visions pédagogiques et se sécuriser vis-à-vis de ses manières de faire. Il a besoin que l'on échange avec lui, qu'on lui fournisse des outils pertinents et des ressources prometteuses pour faire des tentatives et pour travailler autrement.

Faire appel aux diverses ressources de son milieu et se nourrir de l'expertise des autres enseignants sont des conditions gagnantes à la fois pour l'enseignant en insertion professionnelle et pour l'enseignant expérimenté, et ce, à différents moments de leur carrière. C'est pour eux une façon de valider leur enseignement, de se questionner sur leurs expérimentations, de se soutenir et d'éviter l'isolement. Cela peut aussi donner lieu à des analyses collectives des pratiques ; cela favorise un partage des savoirs et savoir-faire exceptionnellement riche et créateur. Les enseignants apprennent ensemble à laisser plus de place au questionnement, à l'expérimentation dans le cadre de leur pratique, ce qui permet aux élèves d'être en action et de consacrer plus de temps à l'apprentissage lors de l'enseignement de notions données.

Le développement des compétences professionnelles de l'enseignant

Mettre l'accent sur l'acquisition et le développement des compétences professionnelles est, pour l'accompagnateur, une piste incontournable menant à l'affirmation professionnelle de l'enseignant. L'enseignant est invité à transformer ses manières de faire en faisant appel à différentes ressources et ainsi à évoluer, innover et être en situation permanente d'apprentissage. Il a besoin d'un accompagnement qui respecte son parcours professionnel et qui prend en compte sa pratique, afin que celle-ci devienne le contexte réel dans lequel il construit ses savoirs pédagogiques et évolue dans son acte d'enseigner. Comment l'agir de l'accompagnateur peut-il favoriser le respect des différences lors du développement des compétences nécessaires pour enseigner ? L'accompagnateur, personnalise les parcours en laissant les enseignants faire

15 Propos énoncés par J.-M. Zakhartchouk dans *Vie pédagogique,* n° 139, 2006, p. 5-8.

des choix, en variant ses façons d'intervenir, d'interagir, en se centrant davantage sur l'acte d'apprendre et en favorisant les « itinéraires de découverte[16] ».

Si on ne prend pas en compte la réalité, soit les différences qui représentent l'heureuse diversité des individus, on ne peut que reproduire les inégalités.

Zakhartchouk

Comment l'agir de l'accompagnateur peut-il favoriser le développement des compétences nécessaires pour enseigner tout en favorisant le respect des différences ? Cela nous conduit à nous interroger sur comment se définit une compétence et sur la façon dont l'enseignant acquiert et développe une compétence en contexte professionnel.

Comment se définit une compétence en contexte professionnel ?

Posséder des connaissances ou des capacités ne signifie pas nécessairement être compétent. Affronter des situations complexes exige de la part de l'enseignant qu'il rende ses savoirs disponibles et qu'il les utilise à bon escient et au bon moment. La consultation de la littérature à propos du concept de compétence et du développement des compétences en contexte professionnel permet d'en dégager certaines caractéristiques, présentées dans la figure qui suit.

Figure 2.2 Une compétence en contexte professionnel

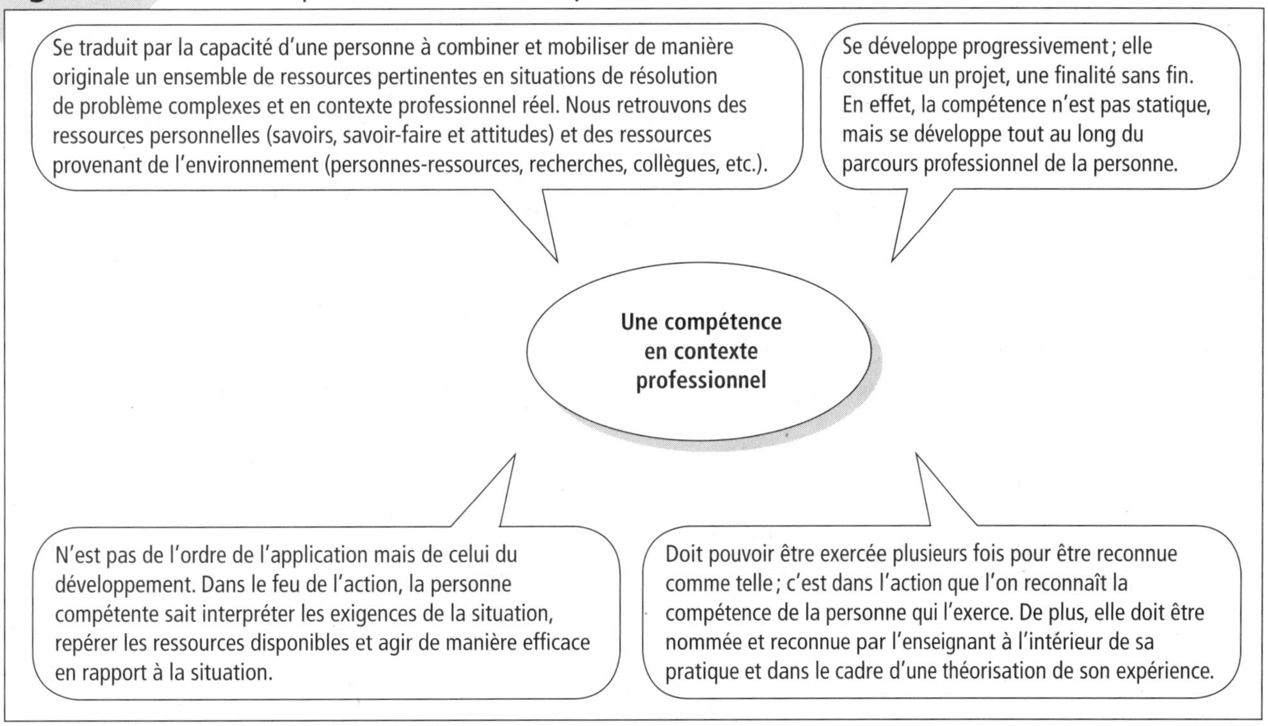

Quelles sont les compétences de l'enseignant professionnel ?

Lorsque nous accompagnons des enseignants ou des intervenants en éducation, il nous paraît essentiel de reconnaître avec eux les compétences travaillées et leur développement au fil de leur cheminement professionnel. Différents chercheurs et auteurs se sont intéressés aux compétences de l'enseignant en contexte professionnel. Nous accordons notre préférence au référentiel des

16 *Idem*, p. 46.

compétences professionnelles élaboré par Martinet, Raymond et Gauthier[17], et qui constitue actuellement le cadre de formation des enseignants du Québec. Le tableau 2.2 présente ces compétences, au nombre de 12, et regroupées en quatre domaines d'apprentissage : les fondements, l'acte d'enseigner, le contexte social et scolaire, et l'identité professionnelle. Ce référentiel guide nos interventions et consolide nos actions. Présenté aux enseignants, il leur permet de nommer les compétences attendues en situation de formation et d'accompagnement et d'évaluer leur cheminement professionnel.

Tableau 2.2 Le référentiel des compétences professionnelles

Les fondements
1. Agir en tant que professionnel héritier, critique et interprète d'objets de savoir ou de culture dans l'exercice de ses fonctions.
2. Communiquer clairement et correctement dans la langue d'enseignement, à l'oral et à l'écrit, dans les divers contextes liés à la profession enseignante.
L'acte d'enseigner
3. Concevoir des situations d'enseignement-apprentissage pour les contenus à faire apprendre, et ce, en fonction des élèves concernés et du développement des compétences visées dans le programme de formation.
4. Piloter des situations d'enseignement-apprentissage pour les contenus à faire apprendre, et ce, en fonction des élèves concernés et du développement des compétences visées dans le programme de formation.
5. Évaluer la progression des apprentissages et le degré d'acquisition des compétences des élèves pour les contenus à faire apprendre.
6. Planifier, organiser et superviser le mode de fonctionnement du groupe-classe en vue de favoriser l'apprentissage et la socialisation des élèves.
Le contexte social et scolaire
7. Adapter ses interventions aux besoins et aux caractéristiques des élèves présentant des difficultés d'apprentissage, d'adaptation ou un handicap.
8. Intégrer les technologies de l'information et des communications aux fins de préparation et de pilotage d'activités d'enseignement-apprentissage, de gestion de l'enseignement et de développement professionnel.
9. Coopérer avec l'équipe-école, les parents, les différents partenaires sociaux et les élèves en vue de l'atteinte des objectifs éducatifs de l'école.
10. Travailler de concert avec les membres de l'équipe pédagogique à la réalisation des tâches permettant le développement et l'évaluation des compétences visées dans le programme de formation, et ce, en fonction des élèves concernés.
L'identité professionnelle
11. S'engager dans une démarche individuelle et collective de développement professionnel.
12. Agir de façon éthique et responsable dans l'exercice de ses fonctions.

17 MEQ, *La formation à l'enseignement, les orientations, les compétences professionnelles*, Québec, Gouvernement du Québec, 2001.

Comment l'enseignant développe-t-il ses compétences?

Pour agir avec compétence, l'enseignant doit pouvoir utiliser son bagage expérientiel, c'est-à-dire puiser dans ses ressources à la fois cognitives, affectives, sociales et environnementales. Il s'exerce alors à gérer des situations complexes et instables. Par l'analyse de sa pratique, l'enseignant apprend à mettre en relation les éléments d'une situation, à prendre du recul, à reconnaître les stratégies gagnantes et à réinvestir par la suite dans des contextes différents les apprentissages réalisés. Il prend ainsi conscience de ses compétences en développement et contribue, par son originalité et son ingéniosité, à enrichir les savoirs de l'action pédagogique en enseignement. La mise en œuvre de ce savoir d'action pédagogique à bon escient exige de l'enseignant une régulation constante de son action.

En expérimentant, l'enseignant apprend à « lire » les situations d'apprentissage pour être en mesure de les interpréter et ainsi agir davantage avec cohérence. Il devient alors capable de « naviguer dans la complexité[18] », c'est-à-dire s'ajuster en fonction de repères plutôt que d'exécuter un plan préconçu où tout semble organisé et stable. Cela exige qu'il s'investisse dans un processus continu et évolutif de recherche : prendre des risques et s'ajuster à la situation, faire des choix et innover au quotidien, en considérant qu'une action complexe mobilise toujours un ensemble de ressources issues de moments et de contextes différents.

Pour répondre aux besoins de la situation, l'enseignant met en synergie différentes ressources qu'il mobilise afin d'orchestrer ses actions. Il fait appel à des ressources sur les plans personnel, professionnel et environnemental. Le tableau 2.3 (*page suivante*) présente un ensemble de ces différentes ressources.

Le professionnel, tel que présenté par Le Boterf[19], est aussi celui qui non seulement sait comment et quand agir avec pertinence dans une situation particulière, mais également pourquoi il agit. Il doit donc posséder, selon ce chercheur, une double compréhension : celle de la situation par rapport à laquelle il intervient et celle de la manière dont il s'y prend pour agir avec cohérence. L'auteur mentionne certains facteurs qu'il considère importants pour le développement de compétences professionnelles chez l'enseignant et considère que c'est l'équilibre de ces trois facteurs qui permet à la personne d'agir avec compétence. L'accompagnateur doit donc être attentif, lors de ses interventions, à en repérer la présence. Il s'agit :

- **du savoir agir :** est-ce que l'enseignant sait combiner et mobiliser les ressources pertinentes en situations complexes de résolution de problème (connaissances, savoir-faire, réseaux, etc.) ?
- **du vouloir agir :** est-il motivé et engagé dans ce processus ?
- **du pouvoir agir :** est-ce que les conditions organisationnelles et sociales rendent possibles et légitimes la prise de responsabilité et la prise de risques dans la situation professionnelle ?

---

18 G. Le Boterf, *Construire des compétences individuelles et collectives,* Paris, Les Éditions d'Organisation, 2001, p. 38.

19 G. Le Boterf, *op. cit.*

Dans ce sens, la médiation de l'accompagnateur permet à l'enseignant en situation complexe d'analyser sa pratique, de tisser des liens entre ses différents savoirs, savoir-faire et attitudes, de prendre conscience de l'efficacité de son intervention et de prendre la bonne décision au bon moment. C'est ainsi qu'il arrive à tirer des leçons de son expérience pour enrichir ses savoirs lors de situations précises et à réutiliser, dans d'autres situations, les connaissances et les compétences qu'il a acquises.

Tableau 2.3 La mobilisation et l'utilisation de différentes ressources par l'enseignant dans le développement de compétences professionnelles

Ressources en lien avec l'expérience personnelle et professionnelle de l'enseignant	Ressources en lien avec ce que peut offrir l'environnement
• Les opinions, convictions et émotions	• Le programme de formation de l'école québécoise
• Les valeurs morales et les attitudes	• La politique de l'adaptation scolaire
• Les forces, talents et habiletés	• Le référentiel des compétences professionnelles
• Les croyances pédagogiques	• La politique d'évaluation des apprentissages
• Les différentes conceptions de l'apprentissage	• L'interaction et la collaboration avec les pairs : l'équipe-cycle et l'équipe-école
• Les savoirs théoriques et pratiques liés aux différentes approches et courants pédagogiques	• Les élèves et leurs différences
• Les savoirs d'expérience	• Les parents et collaborateurs
• Les savoirs didactiques liés au contenu du programme et rattachés aux différentes disciplines	• Les ressources du service éducatif
• Les savoirs pédagogiques liés à la connaissance du processus d'apprentissage, de la métacognition et de la médiation	• Les conseillers pédagogiques, orthopédagogues, psychopédagogues, éducateurs et psychologues
• Les expériences professionnelles	• Le réseau d'experts
• L'établissement de situations d'apprentissage en résolution de problème	• Les partenaires de la communauté
• Les formations suivies	• Les technologies de l'information et de la communication : banque de données, courrier électronique, sites Web
• Les lectures et réflexions sur les recherches en éducation	• La bibliothèque et les manuels
• ...	• ...

Comment favoriser le développement des compétences professionnelles de l'enseignant ?

La formation continue est un moyen privilégié pour accroître les compétences professionnelles des enseignants et devient un élément moteur pour leur évolution professionnelle. L'accompagnement est d'autant plus efficace que l'enseignant fait part de ses attentes à celui qui l'accompagne et que ces attentes sont ajustées au fur et à mesure que se déroule l'accompagnement. L'enseignant est alors appelé à préciser son projet de développement professionnel, à déterminer les différentes étapes de son déroulement et à évaluer de façon continue son cheminement. Il est au cœur même de son développement et peut bénéficier, de la part de l'accompagnateur, d'une structure d'accompagnement personnalisée pouvant favoriser l'interrelation de ses projets personnel et professionnel. Tenir compte des acquis de l'enseignant pour le situer sur la trajectoire de son développement et pour laisser ouverte la possibilité d'étapes ultérieures qui viendront se greffer au fur et à mesure de son cheminement suppose, pour l'accompagnateur, que toute demande d'intervention de nature ponctuelle soit mise en contexte et en perspective, afin que son intervention puisse en tenir compte. C'est donc un accompagnement différencié qui favorise l'autonomie et la prise en charge par l'enseignant de son développement.

Favoriser le développement de compétences professionnelles chez les enseignants, c'est aussi reconnaître qu'ils ont besoin de temps pour réfléchir seuls, expérimenter puis collaborer avec leurs pairs, pour que leur milieu de vie, l'école, devienne un centre d'initiative et d'action. Quand on encourage les projets innovateurs en leur permettant de s'inscrire dans la durée, on permet aux différents acteurs de s'approprier de nouvelles façons de faire et de penser. Ils se donnent alors ensemble un certain pouvoir et favorisent l'émergence de projets stimulants dans leur milieu de travail. Ils découvrent le plaisir de travailler en collaboration.

La différenciation pédagogique, si on risque une définition, c'est en fait la recherche de tout ce qui peut être efficace si on veut faire atteindre le meilleur niveau possible à chacun, en jouant parfois sur la différence, parfois sur la variété des approches, parfois sur des confrontations entre pairs et parfois sur l'édification d'un bien commun à la classe, à l'établissement.

ZAKHARTCHOUK

Une halte sur la route de l'accompagnateur pédagogique

Nous arrivons ici au terme du deuxième chapitre de cet ouvrage, chapitre qui nous a permis de préciser les fondements et la dynamique du processus d'accompagnement pédagogique. Comme Zakhartchouk, nous pensons qu'il faut parvenir à faire retrouver aux enseignants le plaisir d'enseigner. « C'est une grande joie pour l'enseignant que d'inventer, trouver des solutions ingénieuses à telle ou telle difficulté d'apprentissage, sortir des sentiers battus ; une joie, surtout quand on peut au moins partiellement mener tout cela en équipe.[20] » C'est pourquoi nous préconisons un accompagnement principalement centré sur le savoir d'expérience pédagogique, qui s'inscrit dans l'échange avec les pairs ainsi que dans l'analyse collective des expérimentations. C'est un temps de réflexion où chaque enseignant considère et met entre parenthèses son action pédagogique pour la regarder, l'observer, porter un regard critique sur elle, la remettre en question, la comprendre et la réguler pour mieux l'actualiser. C'est, pour l'enseignant, apprendre de sa pratique et développer son autonomie professionnelle.

Pour vous aider en tant qu'accompagnateur à poursuivre votre réflexion au regard de vos actions d'accompagnement avec l'enseignant, nous vous proposons d'inscrire vos réflexions personnelles dans l'outil de la page 41.

20 *Idem*, p. 46.

Un outil d'analyse réflexive pour l'accompagnateur : pour analyser mon intervention en situation d'accompagnement

- Comment mon intervention aide-t-elle l'enseignant à prendre conscience des actions cognitives qu'il pose pour apprendre ?

____

____

____

- Quelles sont les actions de mon accompagnement qui font en sorte que l'enseignant s'engage dans le développement de ses compétences professionnelles ?

____

____

____

- Comment les actions de mon intervention respectent-elles les besoins différenciés des enseignants ?

____

____

____

- Quelles stratégies d'accompagnement puis-je utiliser pour amener l'enseignant à faire des liens entre pratique et théorie et à échanger avec ses collègues pour analyser sa pratique ?

____

____

____

- Est-ce que je privilégie le réinvestissement de ses apprentissages dans son vécu quotidien auprès des élèves ? Comment ?

____

____

____

- Comment mon intervention durant l'accompagnement prépare-t-elle l'enseignant à exercer sa médiation pédagogique auprès des élèves qui apprennent ?

____

____

____

Des pistes pour aller plus loin : livres, articles, etc.

Nous trouvons utile de partager avec vous les références aux auteurs qui ont alimenté notre réflexion sur l'apprentissage, la médiation et l'enseignement.

ABRAHAM, A. Mars 1989. « Une approche centrée sur la personne de l'enseignant », *Éducation et pédagogie,* n° 7.

ANGERS, P. et C. BOUCHARD. 1986. *Le développement de la personne,* collection « L'activité éducative – Une théorie, une pratique », Montréal, Bellarmin.

BARTH, B.-M. 1993. *Le savoir en construction. Former à une pédagogie de la compréhension,* Paris, RETZ.

BOURGEOIS, E. et J. NIZET. 1997. *Apprentissage et formation d'adultes,* Paris, PUF.

DE LA GARANDERIE, A. 1984. *Le dialogue pédagogique avec l'élève,* Paris, Éditions le Centurion.

GATHER-THURLER, M. 1996. « Innovations et coopération entre enseignants, liens et limites », *Systèmes scolaires et pilotage de l'innovation,* Bruxelles, De Boeck.

GIORDAN, A. 1998. *Apprendre,* Paris, Belin.

KNOWLES, M. 1990. *L'apprenant adulte,* Paris, Les Éditions d'Organisation.

KOLB, D.A. 1984. *Experiential Learning: Experience as the source of learning and development,* Englewood Cliffs (NJ), Prentice Hall.

LAFORTUNE, L., P. MONGEAU, R. PALLASCIO *et al.* 1998. *Métacognition et compétences réflexives,* Montréal, Les Éditions Logiques.

NOISEUX, G. 1997. *Les compétences du médiateur pour réactualiser sa pratique professionnelle,* Sainte-Foy, MST Éditeur Fournier.

VYGOTSKY, L. 1985. *Le problème de l'enseignement et du développement mental,* Neuchâtel, Delachaux et Niestlé.

J'inscris les éléments importants que je veux retenir de mes lectures :

Chapitre 3

La mise en œuvre de notre démarche d'accompagnement pédagogique

Le chemin est devant nous
simple comme un sentier
Le chemin est devant nous
Il attend qu'on le prenne

MICHEL GARNEAU

Trois lignes directrices pour les accompagnateurs qui travaillent à créer les conditions favorisant l'engagement personnel : s'engager soi-même, se maintenir à niveau et laisser l'autre personne choisir. L'engagement requiert la liberté de choix.

PETER SENGE

Après avoir considéré les fondements d'un accompagnement centré sur le processus d'apprentissage et le développement professionnel des enseignants, nous souhaitons, dans le présent chapitre, mettre en lumière les différentes phases de sa mise en œuvre auprès des enseignants.

Tout le long de cette démarche, l'accompagnateur s'adapte aux besoins des enseignants, s'assure de prendre en compte le temps nécessaire à la consolidation des apprentissages par l'expérimentation et d'effectuer un retour réflexif sur les pratiques. C'est, pour lui, l'occasion de développer de nouvelles attitudes, d'élaborer des stratégies pédagogiques et d'explorer de nouveaux sentiers, pour favoriser chez les enseignants l'enrichissement de leur pratique et ainsi contribuer à leur développement professionnel.

La mise en œuvre de la démarche d'accompagnement pédagogique en interaction avec les enseignants

La démarche d'accompagnement pédagogique comporte deux phases qui se vivent dans une dynamique interactionnelle avec l'enseignant individuellement, en petits groupes, en équipes-cycles ou encore collectivement.

La première phase de la démarche d'accompagnement pédagogique : la préparation de l'accompagnateur

C'est durant la phase de préparation de l'accompagnateur que ce dernier décode les besoins pédagogiques de l'enseignant, les analyse et les valide dans le but d'élaborer un projet d'accompagnement qui favorise le développement de ses compétences professionnelles. Quels sont les besoins pédagogiques de l'enseignant ? Comment vais-je interagir avec lui ? Quel sera alors mon rôle ? Quelle démarche, quelles stratégies d'accompagnement vais-je mettre en place ? L'accompagnement se fera-t-il sur une base individuelle ou collective ? Sera-t-il ponctuel, à court terme ou à long terme ?

La deuxième phase de la démarche d'accompagnement pédagogique : l'intervention de l'accompagnateur en interaction avec les enseignants

C'est au cours de la phase d'intervention de l'accompagnateur en interaction avec les enseignants que ce dernier vit le processus d'accompagnement avec les accompagnés. L'accompagnateur se centre sur le processus d'apprentissage de l'enseignant, interagit avec lui, suscite sa participation active et s'adapte à ses préoccupations pédagogiques. L'accompagnateur choisit d'accomplir diverses actions selon les besoins exprimés par l'enseignant. Il peut être appelé à intervenir quotidiennement auprès de l'accompagné ou d'un petit groupe durant une certaine période, à interagir directement en salle de classe, à élaborer un projet d'accompagnement à long terme pendant plus d'une année. Tout vécu d'accompagnement nécessite de la part de l'accompagnateur une écoute attentive, une réflexion, une analyse continue de ses actions ainsi que des ajustements constants.

Les deux phases de la mise en œuvre de la démarche d'accompagnement et les éléments qui la composent sont présentés en référence à l'enseignant dans la figure qui suit. Cette démarche peut s'adapter à tout autre acteur en éducation qui s'engage dans ce processus d'accompagnement (intervenant, directeur, conseiller pédagogique, équipe d'experts, enseignant-ressource, etc.).

C'est à chacun des accompagnateurs, qu'ils soient conseillers, directeurs, enseignants-ressources, formateurs ou autres, d'adapter cette démarche à la réalité et à la culture du milieu de l'accompagné. Nous trouverons d'ailleurs, au sixième chapitre du présent ouvrage, des témoignages qui illustrent comment des intervenants ont créé, à partir de cette démarche, leur pratique d'accompagnement.

Figure 3.1 La mise en œuvre de la démarche d'accompagnement pédagogique en interaction avec les enseignants

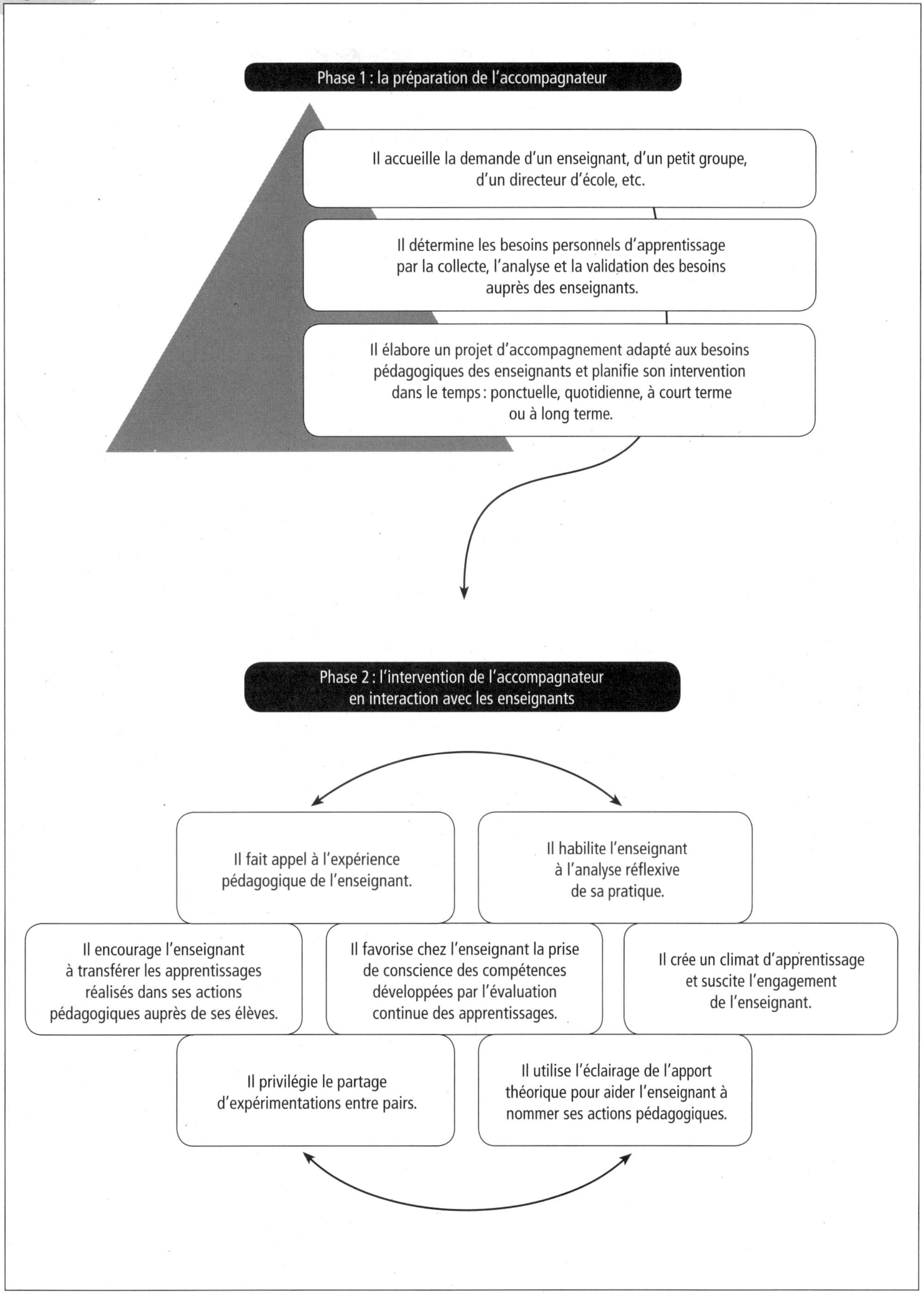

Voyons maintenant comment se déroule la préparation à l'accompagnement.

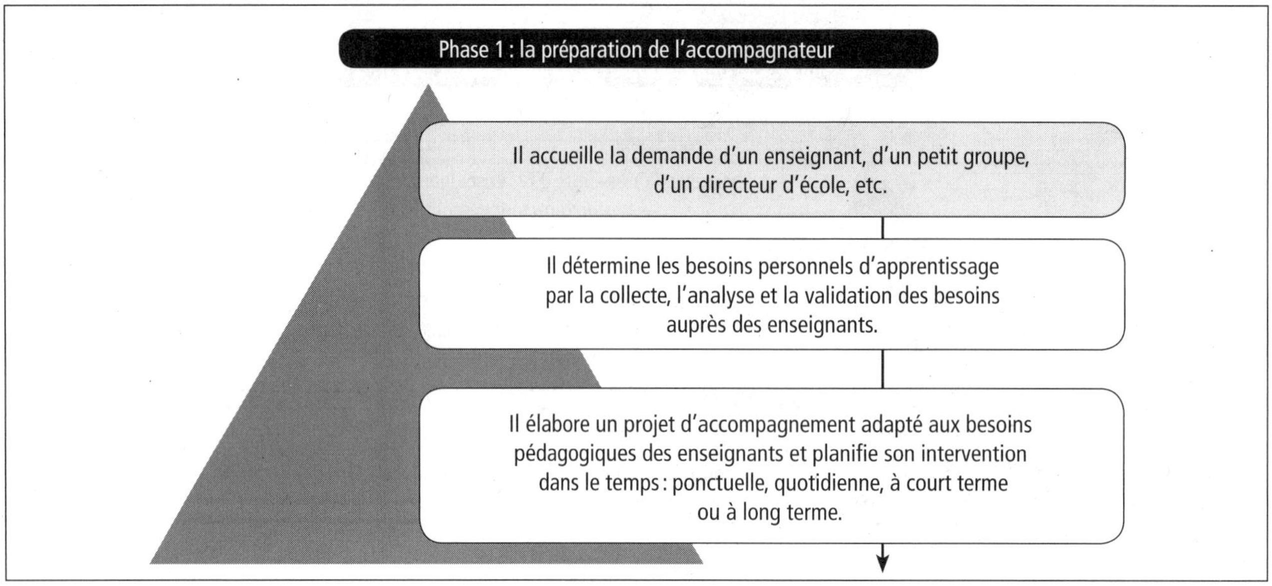

Il accueille la demande des enseignants ou du milieu

Tout projet d'accompagnement débute souvent par une demande pédagogique provenant d'enseignants, individuellement ou en équipe, de directeurs d'école ou encore de conseillers pédagogiques. Il peut s'agir :

- d'une équipe d'enseignants qui formulent leurs besoins ou font une demande d'accompagnement directement à leur directeur ;
- d'un enseignant qui sollicite l'aide d'un collègue ;
- d'une équipe-cycle qui fait appel à un conseiller pédagogique ;
- d'un enseignant du secondaire qui s'adresse à une équipe-ressource d'enseignants de son école ;
- d'un enseignant chargé du projet de développement pédagogique de son école qui demande l'aide d'une personne-ressource de son milieu ou de l'extérieur ;
- d'un directeur d'école qui entre en communication avec un accompagnateur-ressource extérieur à l'école ;
- …

Cette demande peut surgir à la suite de discussions entre enseignants, faire suite à une formation donnée dans le milieu, survenir lors d'échanges avec le directeur de l'école au regard de la pédagogie, lors d'observations mutuelles en salle de classe, ou encore parvenir à une ressource extérieure à l'école. Cette première expression de besoin doit pouvoir être entendue, accueillie et explicitée sans jugement. Lors de sa formulation, il est important que l'accompagnateur questionne son interlocuteur afin d'obtenir le plus d'information possible sur les raisons qui motivent sa demande, qu'il situe le contexte dans lequel il sera appelé à intervenir, qu'il détermine les expertises sollicitées et anticipe le rôle qu'il sera appelé à jouer. Différents rôles s'offrent à lui, mais il ne peut oublier que sa médiation au regard de l'apprentissage demeure indispensable à la construction des compétences professionnelles par les enseignants.

Il est possible, pour l'accompagnateur, d'être:

- un guide, pour une équipe d'enseignants, dans l'élaboration, la mise en œuvre et le suivi d'une nouvelle approche pédagogique;
- un formateur qui sensibilise et initie les enseignants à de nouvelles approches en éducation ainsi qu'à l'évaluation des apprentissages;
- un mentor auprès d'enseignants en insertion professionnelle;
- un médiateur au regard du questionnement pédagogique qui permet aux enseignants de comprendre les processus inhérents à l'apprentissage;
- un expert en pédagogie qui soutient les enseignants en leur proposant des pratiques d'enseignement davantage centrées sur l'apprentissage;
- un facilitateur qui permet de théoriser les actions pédagogiques et de favoriser la compréhension de l'agir;
- un conseiller qui suscite la réflexion et l'analyse de la pratique, soutient les expérimentations de situations d'apprentissage signifiantes, propose des stratégies, des démarches et des méthodes de travail;
- une ressource pédagogique inspirante qui fait appel à son expérience et pratique l'entraide et la coopération;
- une ressource extérieure au milieu qui apporte son expertise à différents projets dans lesquels cheminent les enseignants;
- un collaborateur universitaire qui soutient une recherche-action dans le milieu;
- ...

Connaître les réalités culturelles et pédagogiques du milieu scolaire dans lequel l'accompagnateur est appelé à intervenir, surtout lorsqu'il n'est pas de ce milieu, lui permet de mieux répondre aux attentes et d'adapter ses stratégies au cheminement des enseignants. Prenons l'exemple d'un directeur d'école en milieu autochtone qui veut permettre à son personnel enseignant de connaître et d'expérimenter la pédagogie par projets. Il est important pour la personne-ressource, lors de la formation, de tenir compte des valeurs culturelles de la communauté et d'ajuster son intervention au projet éducatif de l'école. Il en va de même lorsqu'il s'agit d'intervenir auprès d'enseignants en région éloignée. Leur réalité et leurs besoins sont différents de ceux des enseignants qui travaillent dans les grands centres. Intervenir sans tenir compte des réalités culturelles, sociales et pédagogiques d'un milieu et présenter un contenu préparé à l'avance, c'est être en mode transmission, c'est servir aux enseignants un menu à la carte qui ne conduit pas nécessairement à des changements de pratique. Il est important de rappeler que l'une des causes de l'inefficacité relative de ces programmes de perfectionnement est liée au caractère ponctuel et temporaire de démarches entreprises de façon limitée et fragmentée, sans lien organique avec l'évolution professionnelle de l'enseignant, et que ces démarches n'apportent pas nécessairement de réponses à ses besoins particuliers. Il est indispensable de prévoir une structure d'accompagnement qui soit en continuité avec les formations dispensées aux enseignants. Diverses questions permettent à l'accompagnateur de reconnaître les véritables besoins des enseignants, par exemple :

- Est-ce que la demande s'inscrit dans un contexte de développement professionnel des enseignants ou s'agit-il d'occuper le temps d'une journée pédagogique ?
- S'agit-il d'une demande venant des enseignants ou d'une formation désirée par le directeur de l'école ?
- Les enseignants ont-ils librement choisi de participer à ce projet ?
- Le thème choisi touche-t-il leurs intérêts personnels et professionnels ?
- Le projet d'accompagnement-formation s'inscrit-il dans le projet éducatif de l'école ?
- A-t-on prévu une structure d'accompagnement à la suite de ce projet de formation ?
- Quelles sont les caractéristiques de l'environnement pédagogique du milieu ?
- Est-ce qu'un temps est prévu pour expérimenter et analyser les pratiques ?
- Quel est le véritable enjeu de cette demande ?
- Comment cette demande rejoint-elle le cheminement professionnel de l'enseignant ?
- …

L'accompagnateur, qui accueille la demande des enseignants ou de différents intervenants en écoutant, en observant et en questionnant, établit une relation de confiance et jette déjà les bases d'une collaboration constructive et efficace.

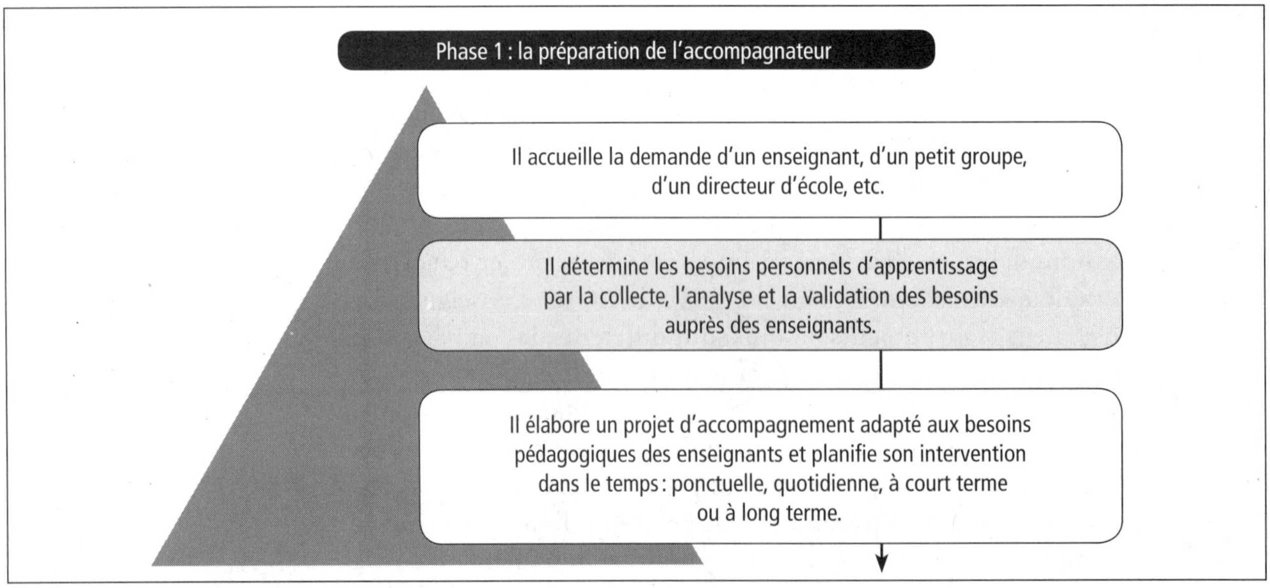

Il détermine les besoins personnels d'apprentissage par la collecte, l'analyse et la validation des besoins auprès des enseignants

Lors de l'étape de la définition des besoins d'apprentissage, l'accompagnateur sollicite personnellement l'enseignant. Il recueille auprès de lui le plus d'information possible sur sa réalité pédagogique, dans le but de connaître ses besoins personnels d'apprentissage et de s'assurer de son engagement volontaire dans le processus. Il lui demande de réfléchir à sa pratique pour en découvrir les richesses et de cibler les difficultés qu'il souhaite surmonter. L'accompagnateur prépare un outil de collecte des besoins, afin que l'enseignant formule librement par écrit ses attentes et ses questionnements qu'il pourra par la suite analyser et valider. Il y a souvent un écart entre les besoins exprimés par l'enseignant et ses besoins réels. Il arrive que des enseignants manifestent certaines difficultés à énoncer clairement leurs besoins d'aide. Dans le feu de l'action, et puisqu'ils sont en présence constante des élèves, ils ne disposent pas toujours du recul suffisant pour pouvoir préciser leurs problèmes. Écrire ses besoins, c'est y réfléchir et s'engager, déjà, dans un processus de développement professionnel continu.

La collecte des besoins s'effectue parfois rapidement, pour les personnes qui travaillent ensemble dans une même école et qui peuvent échanger facilement dans leur milieu. Par exemple, un directeur qui souhaite accompagner les enseignants de son école dans l'animation de leur vie de classe ne fera pas la collecte des besoins de la même manière qu'un accompagnateur extérieur au milieu à qui on demande d'offrir une formation suivie d'un accompagnement échelonné durant l'année scolaire. La collecte des besoins auprès de l'enseignant est essentielle à la préparation de l'intervention. Elle permet d'avoir un portrait plus précis du vécu de l'enseignant et de son milieu, et de tenir compte du projet éducatif de l'école. Cette façon d'aller chercher par écrit les besoins personnels des enseignants n'est pas toujours bien comprise et est souvent difficile à réaliser. Il faut parfois insister auprès des personnes concernées pour que l'outil de collecte des besoins soit rempli. Habitué qu'il est à assister à des formations ou à les subir, l'enseignant est d'abord surpris par cette façon de faire ; le directeur de l'école ne sait pas toujours comment y donner suite et n'ose pas rappeler aux enseignants d'inscrire leurs besoins et de lui retourner l'outil dès qu'ils l'ont complété. Mais il faut persévérer dans cette manière de faire, car c'est une façon de solliciter l'expérience professionnelle de l'enseignant et de s'assurer de son engagement dans son processus d'apprentissage. Apprendre, pour l'enseignant, n'est-ce pas prendre conscience de ce qu'il sait, de ce qu'il fait, se questionner, vouloir comprendre son action et désirer apporter des changements à ses actions pédagogiques auprès des élèves ?

L'analyse des besoins exprimés par les enseignants et leur validation nécessite que l'accompagnateur fasse appel à son jugement professionnel et à son expérience. Il mobilise ses connaissances au regard des compétences professionnelles en développement chez l'enseignant, tient compte du processus par lequel celui-ci acquiert ses savoirs et précise les besoins personnels d'apprentissage.

À l'aide de ces ressources, il accomplit les actions cognitives suivantes :

- situer le cheminement et les acquis de l'enseignant au regard de la demande formulée ;
- vérifier l'écart qui existe entre les besoins réels de l'enseignant, souvent difficiles à exprimer, et les besoins idéalisés ;
- préciser les points sur lesquels il aura à intervenir de façon particulière ;
- établir des cibles réalistes pour ce qui est des compétences à développer ;
- planifier des actions à réaliser pour préparer un accompagnement porteur d'apprentissages pour l'enseignant ;
- envisager les modes d'accompagnement à privilégier pour assurer l'expérimentation et le soutien de l'enseignant ;
- situer son action dans le temps, en continuité avec le cheminement de l'enseignant.

Pour faciliter la compréhension de cette étape, nous trouvons utile de présenter ici des exemples d'outils se rapportant à des contextes d'accompagnement variés.

Exemple 1

Un outil de collecte des besoins préparé par un directeur d'école pour planifier avec les enseignants les modalités de réalisation d'un ressourcement professionnel

Pour connaître vos besoins professionnels

1. Quelles sont vos préoccupations pédagogiques ?
2. Que voulez-vous comprendre davantage ?
3. De quelle aide avez-vous besoin (accompagnement, formation, atelier, rencontre d'échange) ?
4. Quelle devrait être la durée de ce ressourcement pédagogique ?

Les enseignants remplissent l'outil de collecte de besoins qu'ils acheminent par la suite au directeur de l'école. Ce dernier inscrit, par exemple sur un tableau, sur des cartons ou autre, les questionnements et les besoins de formation et d'accompagnement exprimés pour en faire une synthèse et la présenter aux enseignants. Avec eux, il pourra alors préciser et valider les attentes et les besoins d'apprentissage. C'est aussi avec les enseignants qu'il établit par la suite les différentes modalités de formation et d'accompagnement en réponse à leurs demandes. Cela permet l'organisation de parcours différenciés de développement professionnel, qui sont adaptés aux besoins réels des enseignants. Il est alors possible à chaque enseignant de s'investir dans sa formation et d'analyser son cheminement de façon continue. La supervision pédagogique du directeur est ainsi orientée sur l'agir de l'enseignant et sur son projet de développement professionnel.

Exemple 2

Un outil de collecte des besoins préparé par un conseiller pédagogique et rempli par une enseignante du secondaire

Pour me préparer à une formation sur l'apprentissage par projets, première et deuxième années du secondaire

Qu'est-ce que je connais de l'apprentissage par projets ?

J'ai fait des thèmes, des ateliers, des travaux d'équipe sur différents sujets selon les intérêts de mes élèves, des plateaux de travail, des consensus, des recherches en équipe sur des métiers, des remue-méninges. J'ai permis à chacun de mes élèves de se regrouper par intérêts dans la perspective d'un projet personnel.

Pourquoi l'apprentissage par projets m'intéresse-t-il ?

Je veux que mon enseignement intéresse davantage les élèves. Je pense qu'en faisant des projets, ils seront plus motivés. Je veux qu'ils développent des attitudes telles que l'esprit d'équipe, le respect de soi et des autres, l'autonomie et la mise en commun, l'écoute des autres et la débrouillardise.

Qu'est-ce que je veux apprendre sur l'apprentissage par projets ?

Je veux connaître la démarche complète du projet. Je veux comprendre comment le projet peut m'aider à intégrer le développement de compétences par les élèves d'une façon intéressante. Je veux m'assurer de la progression du groupe et de chaque élève. Je veux devenir capable de superviser plusieurs projets en même temps. D'autres questions vont venir, ne vous inquiétez pas...

L'outil de collecte des besoins rempli par chaque enseignant est acheminé au conseiller pédagogique en vue de la préparation d'une première formation sur l'apprentissage par projet. Cette formation est demandée par les enseignants de première et deuxième années du secondaire, pour leur permettre de comprendre cette approche et de choisir par la suite de l'intégrer à leur pratique.

Les réponses des enseignants au conseiller pédagogique permettent d'analyser et de valider leurs besoins. À l'aide des questions suivantes, il précise son projet de formation et d'accompagnement.

- Quelle était la demande initiale des enseignants ?
- Est-ce qu'il y a correspondance entre ce qui m'a été demandé par le milieu et les besoins réels exprimés par les enseignants ?
- Qu'est-ce que les enseignants connaissent sur l'apprentissage par projets ?
- Qu'ont-ils déjà expérimenté ?
- Connaissent-ils les fondements de cette approche ?
- Est-ce qu'il y a des enseignants qui connaissent parfaitement cette approche ?
- Comment vais-je pouvoir leur apporter les connaissances dont ils ont besoin ?
- Le groupe évolue-t-il au même rythme ?

- Les enseignants ont-ils le goût de participer et de s'investir ?
- Une structure d'accompagnement est-elle prévue pour les enseignants qui expérimenteront cette approche ?

Le conseiller pédagogique s'assure ainsi de planifier son intervention pour permettre aux enseignants de faire des liens avec leur pratique antérieure et d'évoluer à leur rythme.

Exemple 3

Un outil de collecte des besoins préparé par un accompagnateur-ressource extérieur au milieu

À la suite d'une formation vécue en début d'année par des enseignants du troisième cycle du primaire sur l'apprentissage par projets, un petit groupe d'enseignants ont décidé d'expérimenter un projet avec leurs élèves. Pour poursuivre leur cheminement dans l'appropriation de cette approche, ils désirent être accompagnés dans leurs expérimentations. Voici un exemple d'outil envoyé quelques semaines avant la rencontre par l'accompagnateur-ressource extérieur au milieu et rempli par une enseignante en lien avec son expérimentation en salle de classe.

Pour connaître vos besoins d'accompagnement sur l'apprentissage par projets

1. Qu'est-ce que j'ai expérimenté sur l'apprentissage par projets ?

La mise en place d'un projet (collecte de données, mises en situation).

Les cartes d'exploration en début de projet et en cours de projet.

Les présentations de projets de façons variées.

2. Qu'est-ce que cela a modifié dans ma pratique éducative auprès de mes élèves ?

J'essaie de mieux me préparer (et réfléchir) et de faire des liens entre les compétences transversales et disciplinaires.

Je cherche à expliquer davantage aux élèves les apprentissages liés au projet et à nommer les habiletés qu'ils acquièrent durant le déroulement du projet.

3. Quelles sont les questions qui me préoccupent et que j'aimerais approfondir durant ce suivi à la formation sur l'apprentissage par projets ?

Comment mieux structurer mes projets ?

Comment amener les élèves à respecter une démarche d'apprentissage ?

Comment faire l'évaluation des apprentissages en cours de projet ?

Quelles traces laisser au portfolio ?

Connaître les expérimentations menées en classe permet d'adapter l'accompagnement au cheminement des enseignants dans l'appropriation de la démarche d'apprentissage par projets. L'accompagnateur analyse et valide les besoins exprimés par les enseignants à l'aide des questions suivantes.

- Qu'est-ce que les enseignants ont expérimenté de l'apprentissage par projets ?
- Comment l'expérimentation d'un projet a-t-elle fait cheminer ce groupe d'enseignants dans leur pratique ?
- Devons-nous travailler de nouveau les fondements de cette approche ?
- Qu'est-ce que les enseignants ont à approfondir quant à l'acte d'apprendre ?
- Où en sont-ils dans le développement de la compétence : piloter des situations d'enseignement-apprentissage ?
- De quoi ont-ils besoin pour poursuivre leur expérimentation ?
- Comment vais-je leur apporter les connaissances dont ils ont besoin pour l'évaluation des apprentissages en cours de projet ?
- Comment vais-je m'adapter au cheminement de chacun dans le groupe ?
- De quelle façon seront présentées les expérimentations de ce petit groupe d'enseignants ?

L'accompagnateur peut alors enrichir les pratiques des enseignants et favoriser la consolidation des apprentissages.

Ces exemples d'outils se rapportant à des contextes d'accompagnement variés nous démontrent que cette étape de collecte, d'analyse et de validation des besoins permet à l'accompagnateur d'affiner sa compréhension des besoins exprimés et provoque d'heureux ajustements. Il peut par la suite élaborer un projet d'accompagnement qui tienne compte de la diversité des besoins exprimés par les enseignants, tout en considérant la richesse de l'expertise de chacun. Il sera en mesure de planifier et d'organiser des moments d'échange, de formation et d'analyse des pratiques de façon individuelle, en petit groupe ou collectivement.

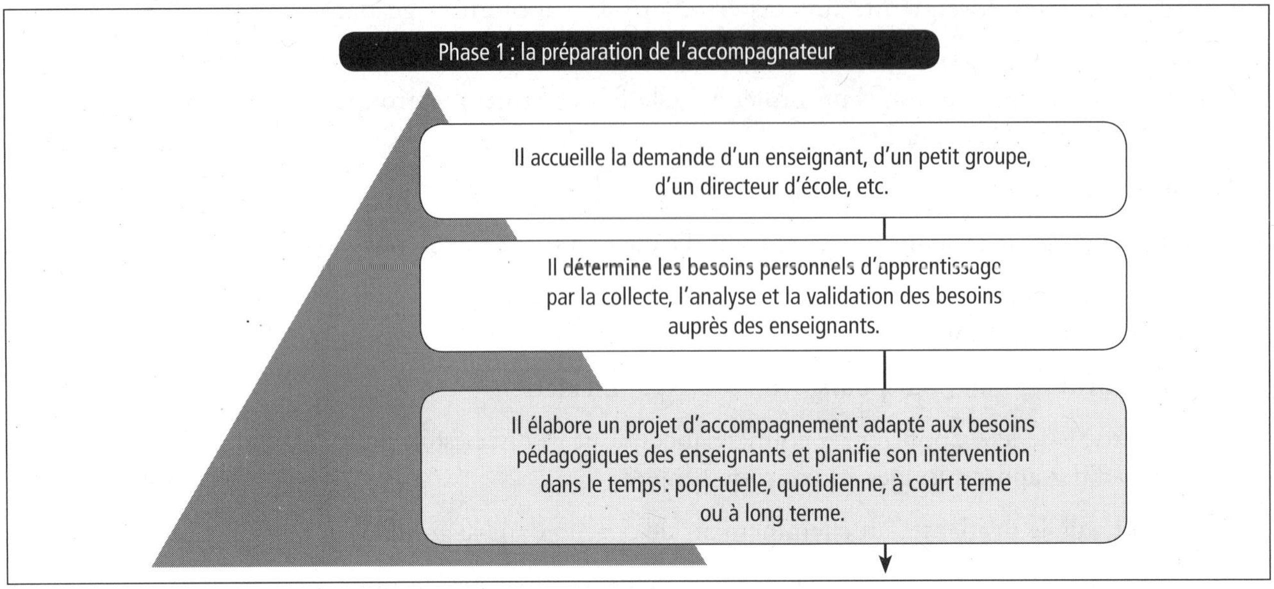

L'analyse et la validation des besoins exprimés par les enseignants étant accomplies, l'accompagnateur est maintenant en mesure d'élaborer un projet d'accompagnement. Il précise l'intention d'apprentissage et détermine les savoirs et compétences professionnelles qui seront travaillés pour être réinvestis par la suite dans l'action en salle de classe. Il se pose les questions suivantes :

- Qu'est-ce que les enseignants veulent apprendre ?
- Quelles sont les compétences à développer pour permettre à l'enseignant d'enrichir son action ?
- Quels sont les savoirs ou les connaissances nécessaires à la compréhension de certains concepts et au développement de certaines habiletés en lien avec les besoins exprimés ?
- Quel sera le temps alloué à ce projet d'accompagnement pour qu'il soit porteur d'apprentissages pour l'enseignant (à court terme, à différents moments de l'année, pendant plusieurs mois ou sur plusieurs années) ?
- Comment ce projet se vivra-t-il (individuellement, en petits groupes, collectivement) ?

S'interroger sur son agir, comme accompagnateur, permet de préciser les gestes pédagogiques à poser et conduit à une prise de conscience de son rôle de médiateur durant le processus d'accompagnement. Le tableau qui suit fait part du questionnement réflexif de l'accompagnateur qui prépare son intervention au regard des compétences en développement chez les personnes accompagnées.

Tableau 3.1 L'accompagnateur se prépare à jouer son rôle de médiateur dans le développement des compétences de l'enseignant

Le questionnement de l'accompagnateur	↔	Les compétences en développement chez l'enseignant[1]
• Comment faire en sorte que l'enseignant soit placé dans des situations de sens qui rejoignent son intérêt et sa motivation ?	↔	Pour qu'il s'engage dans son processus d'apprentissage ainsi que dans une démarche individuelle et collective de développement professionnel
• Comment susciter le développement de sa créativité lors de la construction de situations d'apprentissage complexes ?	↔	Pour développer la compétence à concevoir et à piloter des situations d'enseignement-apprentissage, pour les contenus à faire apprendre, en fonction des élèves concernés et du développement des compétences visées par le programme de formation
• Comment l'amener à porter sur sa pratique un regard réflexif ?	↔	En vue de développer la compétence à adapter ses interventions aux besoins et caractéristiques des élèves présentant des difficultés d'apprentissage, d'adaptation ou un handicap, et à cheminer au regard de son action pédagogique
• Comment intervenir pour qu'il soit possible de partager et de résoudre ensemble des problèmes liés à l'implantation d'approches nouvelles ?	↔	Pour développer la compétence à collaborer, à coopérer professionnellement, à apprécier ses collègues
• Comment mon intervention peut-elle favoriser le partage d'expériences et de réussites pédagogiques et la mise en place d'un travail d'équipe qui permette de s'observer et de s'entraider mutuellement ?	↔	Pour développer la compétence à planifier, organiser et superviser le mode de fonctionnement du groupe-classe en vue de favoriser l'apprentissage et la socialisation
• Comment lui démontrer l'importance de lire, de se documenter et de réfléchir sur les recherches au regard de l'apprentissage et des changements en éducation ?	↔	Pour développer la compétence à agir en tant que critique et interprète d'objets de savoir ou de culture dans l'exercice de ses fonctions
• Comment l'amener à effectuer l'échange d'expérimentations par courriel ou à l'aide de réseaux ?	↔	Pour développer la compétence à intégrer les technologies de l'information et de la communication aux fins de préparation et de pilotage d'activités d'enseignement-apprentissage, de gestion de l'enseignement et de développement professionnel
• Comment le motiver à participer à des recherches-actions ?	↔	Pour qu'il agisse en tant que professionnel dans l'exercice de ses fonctions et s'ouvre à la collaboration avec les chercheurs universitaires en éducation
• Comment m'assurer que la formation entre collègues favorise le parrainage, le mentorat et le suivi des expérimentations ?	↔	Pour qu'il travaille de concert avec les membres de l'équipe pédagogique, qu'il demande du soutien et nomme ses besoins pédagogiques
• Comment valoriser chez lui l'utilisation du journal de bord et du portfolio de développement professionnel ?	↔	Pour l'amener à développer sa compétence à réfléchir à sa façon d'apprendre, à évaluer la progression de ses apprentissages et, par la suite, celle des apprentissages de ses élèves
• Comment mon intervention peut-elle l'aider à comprendre l'importance du transfert de ses apprentissages auprès des élèves ?	↔	Pour l'encourager à réinvestir, auprès de ses élèves, les apprentissages réalisés et pour qu'il prenne conscience que le transfert des apprentissages en salle de classe est essentiel à l'acte d'apprendre

1 Inspiré du *Référentiel des compétences professionnelles* élaboré par Martinet, Raymond et Gauthier (MEQ, 2001), p. 49-50.

C'est à cette étape que l'accompagnateur choisit les stratégies d'intervention qui vont lui permettre d'aider les enseignants à acquérir ou encore actualiser leurs connaissances et mettre à contribution leurs différentes ressources. Ces stratégies varient selon le type d'accompagnement et la durée de son déroulement.

Il choisit des stratégies de préparation pour susciter l'intérêt et favoriser le questionnement des enseignants, par exemple :

- remettre ou envoyer aux accompagnés un outil de réflexion et de questionnement sur les compétences qui seront travaillées ;
- acheminer aux enseignants une lecture réflexive au regard de la pédagogie pour leur permettre de se documenter, de lire et de réfléchir ;
- solliciter les enseignants pour qu'ils apportent ou présentent des traces de leurs expérimentations pédagogiques, essentielles à l'analyse des pratiques ;
- sélectionner le matériel et la documentation qui enrichiront les connaissances sur le sujet et prévoir l'aménagement d'un coin ressources (livres, références, exemples de pratiques, CD, photos, etc.) ;
- préparer des grilles d'analyse des pratiques, à utiliser en cours d'action, au regard des besoins exprimés par les enseignants ;
- ...

Il choisit des stratégies d'animation pour susciter la participation active de l'enseignant, telles que :

- pratiquer l'écoute active durant tout le processus d'accompagnement ;
- favoriser le vécu de situations d'apprentissage signifiantes et en lien avec les compétences travaillées : résolution de problèmes, étude de cas apportés par les enseignants, etc. ;
- privilégier le travail d'équipe en petits groupes de développement, de réflexion, de recherche et d'objectivation ;
- utiliser l'entretien métacognitif pour favoriser l'objectivation des pratiques ;
- faciliter la compréhension de concepts nouveaux par la simulation ou par les jeux de rôles ;
- reconnaître et valoriser les parcours multiples et les acquis individuels ;
- faire présenter et partager par les enseignants les apprentissages réalisés en cours d'accompagnement ainsi que les pistes de réinvestissement choisies ;
- utiliser l'évaluation formative de même que l'autoévaluation et susciter l'intérêt pour l'utilisation d'un portfolio de développement professionnel ;
- ...

Il choisit des stratégies de consolidation pour encourager l'enseignant à réutiliser les apprentissages réalisés lors de son intervention auprès de ses élèves, telles que :

- faire reconnaître par les enseignants les apprentissages réalisés et leur utilité au moyen de questionnaires, de synthèses de groupe, de journal d'apprentissage, de portfolio, etc. ;
- amener les enseignants à expérimenter les actions qu'ils ont choisies ;
- susciter leur prise de conscience de leurs processus mentaux ;
- soutenir la collaboration et le partage entre pairs ;
- faciliter la mise en mots de leur démarche pédagogique ;
- assurer la planification du suivi en salle de classe ;
- participer à l'élaboration d'un calendrier d'expérimentation ;
- prendre en compte le temps d'accompagnement nécessaire à l'intégration des apprentissages ;
- ...

La phase de préparation étant complétée, l'accompagnateur est maintenant prêt à mettre en œuvre le processus interactif de l'accompagnement pédagogique qui requiert la participation active de l'enseignant. C'est la réalisation de la deuxième phase de la démarche d'accompagnement, que l'on retrouve dans le schéma de la page suivante. Les diverses actions qui la composent sollicitent l'enseignant de façon continue au regard de son processus d'apprentissage, du développement de ses compétences et de l'acquisition de nouveaux savoirs en interaction avec ses pairs. Toutes les actions s'articulent les unes aux autres. Leur interrelation dans l'action crée une dynamique susceptible de favoriser des apprentissages par l'enseignant. L'accompagnateur choisit d'accomplir l'une ou l'autre de ces actions pour adapter son intervention aux besoins et au cheminement des enseignants.

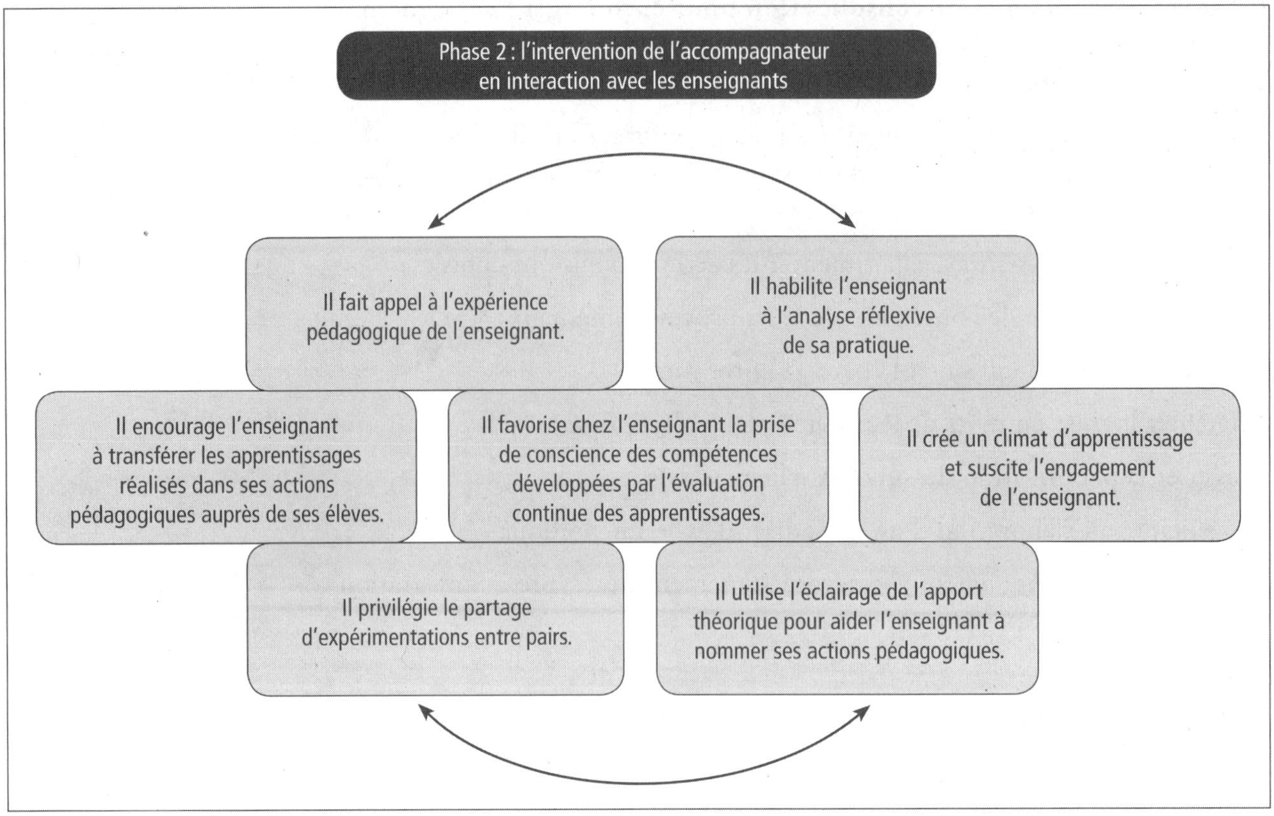

Voyons maintenant comment se vivent les actions de l'accompagnateur. Cela nous amène au cœur du processus interactionnel d'accompagnement et d'apprentissage des enseignants.

Il crée un climat d'apprentissage et suscite l'engagement de l'enseignant

Accueillir les enseignants, c'est leur prêter une attention chaleureuse et leur laisser de l'espace, en faisant en sorte qu'ils puissent en toute confiance partager leurs réussites et leurs questionnements, découvrir ce qui les intéresse de même que leurs richesses et leurs talents, et ainsi créer un climat favorable à l'apprentissage. Ce temps d'écoute et de partage est propice à la valorisation de l'acte pédagogique et permet à l'accompagnateur de créer des liens, de favoriser la mise en place d'un espace protégé, où il est professionnellement permis de tout se dire sans être jugé par les pairs, et où le droit à l'erreur est une occasion d'apprendre. L'enseignant éprouve parfois de la difficulté à s'engager dans son projet de développement professionnel et demeure secret quant à ses aspirations pédagogiques. Ce temps d'échange informel permet de dépister les résistances possibles, les attentes non exprimées, les craintes et les peurs inhérentes au changement amorcé, et oriente de façon éclairée le choix des stratégies à privilégier lors de l'accompagnement. La pédagogie prend donc une place importante et les réflexions au regard de la pratique viennent remettre en question ou clarifier les conceptions et croyances de chacun. C'est alors que l'enseignant se met en projet et s'engage à participer et à collaborer avec les autres en toute sécurité. C'est le début du processus interactif d'accompagnement. Pour établir cette relation d'accompagnement, diverses stratégies peuvent être exploitées, telles que :

- recourir à l'humour pour dédramatiser les peurs, les craintes ou les inquiétudes ;
- mettre à jour le ressenti et l'accueillir sans jugement ;
- nommer ce qui se passe pour en comprendre le sens ;
- alléger l'atmosphère pour qu'il y ait du plaisir à apprendre ;
- permettre à chacun de s'exprimer ;
- recourir à la reformulation pour faciliter la compréhension ;
- …

Ce sont autant de pistes qui mettent l'accompagné en confiance et qui permettent le partage de ses représentations. Ce climat sécurisant est parfois long à installer, car les enseignants sont peu habitués à parler de leurs réussites et de leurs questionnements, de peur d'être jugés par leurs pairs. Il est important que les intervenants du milieu scolaire valorisent les initiatives, suscitent la collaboration et non la compétition, éveillent le vouloir agir et que cela devienne une habitude dans la culture de l'école. La recherche du mieux faire de même que le droit de s'interroger sur sa pratique sont des attitudes professionnelles à cultiver de façon continue. Être présent au cheminement des enseignants en train d'apprendre demande une attention soutenue et une attitude positive de la part de l'accompagnateur, pour qu'il puisse conduire l'enseignant à un apprentissage authentique, c'est-à-dire ayant un impact sur le développement de toute sa personne.

Il fait appel à l'expérience pédagogique de l'enseignant

Ce moment du processus permet de mettre en valeur les savoirs issus de la pratique de l'enseignant et qui sont porteurs de ses représentations, de son bagage cognitif et affectif, de son modèle pédagogique implicite. C'est avec ce savoir d'expérience pédagogique que les enseignants décodent l'information qu'ils reçoivent et agissent auprès de leurs élèves. À partir de la problématique retenue, l'accompagnateur s'assure de bien cerner la réalité pédagogique de l'enseignant. Où se situent son action et son expérimentation ? Que connaît-il du sujet traité ? Que veut-il savoir du problème apporté ? Que signifie pour lui cet apprentissage ? A-t-il vécu une expérience au regard de la problématique en question ? Lors de ces échanges, on peut consigner, sous la forme de réseaux ou de représentations graphiques, les savoirs et les conceptions des enseignants au regard de ce qui sera travaillé. Cela facilite le retour à différents moments du processus. Ce travail de lecture de la pratique permet à l'enseignant de prendre conscience du savoir qu'il possède déjà et de s'interroger sur la cohérence de ce savoir pour en déceler les zones d'inconfort et de questionnement. L'enseignant est alors invité à remédier à la situation pédagogique qui le préoccupe en déterminant son intention d'apprentissage et en choisissant les savoirs qu'il veut acquérir.

Au cours de nos recherches et de nos actions d'accompagnement, nous avons pu vérifier que le fait d'avoir recours à l'expérience personnelle et professionnelle par le questionnement engage davantage l'enseignant et maintient sa motivation à apprendre. De plus, la mise en commun des attentes et des besoins prioritaires éveille son intérêt et sa motivation ; c'est le déclencheur d'une participation active et collaboratrice pour la construction des savoirs pédagogiques et l'évolution des pratiques.

Il habilite l'enseignant à l'analyse réflexive de sa pratique

Habiliter l'enseignant à l'analyse réflexive de sa pratique consiste, pour l'accompagnateur, à lui permettre de verbaliser ses processus mentaux, nommer ses actions pédagogiques et évaluer son cheminement. Par son questionnement, l'accompagnateur suscite des prises de conscience et favorise, chez l'enseignant, l'autoquestionnement et la mise en mots de son action pédagogique. Ce que je fais est-il valable ? Y a-t-il une autre façon de faire ? Comment puis-je procéder de façon plus efficace ? Qu'est ce que je peux faire ou apprendre pour améliorer mon agir pédagogique ?

Prendre un temps d'arrêt avec l'enseignant pour nommer les opérations cognitives qu'il effectue l'aide à devenir conscient de sa façon d'apprendre. L'agir intuitif de l'enseignant est alors davantage réfléchi et organisé. Cette façon de faire lui permet de prendre conscience de ses habiletés métacognitives et d'approfondir son questionnement pour être attentif à l'élève qui apprend. Comment fais-tu pour comprendre ? Quelles stratégies utilises-tu ? Qu'est-ce qui est facile ? Difficile ? Pourquoi ? De quelle aide as-tu besoin ? Quelle opération métacognitive[2] venons-nous d'effectuer au regard du processus ?

L'analyse réflexive est aussi réalisée durant le partage des expérimentations apportées par les enseignants, lors de la réalisation de tâches complexes ou de la résolution de situations problématiques, à l'initiative de l'accompagnateur. Dans ces situations d'apprentissage signifiantes, l'enseignant est appelé à utiliser de nouveaux concepts. C'est l'occasion pour lui d'observer comment se fait l'apprentissage ; on demande à l'enseignant d'expliciter sa compréhension, de déterminer ce qu'il a appris et la façon dont il a appris.

Il utilise l'éclairage de l'apport théorique pour aider l'enseignant à nommer ses actions pédagogiques

L'accompagnateur consacre du temps, avec les enseignants, à la consultation de documents tels que les recherches et les écrits de différents chercheurs et pédagogues en éducation et qui se rapportent aux préoccupations des enseignants. Un va-et-vient entre pratique, théorie et pratique aide l'enseignant à mieux comprendre son agir et lui apporte de nouvelles connaissances. L'accompagnateur peut alors aider l'enseignant à clarifier différents concepts, valider ou modifier certaines de ses représentations et ainsi enrichir sa pratique. Quelles sont les théories pouvant expliquer mon agir pédagogique ? Comment ces théories peuvent-elles enrichir mon agir pédagogique auprès des élèves ? Qu'est-ce que je retiens de cette lecture ? Est-ce que j'ai une meilleure compréhension de ce concept ?

---

2 Référence au tableau du schème des opérations de la conscience intentionnelle d'Angers et Bouchard (*Le développement de la personne*, Montréal, Bellarmin, 1986, p. 69).

D'autres ressources sont également utiles à l'enseignant et indispensables à son action pédagogique. L'accompagnateur incite l'enseignant à consulter son programme de formation[3] pour intégrer dans son enseignement les compétences à développer par les élèves. Cela lui permet aussi de rechercher les liens qui unissent les disciplines à enseigner afin de leur donner un sens et s'appliquer à en comprendre l'utilité pour les élèves dans la vie de tous les jours.

Il privilégie le partage d'expérimentations entre pairs

Le partage d'expérimentations entre pairs est source de savoirs. L'enseignant qui, par exemple, essaie une approche ou invente un outil d'évaluation, est aussi un chercheur en action. Lui permettre de verbaliser son questionnement, sa manière de faire et les apprentissages qu'il a réalisés est, pour les autres enseignants, une façon d'apprendre par modélisation. Ce pédagogue praticien devient une ressource précieuse pour l'enseignant qui veut évoluer dans sa pratique et apprendre des comment faire tels que : mieux articuler une démarche, appliquer de nouvelles théories au regard de certains concepts, créer de nouvelles grilles pour évaluer les compétences des élèves, expérimenter des situations d'apprentissage complexes, consolider certains éléments d'une compétence, utiliser le portfolio comme outil au service de l'évaluation formative, etc. Que puis-je apprendre de mes pairs ? Comment cet outil, apporté par un autre enseignant, peut-il m'aider à mieux articuler ma démarche ? Comment peut-il m'aider à résoudre des problèmes ?

L'accompagnement ne peut se passer de cette ressource importante qu'est le partage d'expérimentations entre pairs. L'accompagnateur prend le temps, lorsqu'il travaille individuellement ou collectivement avec les enseignants, de leur faire présenter leurs réalisations et apprentissages, et il interagit avec eux au regard de leur compréhension, de leurs observations et de leurs découvertes. Ce partage porte aussi bien sur les processus cognitifs que sur les résultats d'expérimentation. Il a pour but de faire partager par les enseignants de nouvelles façons de faire, de reconnaître les diverses stratégies mises en place pour faciliter l'apprentissage et de faire part des résultats des expérimentations. Faire l'analyse des réussites et des difficultés au regard des expérimentations permet aux enseignants de se réajuster et, par la suite, de dégager de nouvelles pistes d'action en vue de consolider leurs apprentissages. Ce partage est valorisant pour les enseignants et leur donne confiance. Qu'est-ce que j'ai appris de ce partage ? Comment mes collègues m'ont-ils aidé ? En quoi cet apprentissage constitue-t-il une aide à ma pratique ? Comment vais-je l'utiliser ? Qu'est-ce que je vais investir à nouveau dans ma pratique ? En quoi suis-je plus compétent ?

---

3 MEQ, *Programme de formation de l'école québécoise : Éducation préscolaire, Enseignement primaire, Enseignement secondaire,* qui présente les apprentissages essentiels à la formation des jeunes.

Il favorise, chez l'enseignant, la prise de conscience des compétences développées par l'évaluation continue de ses apprentissages

Durant tout l'accompagnement, l'évaluation se vit dans l'action et permet de comprendre qu'elle est une aide à l'apprentissage. Elle est vue comme constituante du développement des compétences professionnelles travaillées durant l'accompagnement. Il peut s'agir de l'évaluation formative, de l'autoévaluation, de la coévaluation. La rétroaction ainsi que l'évaluation continue par les enseignants de leur projet de développement professionnel mènent à la régulation de l'agir.

Par sa médiation pédagogique, l'accompagnateur fait prendre conscience aux enseignants du développement de leurs compétences. Il prend en compte un climat d'apprentissage où l'affectif a sa place et permet que la dynamique du groupe accompagné soit propice à l'expression des points de vue de chacun par rapport à ses propres savoirs et aux savoirs enseignés. Il favorise la synthèse des apprentissages réalisés au fur et à mesure des rencontres d'accompagnement.

- Qu'est-ce que je voulais connaître ?
- Quelles sont les compétences que j'avais choisi de développer ?
- Qu'est-ce que je comprends mieux ?
- Qu'est-ce que je peux comprendre encore davantage ?
- Qu'est-ce que j'ai expérimenté ?
- Qu'est-ce que j'ai réussi ?
- Ai-je toujours des interrogations ?
- Qui peut m'aider ?
- Quelles seront mes prochaines actions ?

Des traces de ces apprentissages peuvent être notées et placées par l'enseignant dans son portfolio de développement professionnel. C'est un moyen privilégié pour lui de faire des liens, de conserver des pistes d'action innovatrices, de noter les réflexions pédagogiques ainsi que les travaux qui reflètent ses expérimentations auprès des élèves. Il témoigne de ses progrès, de ses réussites et de ses apprentissages tout au long de son parcours professionnel.

Il encourage l'enseignant à transférer les apprentissages réalisés dans ses actions pédagogiques auprès de ses élèves

Pour développer ses nouvelles habiletés et maîtriser ses nouvelles connaissances, l'enseignant s'exerce et expérimente auprès de ses élèves tout le long de l'accompagnement. Il doit se fixer des buts réalistes, se donner des indicateurs de réussite, anticiper les difficultés que peuvent éprouver ses élèves, prévoir le matériel nécessaire à l'expérimentation et planifier des moments de rencontre en vue de faire l'analyse de ses actions. Il peut s'agir pour lui de mettre à l'essai une solution nouvelle à un problème, d'amorcer différemment une expérimentation, de consolider certaines stratégies utiles à l'apprentissage, de créer certains outils facilitant la compréhension des élèves, d'analyser sa pratique à l'aide de grilles ou de faire la lecture de certains textes significatifs en lien avec son questionnement. Nous demandons alors à l'enseignant de conserver des traces de ses expérimentations pour être en mesure d'évaluer avec lui les effets de son action, lors d'une rencontre d'accompagnement ou de partage avec les pairs. Au fil de ses essais, l'enseignant est attentif à ses manières de faire et aux découvertes qui permettent l'amélioration de sa pratique. C'est lors de l'expérimentation que l'enseignant analyse, valide à nouveau son agir, se questionne, crée une façon de faire qui lui soit personnelle, intuitionne et tente la mise en place d'une stratégie. Il s'autoévalue et régule son agir. Qu'est-ce qui a bien fonctionné? Qu'est-ce qu'il serait bon d'améliorer? Qu'est-ce qui est encore difficile? Qu'est-ce que je devrais essayer à nouveau? Y a-t-il une autre manière de procéder?

Ce temps de mise à l'essai est exigeant pour l'enseignant; il est donc prudent de doser les défis à réaliser. Vouloir aller trop vite peut faire naître chez l'enseignant un sentiment d'incompétence. Il est important de lui apporter une aide immédiate au besoin, de même que d'aller en salle de classe pour, parfois, modéliser certains comportements. Le soutien et l'encouragement du directeur et des collègues permettent à l'enseignant de poursuivre en toute confiance son expérimentation. Ce soutien peut se traduire par des réponses rapides à ses besoins en ce qui a trait au matériel nécessaire à l'expérimentation, par l'aménagement de l'horaire dans le but de faciliter des temps de rencontre entre enseignants, par la mise en réseau d'enseignants ayant les mêmes préoccupations et, au besoin, par l'accès à des ressources permettant d'assurer la continuité. Les rencontres entre pairs sont souvent très précieuses lors de cette période d'essai. L'échange de moyens, de façons de faire et de questions pertinentes sont autant de ressources utiles à l'expérimentation. Que se passe-t-il lorsque je procède de cette façon? Pourquoi est-ce que je n'y arrive pas? Comment fais-tu? Peux-tu m'aider? Que font alors les élèves? Est-ce que cette manière de faire les aide à mieux apprendre?

Les réflexions inscrites au portfolio et partagées par la suite avec d'autres enseignants enrichissent l'enseignant et alimentent son propre agir par des interrogations que cette analyse suscite chez lui.

Mais tout est dans l'atmosphère respectueuse qui fait que le droit à l'erreur est reconnu en tant qu'occasion d'apprentissage et de développement. Apprendre à mobiliser à bon escient un ensemble de ressources pour mieux intervenir auprès de l'élève nécessite un contexte de confiance et le droit à l'erreur pour l'enseignant. Les rencontres avec l'accompagnateur s'avèrent indispensables pour la poursuite des expérimentations. Ces rencontres, individuelles ou en petits groupes, sont l'occasion de faire le point sur les changements réalisés, de constater l'efficacité des nouvelles pratiques mises en place et d'en évaluer les effets obtenus sur les élèves et sur l'évolution des conceptions chez les enseignants.

Une halte sur la route de l'accompagnateur pédagogique

Permettre aux enseignants d'exprimer leurs questionnements et de s'engager dans une dynamique qui donne un sens à l'acte d'enseigner n'est pas sans interpeller l'agir de l'accompagnateur. C'est l'occasion pour lui de repenser ses manières de faire, de remettre en question ses valeurs et ses croyances et de faire l'essai de différentes façons d'intervenir pour placer l'enseignant au cœur de son propre processus de formation continue. Pour évoluer vers un accompagnement centré sur les besoins d'apprentissage de l'enseignant et sur sa pratique pédagogique, nous proposons à l'accompagnateur de s'exercer à mettre en œuvre une démarche personnelle d'accompagnement à partir d'une demande exprimée par son milieu, et d'en garder des traces pour s'y référer ultérieurement.

Un outil d'analyse réflexive pour l'accompagnateur : pour préparer la mise en œuvre de ma démarche d'accompagnement en tenant compte des besoins exprimés par les enseignants

- Quel est l'objet de cette demande ?

- Quel sera mon rôle au regard de cette demande ?

- Quelle sera la meilleure façon d'y répondre ?

- Comment se fera l'analyse des besoins exprimés ?

- Quelles compétences professionnelles seront travaillées et quels savoirs seront nécessaires pour que l'enseignant puisse les développer ?

- Quelles stratégies vais-je privilégier pour favoriser l'engagement des enseignants ?

- Ai-je prévu des situations d'apprentissage en coopération avec les pairs?

- Comment vais-je m'assurer du transfert des apprentissages?

- Comment l'évaluation sera-t-elle enchâssée dans mon action d'accompagnement?

- Comment vais-je faire prendre conscience aux enseignants des apprentissages qu'ils ont réalisés?

- Comment sera planifié le suivi en salle de classe?

- De quelle façon vais-je évaluer les effets de mon accompagnement?

Des pistes pour aller plus loin : livres, articles, etc.

Nous trouvons utile de partager avec vous les références aux auteurs qui ont alimenté notre réflexion sur l'apprentissage, la médiation et l'enseignement.

ALTET, M. 1996. « Les compétences de l'enseignant professionnel : entre savoirs, schèmes d'action et d'adaptation, le savoir analyser », dans L. Paquay, M. Altet, É. Charlier et P. Perrenoud (dir.). 1996. *Former des enseignants professionnels. Quelles stratégies ? Quelles compétences ?,* Bruxelles, De Boeck, p. 27-41.

CHARLIER, B. 1998. *Apprendre et changer sa pratique d'enseignants,* Bruxelles, De Boeck.

GERVAIS, C. 2005. *L'école, lieu de formation d'enseignants. Questions et repères pour l'accompagnement de stagiaires,* Sainte-Foy, Les Presses de l'Université Laval.

LAFORTUNE, L. et C. DAUDELIN. 2001. *Accompagnement socioconstructiviste,* Sainte-Foy, Presses de l'Université du Québec.

LAFORTUNE, L., S. JACOB et D. HÉBERT. 2000. *Pour guider la métacognition,* Sainte-Foy, Presses de l'université du Québec.

LE BOTERF, G. 2001. *Construire des compétences individuelles et collectives,* Paris, Les Éditions d'organisation.

L'HOSTIE, M. et L.P. BOUCHER. 2004. *L'accompagnement en éducation. Un soutien au renouvellement des pratiques,* Sainte-Foy, Presses de l'Université du Québec.

PERRENOUD, P. 2001. *Développer une pratique réflexive dans le métier de l'enseignant,* Paris, ESF.

SAINT-ARNAUD, Y. 1992. *Connaître dans l'action,* Montréal, Presses de l'Université de Montréal.

J'inscris les éléments importants que je veux retenir de mes lectures :

Chapitre 4

Des exemples concrets du processus d'accompagnement et d'apprentissage en action

Il traîne à l'arrière
Parfois il marche
un petit moment à nos côtés (le bonheur)

Félix Leclerc

L'autonomie se gagne chaque fois qu'une personne
s'approprie un savoir, qu'elle le fait sien,
le réutilise seule et le réinvestit ailleurs.

Meirieu

Nous exposons dans le présent chapitre des exemples de situations d'accompagnement vécues auprès d'enseignants et d'intervenants en éducation à différents moments de leur parcours professionnel. Ces situations illustrent comment le processus d'accompagnement décrit au chapitre précédent s'adapte au contexte et aux réalités pédagogiques des accompagnés. Il peut parfois se vivre au quotidien, à plus long terme ou encore durant plus d'une année, selon l'ampleur du projet à réaliser. Nous y retrouvons les actions de l'accompagnateur dans son intervention auprès des enseignants. Parmi les rôles qu'il est appelé à jouer nous insistons sur celui de « médiateur à l'apprentissage ». En interaction avec l'enseignant, il utilise le questionnement métacognitif pour faire appel aux processus mentaux par lesquels le savoir s'élabore. Par son intervention, l'accompagnateur crée, enrichit et facilite les dimensions d'analyse et de réflexion favorables à la compréhension et au renouvellement des pratiques pédagogiques. Cela le conduit à réguler sa propre démarche d'accompagnateur en interaction avec les enseignants.

L'accompagnement des enseignants à différents moments de leur parcours professionnel

Comme nous l'avons vu au premier chapitre du présent ouvrage, enseigner comporte de multiples situations de travail faites d'interactions variées et singulières dans lesquelles l'incertitude et le questionnement occupent une grande place. Enseigner exige de l'enseignant un renouvellement continu de son action pédagogique et fait appel à sa créativité. Dans son milieu de travail, des intervenants tels que le directeur de l'école, les collègues et les professionnels qui sont sur place de façon ponctuelle (orthopédagogues, conseillers pédagogiques, psychologues et consultants) sont des ressources importantes auxquelles il peut avoir recours pour l'aider à résoudre des problèmes liés à l'animation de sa vie de classe. La mise à contribution de ces intervenants favorise un climat d'entraide et repose sur le partage, la confiance et la collaboration. Ces compagnons de route enrichissent et stimulent l'action de l'enseignant ; ils lui fournissent une aide précieuse en accompagnant son cheminement professionnel.

Au quotidien, les acteurs du milieu-école, particulièrement les collègues, peuvent aider les jeunes enseignants qui débutent dans la profession afin qu'ils se sentent soutenus dans leurs actions. Ils ont souvent besoin d'une aide rapide, d'un petit coup de pouce au bon moment pour les encourager dans la mise en œuvre des savoirs pédagogiques ou didactiques acquis lors de la formation initiale. Les enseignants qui cheminent ont aussi besoin de partager leurs expérimentations pédagogiques et leurs questionnements au regard de leurs pratiques entre les temps de formation et d'accompagnement. Les enseignants expérimentés, ceux pour qui l'art d'enseigner n'a plus de secret, manifestent également le besoin de se donner de nouveaux défis. Ils sont sans aucun doute des ressources pédagogiques indispensables qu'il faut valoriser et mettre à profit auprès des autres enseignants.

Dans les situations d'accompagnement présentées ci-après, l'accompagnateur s'applique à prendre en compte la diversité des pratiques des enseignants. Il évite de donner des réponses toutes faites aux problèmes qui lui sont présentés et recherche avec l'enseignant des solutions adaptées à sa réalité pédagogique. L'accompagnement, dans ce contexte, s'ajuste aux contraintes du milieu et aide l'enseignant à mieux saisir le sens et la portée de ses actions.

Des situations d'accompagnement auprès d'enseignants dans l'animation de leur vie de classe au quotidien

Première situation : Un directeur d'école accompagne une enseignante en insertion professionnelle dans la préparation de son enseignement

Cette enseignante du deuxième cycle du primaire s'adresse au directeur de son école et lui fait part de son questionnement pédagogique :

Je mets beaucoup de temps à préparer des situations d'apprentissage que je trouve stimulantes, mais l'intérêt des élèves n'est pas maintenu durant mon enseignement. Je dois faire de la discipline et le climat est moins propice à l'apprentissage. Comment pourrais-je procéder ?

Comment peut se vivre l'accompagnement ?

Le directeur est attentif à sécuriser cette jeune enseignante et à décoder son besoin d'aide pour préciser l'orientation de son action d'accompagnement. Quelles questions se pose-t-elle ? Quel est le problème ? Qu'est-ce qu'elle attend de cette rencontre ? De quelle aide a-t-elle réellement besoin ? Est-elle prête à s'engager dans un processus de réflexion sur son action ? Quelle sera la fréquence des rencontres ? Cet échange lui permet de déterminer, d'analyser et de valider les besoins exprimés par cette enseignante et de situer son cheminement pédagogique. Autant de données qui sont nécessaires lors de la collecte des besoins pour bien cerner la situation et examiner avec l'enseignante les éléments à améliorer tout en tenant compte des disponibilités de chacun. Une première rencontre avec l'enseignante permet de planifier avec elle le déroulement et le vécu de l'accompagnement. Ensemble, ils conviennent de travailler à partir de la préparation de son enseignement pour l'étape en cours.

Comment le directeur peut-il interagir avec l'enseignante ?

Le directeur amorce avec l'enseignante un retour réflexif et métacognitif sur son action en salle de classe. Il regarde avec elle la préparation de son enseignement et la situation d'apprentissage qu'elle vit présentement avec ses élèves.

- Quelle situation d'apprentissage exploites-tu présentement avec tes élèves ?
- Quelles connaissances les élèves avaient-ils du sujet ?
- Quelle compétence voulais-tu que les élèves développent au cours de cette situation d'apprentissage ?
- Que voulais-tu qu'ils apprennent : connaissances, habiletés, attitudes ?
- Est-ce qu'ils connaissaient les éléments d'apprentissage que tu avais choisis de travailler et d'évaluer avec eux ?
- Comment as-tu fait appel à leurs idées, leurs stratégies et leurs façons de faire pour les amener à construire leurs apprentissages ?
- Quelles sont les ressources (manuels, grilles, référentiel...) que tu as utilisées ?
- Les élèves pouvaient-ils travailler en interaction ?
- Comment ont-ils présenté aux autres leurs apprentissages et leurs façons de faire ?
- Comment as-tu prêté attention aux opérations cognitives que l'élève fait pour apprendre ?
- Quelles modifications faudrait-il que tu apportes à ta préparation d'enseignement ?

Durant cet échange, le directeur et l'enseignant peuvent constater certaines difficultés : un enseignement collectif orienté sur le contenu à enseigner ; le manuel utilisé comme unique ressource ; le peu de participation de l'élève à ses apprentissages ; l'inexpérience de l'enseignante au regard de sa gestion de classe ; une discipline difficile à exercer. Ces constats peuvent expliquer le manque de motivation et d'engagement des élèves. Il trouve important de chercher avec l'enseignante les caractéristiques d'une situation d'apprentissage qui mobilise les élèves et qui fait appel à leur expérience.

Il commence d'abord par faire surgir ses représentations sur ce qu'est pour elle une situation d'apprentissage porteuse de sens pour les élèves. Puis, ensemble ils recherchent des liens et confrontent leurs réponses à l'aide de diverses ressources théoriques sur le sujet. Ils examinent un tableau qui présente les caractéristiques d'une situation d'apprentissage et d'évaluation. Cette ressource qui se trouve dans un document du ministère de l'Éducation du Québec (MEQ)[1] intéresse l'enseignante parce qu'elle lui permet de comparer ses données, d'en discuter avec son accompagnateur, de les ajuster et de compléter personnellement celles présentées dans l'encadré de la page suivante. Cela devient son référentiel de travail dans l'élaboration de futures situations d'apprentissage.

À la suite de ce travail de collaboration, l'enseignante est mieux outillée pour concevoir et expérimenter des situations d'apprentissage qui tiennent davantage compte des goûts et intérêts des élèves ainsi que du processus par lequel les élèves apprennent. C'est le temps du réinvestissement. C'est en s'exerçant, avec cet outil de travail, à construire et à valider dans l'action ses préparations d'enseignement qu'elle va acquérir l'habileté à le faire. Elle se familiarise ainsi avec l'organisation de sa vie en classe tout en y faisant participer davantage ses élèves. Au fil de ses expérimentations, elle peut écrire ses réflexions, ses réussites et ses questionnements dans son journal de bord pour y revenir par la suite et échanger avec le directeur sur les éléments qu'elle veut consolider ou travailler à nouveau lors de moments prévus à cet effet. C'est ainsi qu'elle prend conscience des compétences en développement ainsi que des stratégies efficaces qu'elle veut conserver et réinvestir dans sa pratique.

Le fait d'être tenu au courant au fur et à mesure des essais réalisés en salle de classe aide le directeur à mieux soutenir le cheminement de cette jeune enseignante. Il peut alors tenir compte des besoins qui se présentent en cours d'accompagnement pour déterminer avec elle les éléments d'apprentissage à travailler : caractéristiques d'une situation d'apprentissage qui engage l'élève à son processus d'apprentissage, savoirs pédagogiques liés à son intervention, savoirs théoriques nécessaires à la compréhension des fondements liés à l'apprentissage, savoirs didactiques en lien avec le programme, compréhension du concept de compétence, démarche d'apprentissage, interaction et coopération avec les pairs, ressources dans le milieu ou ailleurs, etc. C'est un accompagnement stimulant qui engage à la fois l'enseignante et le directeur de l'école. C'est ensemble qu'ils décident de poursuivre ou d'arrêter le processus d'accompagnement, selon les besoins exprimés par l'enseignante.

---

1 *L'évaluation des apprentissages au préscolaire et au primaire, Cadre de référence*, MEQ, Québec, 2002, p. 24.

Les caractéristiques d'une situation d'apprentissage favorisant la motivation et l'engagement des élèves

- la situation a du sens pour les élèves et tient compte de leurs intérêts et de leurs connaissances antérieures;
- les élèves sont sollicités et doivent résoudre des problèmes complexes, réels ou simulés, susceptibles d'être vécus à l'école ou dans la vie à l'extérieur de l'école (le transfert des apprentissages est envisagé);
- la situation choisie amène les élèves à faire appel à différentes ressources pour apprendre: connaissances, procédures, savoir-faire, attitudes, etc. Ils réfléchissent à leurs actions et aux ressources mobilisées afin de les mettre en relation, les valider et les réajuster dans l'action;
- les élèves sont engagés dans un processus de découverte et d'acquisition de connaissances; ils effectuent diverses opérations cognitives pour apprendre, par exemple: cerner un problème, chercher à en comprendre les composantes, mettre en relation les éléments, les analyser, les valider et procéder à une synthèse, évaluer la démarche et les apprentissages réalisés et se réajuster au besoin;
- la situation incite les élèves à travailler en équipe ou à collaborer entre eux;
- les élèves ont accès à diverses ressources (livres, personnes, etc.) et l'organisation de l'espace est pris en considération;
- la situation d'apprentissage nécessite la réalisation d'une production se rapportant aux apprentissages réalisés. Les élèves font appel à leur créativité et produisent des réponses originales. Les productions sont souvent destinées à un public (élèves de la classe, élèves des autres classes, parents, etc.);
- les élèves ont tout le temps nécessaire pour réaliser les apprentissages;
- les élèves participent à leur évaluation par l'autoévaluation et la coévaluation.

Deuxième situation: Une enseignante d'expérience accompagne Nadine dans la mise en place du travail en coopération dans sa classe

Nadine, enseignante du troisième cycle du primaire, fait part à Marie, enseignante d'expérience, de son intérêt à faire travailler ses élèves en coopération:

> *Je trouve que je fais beaucoup d'enseignement collectif et je constate que je perds l'attention de mes élèves. Je voudrais les faire interagir davantage entre eux. Je sais que je dois développer chez mes élèves la compétence à travailler en coopération, mais je ne sais pas comment m'y prendre. Je remarque que dans ta classe les élèves travaillent en équipe et qu'ils s'entraident, se respectent et coopèrent ensemble. Comment as-tu procédé? Par quoi faut-il commencer? Peux-tu m'aider à comprendre mon rôle et celui des élèves dans la mise en place de cette façon de faire dans ma classe?*

Comment peut se vivre l'accompagnement ?

Marie comprend le besoin de Nadine et l'importance que peut prendre son accompagnement. Il ne suffit pas ici de donner quelques trucs ou encore de mentionner certaines règles à suivre qui pourraient tout simplement placer Nadine en situation d'échec. Il est nécessaire de s'assurer de son réel désir de vouloir faire travailler ses élèves en équipe et d'instaurer ainsi une coopération authentique. La mise en place dans sa classe d'une approche coopérative demande du temps et signifie beaucoup d'investissement de part et d'autre. On ne peut nier l'importance, pour Marie, de s'engager également à soutenir et guider Nadine durant le processus. Elle lui pose quelques questions qui vont lui permettre de faire des liens avec son expérience personnelle du travail en coopération et de situer son désir d'engagement dans cette démarche d'accompagnement.

- Que connais-tu du travail en coopération ?
- Comment l'as-tu vécu ?
- Que signifie pour toi travailler en coopération ?
- Qu'est-ce que cette façon de travailler permet d'apprendre et de comprendre ?
- Quelles sont les valeurs qui se rattachent à cette façon de travailler ?
- Aimerais-tu venir observer dans ma classe comment je mets en œuvre cette approche avec mes élèves ?
- Si tu le souhaites, nous pourrions par la suite mettre en place une démarche qui te permettrait d'expérimenter avec tes élèves certaines phases du travail en coopération pour ensuite faire un retour sur ton action. Qu'en penses-tu ?

De quel scénario d'accompagnement Nadine a-t-elle besoin ?

Nadine prend conscience, lors de ce questionnement, qu'elle a vécu des expériences de travail d'équipe plutôt centrées sur les contenus et le partage de tâches à réaliser. Cette prise de conscience la fait se remettre en question au regard d'un véritable travail en coopération qui nécessite l'interdépendance et le respect des différences de chacun. Il est donc très pertinent pour Nadine d'observer, dans un premier temps, comment se fait le travail en coopération dans la classe de Marie. La démonstration, par l'enseignante-ressource, de cette approche qu'elle maîtrise peut donc être très bénéfique pour Nadine et la renseigner sur la manière de faire. On sait que l'enseignant apprend par modélisation en regardant comment un pair agit dans sa classe.

Puis, dans un deuxième temps, en coanimation avec Marie, Nadine pourra s'exercer graduellement à faire certaines activités coopératives dans sa classe. Par la suite, elle pourra s'essayer seule et prendre de plus en plus confiance en elle. Durant ce processus, Marie soutient et guide Nadine dans l'appropriation de cette approche auprès de ses élèves et fait un retour constant sur les actions posées.

■ Premier temps : L'observation par Nadine du vécu de la coopération dans la classe de Marie, enseignante expérimentée, puis l'analyse réflexive conjointe pour comprendre les actions observées

Afin de maximiser ce temps d'observation, Marie fait part à Nadine des intentions d'apprentissage qui sont liées au déroulement de ce qui sera vécu avec les élèves lors de cette observation. Il peut s'agir pour Nadine d'observer les comportements, l'attitude des élèves face à la tâche, les procédures utilisées, les stratégies efficaces, les productions des élèves, les difficultés vécues et les moyens de les résoudre. Il est toutefois impossible de tout observer en même temps. Le retour sera orienté sur les éléments travaillés et la démarche utilisée par Marie. Il est utile à Nadine d'écrire ses observations. Elles seront nécessaires au retour réflexif.

Un retour réflexif sur l'observation

- Qu'as-tu observé lors de cette situation ?
- Comment chaque élève participait-il au travail en coopération ?
- Qu'est-ce qui motivait les élèves à coopérer ?
- Quel est ton questionnement au regard de ton observation ?
- Qu'as-tu réalisé ? Compris ? Appris ?
- Qu'est-ce que tu aimerais expérimenter dans ta classe en lien avec ce que tu as observé ?
- As-tu le goût que l'on prépare ensemble une situation d'apprentissage en intégrant graduellement au travail entre pairs le développement d'attitudes de respect et de partage ?
- ...

■ Deuxième temps : La préparation et la coanimation conjointe d'une situation d'apprentissage en coopération

L'observation offre à Nadine, jeune enseignante, un modèle, une façon de faire et des pistes pour utiliser cette approche dans sa salle de classe. Elle est alors en mesure de s'exercer, avec l'aide de Marie, qui la guidera dans sa préparation et coanimera avec elle une première activité d'apprentissage orientée vers la coopération. La préparation de cette expérimentation est une source d'évolution professionnelle. Elle permet à Nadine de comprendre les éléments théoriques liés à cette approche, de s'habiliter à de nouvelles stratégies, d'adapter son enseignement et d'apporter des changements à sa pratique. À partir de ce qui se vit dans la salle de classe de Nadine, Marie interagit avec elle et l'aide à prendre en compte le développement d'habiletés et d'attitudes coopératives chez ses élèves. À la suite de cet échange réflexif, elles préparent ensemble une activité coopérative qui se vivra dans la classe de Nadine.

- Quels apprentissages travailles-tu présentement avec tes élèves ?
- De quelle façon vas-tu t'y prendre pour y intégrer le développement d'habiletés et d'attitudes coopératives ?

- Comment les élèves vont-ils s'exercer au travail en coopération ?
- Comment vas-tu former les équipes de travail ?
- Que vont-ils réaliser et présenter ? Que vas-tu évaluer ?
- Comment allons-nous coanimer cette situation ?
- …

Durant cette coanimation, Marie rassure Nadine sur ses stratégies, renforce la bonne intervention, participe au vécu en se joignant aux équipes, observe la façon de faire des élèves et l'interaction de l'enseignante avec eux, démontre certains savoir-faire, interroge l'enseignante sur la compréhension des élèves au regard des attitudes coopératives qu'ils mettent en œuvre, l'assiste dans la coévaluation des apprentissages avec les élèves et est attentive à faire ressortir leurs diverses façons d'apprendre.

Ensemble, elles font un retour réflexif sur la coanimation de l'activité de coopération vécue par les élèves :

- Que penses-tu du déroulement de l'activité d'apprentissage ?
- Qu'as-tu observé ? Qu'as-tu appris ? Compris ?
- Qu'as-tu remarqué chez les élèves lorsque tu leur as présenté les intentions d'apprentissage de cette activité ?
- De quelle façon as-tu adapté ton intervention auprès des élèves dans les équipes ?
- Qu'est-ce que les élèves ont réalisé dans ce travail en coopération ?
- De quoi es-tu particulièrement fière ?
- Quelles sont tes incertitudes ?
- Comment vas-tu transférer tes acquis dans de futures expérimentations ?
- Est-ce que tu te sens prête à expérimenter seule dans ta salle de classe avec tes élèves ?

Marie encourage les efforts de sa collègue ; elle fait ressortir certaines actions pertinentes, fait constater les forces et les faiblesses, clarifie certains éléments, manifeste sa confiance en ses capacités, fait ressortir les nouvelles habiletés et cherche avec l'enseignante des pistes de réinvestissement en tenant compte de son questionnement.

■ Troisième temps : La mise en pratique par Nadine dans sa classe auprès de ses élèves

La coanimation d'une activité de coopération a permis à Nadine de prendre de l'assurance, de modifier certains gestes et d'accroître son habileté à interagir avec ses élèves lors de l'animation d'activités coopératives. Elle s'essaie maintenant seule, tout en sachant qu'elle peut compter sur l'aide se son enseignante-ressource au besoin. Elle prépare son enseignement en vue de faire vivre l'apprentissage en coopération à ses élèves. Par la suite, une rencontre est prévue pour porter un regard sur les actions faites auprès des élèves. C'est alors que Marie peut vérifier les connaissances qui doivent être maîtrisées et les stratégies à consolider pour aider Nadine dans l'appropriation de cette approche. Il est aussi possible que Marie devienne à son tour observatrice de ce que Nadine réalise en classe et qu'elle filme l'action de l'enseignante en train d'expérimenter pour faire avec elle un retour réflexif sur sa pratique de la coopération, afin de mieux la comprendre et de l'actualiser.

Un retour réflexif sur l'expérimentation

- Quelle était la situation travaillée ?
- De quelle façon as-tu engagé tes élèves dans la coopération ?
- Comment ont-ils travaillé ensemble ?
- Le regroupement en équipe a-t-il été profitable ?
- Quels travaux ont-ils réalisés ?
- De quel matériel ont-ils eu besoin ?
- Comment es-tu intervenue ?
- Quels problèmes as-tu résolus dans l'action ?
- As-tu évalué avec tes élèves leur façon de travailler ainsi que les apprentissages réalisés ?
- Qu'est-ce que tu vas réinvestir ou ajouter à ta démarche ?
- As-tu d'autres questions ?
- De quelle aide as-tu besoin ?
- ...

L'enseignante qui expérimente et qui peut raconter sa façon de faire prend conscience des apprentissages réalisés. Le fait de se sentir écoutée lui donne confiance en ses capacités pour trouver des stratégies efficaces à mettre en pratique et trouver des pistes de solution aux problèmes qu'elle rencontre. Elle acquiert des habiletés et des compétences qu'elle peut par la suite réinvestir et même partager avec ses collègues. La formation par les pairs est l'accompagnement que privilégient les enseignants, car il laisse place à l'autonomie et répond à leurs besoins précis. Il renforce l'identité et l'entraide professionnelles.

Troisième situation : Un conseiller pédagogique accompagne des enseignants de même cycle qui veulent apprendre à travailler ensemble et à planifier leur enseignement

Lors d'une rencontre, le petit groupe d'enseignants du deuxième cycle fait part de ses besoins au conseiller pédagogique :

> *Au début de nos rencontres-cycles, nous étions enthousiastes à l'idée de préparer notre enseignement ensemble, mais ça s'est effrité avec le temps. Nous constatons qu'il est difficile de travailler en équipe et nos planifications sont plutôt en lien avec les manuels. Nos élèves n'apprennent pas au même rythme. Il nous semble qu'ils perdent beaucoup de temps et nous avons de la difficulté à adapter notre enseignement. Comment profiter de ces rencontres-cycles et travailler efficacement à élaborer des situations d'apprentissages qui tiennent compte des besoins diversifiés de nos élèves ?*

Les enseignants sont en recherche de solutions et d'outils et ils manifestent leur volonté d'évoluer vers des pratiques qui tiennent davantage compte du cheminement de leurs élèves. Apprendre à travailler en équipe demeure un grand défi pour eux. Cela oblige chacun à clarifier ses valeurs, ses croyances et ses manières de faire, ce qui n'est pas sans créer des divergences et des questionnements. Comment planifier sans tout déterminer à l'avance? Comment s'assurer de la continuité des apprentissages tout en tenant compte de l'imprévu? Comment travailler collectivement tout en expérimentant à son propre rythme?

Le conseiller pédagogique est conscient qu'évoluer vers une culture de coopération dépasse le fait de se rencontrer pour planifier uniformément le travail à faire durant la semaine et échanger simplement sur « où en es-tu rendu dans ton manuel? ». C'est davantage s'orienter vers une démarche qui s'inscrit dans une logique de résolution de problème et qui fait appel à la créativité et à la participation de chacun des enseignants. L'organisation de l'enseignement en cycle d'apprentissage exige également du temps et un travail en équipe qui tient davantage compte du cheminement et de la progression de l'ensemble des élèves. C'est, pour ce petit groupe d'enseignants, un chemin important à parcourir.

Comment peut se vivre l'accompagnement avec ce groupe d'enseignants?

Accompagner cette équipe d'enseignants signifie, pour le conseiller pédagogique, travailler avec eux à développer de nouvelles attitudes de travail et à tenir compte des valeurs qui les animent. De plus, analyser avec eux leurs pratiques leur permettra de créer peu à peu des préparations d'enseignement qui tiennent davantage compte de la particularité de chaque groupe-classe tout en apprenant à se respecter et à s'apprécier.

Pour créer un climat d'apprentissage et susciter l'engagement des enseignants, le conseiller pédagogique prépare avec les enseignants la démarche du projet d'accompagnement. Combien de temps pouvons-nous allouer à ce projet? Quelle sera la fréquence des rencontres? De quelle façon voulons-nous que se déroulent ces rencontres? De quels sujets traiterons-nous?

Pour favoriser des échanges fructueux et créer un climat de confiance, le conseiller pédagogique valorise les compétences professionnelles de chacun afin de les faire connaître aux autres, de les partager et de les mettre à contribution dans le travail d'équipe.

Pour apprendre à travailler ensemble

- Ma plus grande force professionnelle, c'est…
- Ce que je veux partager avec mes collègues, c'est…
- Ce que j'aimerais travailler en collaboration, c'est…
- J'aimerais que l'on s'interroge comme équipe-cycle sur…

Au début des rencontres, le conseiller pédagogique juge parfois utile de faire vivre au groupe des activités relationnelles de type « brise-glace » pour créer un climat de confiance, en vue d'établir des contacts chaleureux et de susciter la collaboration entre les enseignants. Voici quelques exemples :

- **Qui suis-je comme enseignant ?**

Photolangage : Disposer un grand nombre d'illustrations extraites de magazines ou encore des photos. Chacun en choisit une et essaie de trouver un lien avec sa pédagogie. Ensuite, chacun explique aux autres les raisons de son choix. Les autres peuvent également réagir. L'image qu'a l'enseignant de lui-même ainsi que ses conceptions de l'apprentissage et de l'enseignement se manifestent…

- **Quelles sont les valeurs qui m'animent ?**

Dessin collectif : Distribuer un carton ou une affiche et des stylos-feutres dans chacun des sous-groupes de trois ou quatre personnes. Il s'agit de dessiner ensemble l'essentiel de ses croyances pédagogiques. Allouer de 10 à 12 minutes à cet exercice. Ensuite, afficher les cartons comprenant des illustrations, des symboles, des mots ou des phrases. Demander aux enseignants de les présenter et de réagir spontanément. La connaissance des idées pédagogiques de chacun, les façons de raisonner apparaissent…

- **Une intervention auprès d'un élève dont je suis particulièrement fier**

Expliquer une intervention qui a apporté un contentement au regard de sa pratique. Il est important, pour l'accompagnateur, de faire ressortir et de faire nommer les attitudes de l'enseignant qui lui ont permis d'intervenir de cette façon. Comment s'est déroulée ton intervention ? Que penses-tu que cela a apporté aux élèves ? Quels changements as-tu observés chez eux ? Qu'est-ce que cela t'a apporté sur les plans personnel et professionnel ?

Cette prise de conscience de ses savoir-être et savoir-faire a un impact sur la confiance de l'enseignant en ses propres capacités à acquérir un savoir nouveau.

- **Ce que je fais le mieux**

Évoquer un talent particulier que l'on possède, en pédagogie ou dans la vie. Il est écrit ou présenté de la façon choisie par chaque enseignant (apporter une œuvre que l'on a réalisée, un poème que l'on a écrit, des photos que l'on a soi-même agencées, présenter un auteur que l'on affectionne particulièrement, un travail manuel que l'on a exécuté, une sculpture que l'on a réalisée, une recette que l'on a inventée, etc.). On cherche ensemble comment ce talent peut être exploité auprès des collègues et comment il peut enrichir nos échanges.

Le vécu lié à ces diverses activités d'échange et de prise de contact par les enseignants conduit à une meilleure connaissance de soi et des autres, ce qui peut favoriser l'émergence de la confiance et du respect à l'intérieur de l'équipe-cycle. Celle-ci devient consciente des forces pédagogiques de chacun et reconnaît la richesse de ce partage, dans le but d'améliorer ses pratiques éducatives.

Comment faire appel à l'expérience vécue des enseignants pour apprendre à travailler ensemble ?

Pour favoriser des contacts chaleureux et susciter la collaboration, le conseiller pédagogique suggère de tenir ces rencontres dans la salle de classe de chaque enseignant. L'environnement éducatif d'une classe est riche en apprentissages et permet des échanges pratiques sur la façon de procéder et sur l'organisation de l'environnement. C'est un bon départ pour partager ses petits trucs pédagogiques et s'apprécier mutuellement.

Ces rencontres réflexives peuvent aussi débuter par la présentation volontaire, par l'enseignant, d'un « bon coup pédagogique » vécu auprès de ses élèves. Il peut s'agir aussi de faire part aux autres d'une question qui le préoccupe, d'un geste qu'il a modifié ou d'une expérimentation qu'il a réalisée. Cette démarche interactionnelle s'intègre à un processus d'entraide où le conseiller pédagogique et les enseignants sont actifs et où les responsabilités sont partagées. Expliquer sa pratique, la contextualiser, la communiquer à d'autres à l'aide d'exemples provenant de son action, argumenter et accepter les interrogations des pairs permet à l'enseignant de mieux connaître son fonctionnement et d'enrichir son action pédagogique.

Le conseiller pédagogique interagit avec les enseignants et son animation mobilise plusieurs fonctions, par exemple : proposer des démarches, alimenter la réflexion, participer à l'analyse par le questionnement, s'adresser à l'équipe-cycle en utilisant des questions ouvertes, inviter les enseignants à considérer une nouvelle façon de faire, encourager et valoriser les créations et les innovations, suggérer des pistes nouvelles, reformuler ce qu'on a compris pour le clarifier, approfondir un concept énoncé, mettre en confiance pour donner envie d'innover, etc.

Comment privilégier le partage et la présentation des apprentissages pour analyser et enrichir son action ?

Pour briser cette routine du « tout le monde pareil », le conseiller pédagogique oriente ces rencontres pédagogiques vers l'analyse de l'action. Pour ce faire, la participation active des enseignants est essentielle. Par exemple, un fait d'enseignement vécu par un membre est présenté au groupe et, avec l'aide de l'accompagnateur, on établit des liens avec le programme de formation et le processus d'apprentissage.

- Quels éléments du programme se retrouvent dans cette situation d'apprentissage (connaissances, habiletés, attitudes, savoir-faire) ?
- La situation d'apprentissage permet-elle à l'élève de développer des compétences ? Lesquelles ? Comment ?
- Comment a-t-on pris en compte les connaissances antérieures des élèves au regard des éléments d'apprentissage qui seront travaillés ?
- Comment a-t-on prêté attention au processus d'apprentissage des élèves ? À leur façon de faire ? À la diversité des talents ?
- A-t-on envisagé le transfert des acquis ? Comment ?
- De quelle façon les élèves ont-ils partagé les apprentissages réalisés ?
- …

Puis on élabore ensemble différentes façons d'enrichir les situations présentées, en ayant recours au programme de formation pour construire des situations d'apprentissage porteuses de sens pour les élèves. Ce travail d'équipe permet aux enseignants de théoriser leur pratique, de la nommer et de la comprendre davantage. Avec le soutien de l'accompagnateur, ils accroissent leur habileté à s'affranchir des manuels pour concevoir un enseignement personnalisé et contextualisé.

- Quels contenus de programme pourraient venir enrichir cette situation d'apprentissage ?
- Comment allons-nous permettre aux élèves d'établir des liens entre les différentes disciplines utiles à la situation d'apprentissage exploitée ?
- Comment pourrions-nous adapter les contenus disciplinaires à enseigner au cheminement de nos élèves ?
- Comment s'y prend-on pour construire une situation d'apprentissage qui agit positivement sur la motivation des élèves ?
- Peut-elle se vivre de façon différente dans chaque classe ?
- Comment s'assurer du transfert des acquis dans d'autres contextes d'apprentissage ?
- Quelle sera la participation de l'élève à ses apprentissages ?
- Comment allons-nous évaluer les apprentissages des élèves ?
- ...

Comment encourager le réinvestissement des apprentissages en salle de classe ?

Accompagner les enseignants de cette équipe-cycle dans la construction de situations d'apprentissage motivantes pour les élèves contribue à favoriser chez eux plus d'autonomie au regard de la planification de leur enseignement, et leur permet d'approfondir certaines parties de leur programme et de diversifier leur pratique pédagogique. En travaillant en équipe dans le respect de chacun, les enseignants découvrent de nouvelles procédures de résolution de problème. Ils apprennent ensemble à varier et à doser le degré des difficultés des activités d'apprentissage, afin que celles-ci représentent un défi réaliste pour leurs élèves. Les enseignants réinvestissent d'autant plus qu'ils peuvent décider des orientations à prendre lors de leurs expérimentations, pour maîtriser une façon de faire ou obtenir une réponse satisfaisante à une interrogation. Ils se sentent plus confiants en leurs possibilités quand ils peuvent faire des liens théoriques avec leur pratique et nommer les actions pédagogiques qu'ils mettent en œuvre auprès de leurs élèves. Ils désirent aussi avoir leur mot à dire dans la planification de la prochaine rencontre, pour s'assurer de la continuité du soutien dont ils ont besoin.

Comment inciter les enseignants de cette équipe-cycle à poursuivre ensemble leur action ?

L'équipe-cycle qui s'est engagée dans un échange de savoir avec ses collègues se sent appuyée et solidaire vis-à-vis de son action en salle de classe. Il lui sera possible d'explorer, avec l'aide du conseiller pédagogique, la mise en place de conditions favorables pour consolider ses apprentissages et poursuivre son projet d'accompagnement. C'est par le retour réflexif et analytique continu sur leurs actions que les enseignants pourront poursuivre l'intégration de nouvelles pratiques et développer une certitude concernant l'efficience de leur pratique pédagogique auprès des élèves. Le conseiller pédagogique s'appuie sur la capacité à être autocritique de chaque enseignant lors de son autoévaluation. Il peut alors apporter aux enseignants un soutien adapté à leur cheminement, afin qu'ils jugent de la valeur des démarches qu'ils utilisent, qu'ils les adaptent ou en établissent d'autres qui répondent à leurs attentes.

L'autoévaluation de mon cheminement personnel

1. J'ai enrichi mon savoir théorique et mon savoir pratique. Voici ce que j'ai appris.
2. J'ai vécu des expériences nouvelles avec l'équipe-cycle qui ont modifié ma démarche de départ. Voici lesquelles.
3. J'ai acquis de nouvelles habiletés que j'ai réinvesties dans ma pratique éducative. Voici des exemples.
4. Je détermine mes besoins pédagogiques pour poursuivre mon cheminement.

Quatrième situation : Une équipe-école accompagne de jeunes enseignants pour faciliter leur intégration à leur nouveau milieu

Il n'est pas rare, dans le contexte actuel en éducation, que des enseignants apprennent quelques jours avant le début des classes le lieu ou l'école où ils seront affectés et le niveau qui leur sera confié. Ces enseignants se présentent à leur milieu de travail et doivent se débrouiller rapidement pour en connaître les rouages ; ils ont peu de temps pour se préparer à cette première rencontre avec leurs élèves. Formés pour enseigner l'histoire, la musique ou le français, ils sont parfois dans l'obligation d'enseigner dans un domaine pour lequel ils ne possèdent pas l'expertise. Pour ces enseignants, et particulièrement pour les nouveaux enseignants qui en sont à leur première expérience de travail, la rentrée scolaire est une occasion de grand stress et d'inquiétude.

Comment une équipe d'enseignants peut-elle favoriser l'intégration de ces nouveaux enseignants à la vie de l'école ?

Une attitude d'accueil et d'ouverture de la part des acteurs de l'école est sans aucun doute une façon de favoriser l'intégration de ces enseignants à leur nouveau milieu. Cela conduit à leur faire connaître rapidement la dynamique du milieu et des familles, la culture de l'école, son histoire et son fonctionnement.

L'équipe-école peut déployer diverses stratégies afin que ces nouveaux enseignants se sentent accueillis, encouragés et soutenus. Elle offre à ces nouveaux enseignants les outils et les ressources dont ils ont besoin pour amorcer leur année scolaire. Un renseignement, un conseil ou un document présenté au besoin peut jouer un rôle déterminant pour ces enseignants en insertion professionnelle. L'aide que les enseignants s'apportent pour préparer ensemble la rentrée scolaire rassure ces nouveaux enseignants ; ils se sentent alors considérés et intégrés à la vie de l'école. De telles pratiques spontanées sont à valoriser.

Comment le directeur de l'école peut-il faire appel à l'expérience de chaque enseignant dans l'école ?

Il ne fait aucun doute que le directeur de l'école peut jouer un rôle important en privilégiant des temps d'échange et de réflexion entre enseignants. Un directeur d'école qui veut augmenter le sentiment d'appartenance de son groupe d'enseignants peut réfléchir avec eux sur les conditions qui facilitent l'intégration des nouveaux enseignants pour les aider à cheminer avec le groupe déjà en place. Il peut accomplir différentes actions, par exemple :

- Reconnaître la présence d'un besoin ou d'un intérêt chez chacun des enseignants.
- Faire prendre conscience de l'apport important des habiletés de chacun.
- Partager une vision commune au regard de l'évolution de la vie de l'école.
- Organiser des moments pour se connaître mieux, dialoguer et s'entraider.
- Inventorier des moyens et stratégies de collaboration et décider ensemble des plus pertinents à mettre en place dans la continuité, dont le mentorat.
- …

Qu'est-ce que le mentorat ? Quelle aide le mentor peut-il apporter aux jeunes enseignants ?

Le mentorat est une expérience enrichissante qui se fonde sur une relation de respect et de confiance mutuels favorables au développement de compétences professionnelles mais aussi personnelles. Sa structure favorise la mise en réseau et les échanges d'expertise qui permettent le transfert des connaissances entre les enseignants expérimentés et les enseignants débutants. Le mentor, tout comme le mentoré, retire beaucoup de cette expérience. C'est en quelque sorte, pour le mentor, une façon de donner ce qu'il a reçu des autres tout en se renouvelant au contact du mentoré.

Le travail du mentor consiste à faire prendre conscience, à être à l'écoute, à provoquer l'étincelle qui donne le goût de continuer tout en respectant le cheminement de la personne accompagnée. Le mentor apporte au mentoré une vision différente des choses, l'incite à regarder les difficultés qui se présentent à lui avec d'autres yeux et à envisager d'autres possibilités quant aux problèmes qu'il vit. L'accompagné en ressort motivé et confiant, sait qu'il peut faire ses propres expériences et compter sur le soutien de son mentor pour mieux comprendre les réalités et les exigences de la profession enseignante.

Cette relation d'aide volontaire et interactive exige du temps et doit être valorisée dans le milieu de l'éducation. De plus en plus de jeunes débutent dans la profession et ont besoin de l'expertise des enseignants d'expérience. Le mentorat est en quelque sorte le prolongement de la structure des stages universitaires supervisés. C'est une belle façon de reconnaître l'expertise de ces enseignants expérimentés et de leur permettre de partager leurs compétences professionnelles. Ce soutien permet sans aucun doute aux jeunes enseignants d'évoluer dans leur pratique et de surmonter les difficultés inhérentes à la vie de la classe sans revenir à des modes de fonctionnement où tout le monde fait la même chose en même temps, tout le temps.

Y a-t-il d'autres formes d'accompagnement que l'on peut mettre de l'avant pour favoriser l'intégration de ces jeunes enseignants ?

D'autres formes d'accompagnement existent et peuvent s'avérer d'importants moteurs de changement. On n'a qu'à penser aux nombreux sites Internet, présentés par des enseignants ou des conseillers pédagogiques, qui offrent des outils pertinents ou des pistes pour planifier des situations d'apprentissage ouvertes et signifiantes pour les élèves. Il y a également sur ces sites des recherches qui proviennent du milieu universitaire et qui apportent des fondements théoriques à l'action de l'enseignant en salle de classe. Nous pensons également aux nombreux livres sur la pédagogie, qui sont une porte d'entrée à la réflexion sur son action. *Vie pédagogique* est aussi une revue qui s'est depuis toujours intéressée à l'agir de l'enseignant et qui est une fenêtre sur la vie de la classe. Nous retrouvons dans certaines écoles un centre de ressources contenant du matériel didactique et pédagogique pour les enseignants. L'accompagnement en mode virtuel, sous la forme de forum électronique ou d'échange de courriels, existe également et offre des possibilités d'échange sur les pratiques. Nous constatons toutefois que ces modes d'accompagnement sont peu utilisés... Faudrait-il les faire connaître davantage ? Est-ce par manque de temps que les enseignants sont peu enclins à y avoir recours ? Est-ce peu valorisé par le milieu ? La culture du manuel scolaire est-elle si ancrée ? Pour nous, la passion d'enseigner est liée au défi d'apprendre, de vouloir se renouveler, de partager ses savoirs, d'être créatif et en recherche continue pour trouver les gestes pédagogiques qui répondent mieux à son questionnement.

Des situations d'accompagnement à plus long terme

Regardons maintenant trois situations d'accompagnement à plus long terme que nous avons vécues auprès d'enseignants, de formateurs, d'enseignants-ressources et de conseillers pédagogiques.

Dans les deux premiers exemples, le processus d'accompagnement a comme point de départ la formation demandée en début d'année scolaire et se poursuit par le soutien aux expérimentations menées par les enseignants en salle de classe avec leurs élèves durant plus d'une année. Dans le troisième exemple, une équipe d'enseignants-ressources s'habilitent, avec la conseillère pédagogique, à l'accompagnement d'équipes d'enseignants dans le renouvellement de leur pratique.

Exemple 1

Nous accompagnons des enseignants dans leur démarche d'appropriation de l'apprentissage par projets par l'analyse de leur pratique au regard de cette approche.

La mise en contexte de l'accompagnement

À la suite d'une formation de deux jours sur l'apprentissage par projets que nous avons animée en début d'année scolaire, des enseignants du primaire ont choisi de mettre à l'essai, avec leurs élèves, certaines phases de la démarche de cette approche pendant l'année. Nous avons décidé avec les enseignants d'un plan d'accompagnement échelonné sur quatre rencontres durant l'année pour favoriser l'analyse réflexive au regard des expérimentations et permettre le développement des compétences nécessaires à la mise en œuvre d'un projet. Ces rencontres sont planifiées avec les enseignants engagés dans l'expérimentation de cette approche. Les traces laissées dans leur portfolio de développement professionnel, leurs réalisations et les exemples provenant de leurs expérimentations en classe sont la mémoire de leurs actions pédagogiques, à partir desquelles se fera l'analyse des savoirs professionnels.

Nous préparons cette première rencontre à l'aide des besoins exprimés par les enseignants en réponse aux questions que nous leur avons fait parvenir.

- Qu'as-tu expérimenté au regard de l'apprentissage par projets depuis notre dernière rencontre ?
- Qu'est-ce que cela a changé à ta pratique éducative auprès des élèves ?
- Que veux-tu consolider ou comprendre davantage lors de la prochaine rencontre ?

L'analyse des besoins exprimés lors de cette collecte nous amène à faire le point sur les expérimentations et acquisitions en cours. Nous repérons également certaines difficultés vécues par les enseignants :

- des projets à court terme ont été mis en œuvre avec les élèves ;
- des essais pour réinvestir la carte d'exploration ont été réalisés : il semble que cette stratégie d'apprentissage soit réutilisée dans différentes situations d'apprentissage ;
- les présentations des élèves, travaillant à divers sujets à différents moments du projet, ont été efficaces et suggestives pour des équipes en panne ;
- diverses ressources ont été utilisées pour les projets (livres de référence, sites Web, programme de formation, grilles provenant de sites du ministère de l'Éducation, du Loisir et du Sport (MELS), *Cadre de référence en évaluation,* recours à des personnes-ressources du milieu dans des domaines particuliers, etc.) ;
- les enseignants se sont exercés au questionnement pédagogique pour prêter attention au processus d'apprentissage des élèves ;
- certains trouvent difficile de coordonner les différentes phases du projet ;

- les enseignants se posent des questions sur l'évaluation des apprentissages lors de la réalisation d'un projet (Que faire avec les élèves qui ne semblent pas motivés ? Comment bien gérer le projet et s'assurer que les élèves apprennent ?).

La conduite de cette analyse nous permet de déterminer les principaux éléments sur lesquels nous apporterons un éclairage théorique et pratique lors de cette rencontre avec les enseignants :

- nous serons attentives à aider l'enseignant à faire le lien entre la structure du projet et les actions qu'il pose lors de sa préparation et de sa mise en œuvre ;
- nous cernerons ensemble les problèmes vécus par les élèves pour trouver des stratégies susceptibles de les aider à les résoudre et ainsi soutenir leur intérêt dans la poursuite de leur projet ;
- nous habiliterons les enseignants à prendre conscience des compétences travaillées durant les projets pour qu'ils puissent les présenter aux élèves d'une façon intéressante et ainsi les rendre conscients de ce qu'ils apprennent ;
- il nous sera indispensable de modéliser auprès des enseignants la façon d'interroger l'élève durant sa démarche d'apprentissage ;
- nous poursuivrons avec les enseignants la réflexion sur les diverses conceptions de l'apprentissage, afin que chacun soit conscient de ses représentations et des incidences de sa conception sur sa façon d'enseigner ;
- nous travaillerons diverses stratégies d'organisation de la vie en classe.

Nous lions ces besoins aux compétences professionnelles 3 et 4 en développement[2] dans la mise en œuvre de projets porteurs[3] de sens et d'apprentissages pour les élèves. Les composantes présentées dans la figure qui suit seront travaillées durant ce projet d'accompagnement. Différents outils serviront de références théoriques pour l'analyse des pratiques.

2 *Référentiel des compétences professionnelles de la profession enseignante,* Québec, MEQ, 2001.

3 L. Arpin et L. Capra, *L'apprentissage par projets. Fondements, démarche et médiation pédagogique du maître dans la construction des savoirs de l'élève,* Montréal, Chenelière/McGraw-Hill, 2001, p. 50, 51 et 81.

Figure 4.1 Les compétences en développement chez les enseignants et les composantes travaillées

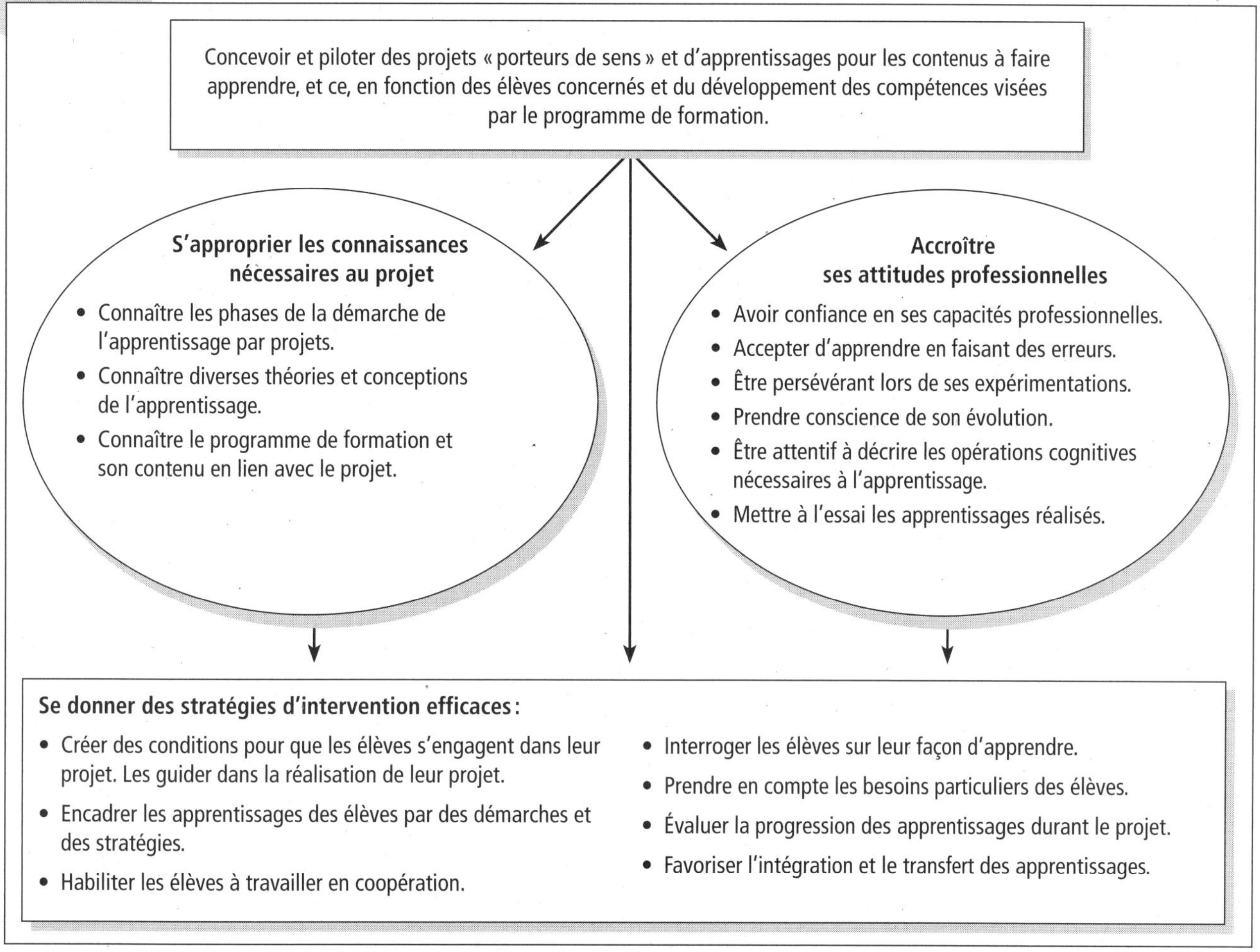

Les outils que nous utilisons au cours de cet accompagnement			
Le programme de formation de l'école québécoise, MEQ, 2001.	*Le schème des opérations de la conscience intentionnelle* (Angers). *Voir le tableau 2.1, page 31 du présent ouvrage.*	Le *Référentiel des compétences professionnelles de la profession enseignante*, MEQ, 2001.	*L'apprentissage par projets*, Arpin et Capra, 2001.

Le développement d'une compétence est évolutif et ne peut être réalisé que dans l'action. C'est pourquoi le partage des expérimentations, l'explicitation de l'agir par l'identification des ressources mobilisées, la recherche de solutions aux problèmes vécus ainsi que le questionnement en interaction avec les pairs font partie du déroulement de notre accompagnement et sont tout le temps présents, car ils placent les enseignants en situation réelle de résolution de problème et leur permettent d'apprendre ensemble. C'est à partir de ces situations que nous pouvons nommer les connaissances, habiletés, attitudes et stratégies qui s'acquièrent.

La mise en œuvre de l'accompagnement avec la participation active des enseignants

Nous entrons maintenant dans le processus interactif de notre accompagnement. Les différents moments, tels que créer un climat d'apprentissage, tenir compte de l'expérience pédagogique, pratiquer l'analyse réflexive en interaction avec les pairs et anticiper le réinvestissement des apprentissages dans sa salle de classe, ne peuvent être dissociés : notre intervention fait appel à l'un ou l'autre de ces moments selon ce qui se passe et au moment opportun.

Nous savons que les difficultés sont présentes durant l'action et que les choses ne se passent pas toujours comme les enseignants l'ont planifié. Durant leurs expérimentations, ils vivent de l'insécurité et doutent parfois de leurs compétences ; ils ont hâte de faire un retour sur leurs essais avec nous, mais partager, écouter, analyser et proposer supposent que l'on instaure, au préalable, un climat de confiance et de respect. Voilà pourquoi, pour dédramatiser ou encore aller chercher les non-dits liés aux problèmes surgis en cours d'action, de même que les craintes, les peurs, les questionnements et les inquiétudes, nous accueillons le ressenti en rapport avec l'expérimentation vécue en classe avec les élèves ou au regard d'un changement observé dans la pratique des enseignants. Sont-ils emballés ? Découragés ? Engagés dans le processus d'apprentissage ? Au cours de l'accompagnement, nous faisons attention à rétablir ce climat de confiance si, parfois, une insécurité ou une déstabilisation arrive à le mettre en péril.

Durant l'accompagnement, nous utilisons avec les enseignants le tableau du processus d'apprentissage[4], pour les aider à mieux comprendre les opérations que l'on fait pour apprendre ainsi que pour accroître l'habileté à reconnaître et à nommer ces actions cognitives. Nous faisons souvent des arrêts pour permettre à l'enseignant de réfléchir et de porter un regard métacognitif sur sa démarche mentale en tant qu'apprenant.

- Qu'est-ce que je suis en train de faire pour apprendre ?
- Où suis-je rendu dans mon processus ?
- Est-ce que je peux situer les actions cognitives que je viens de faire ?
- Quels sont les processus mentaux que j'ai mis en action ?
- Comment cela peut-il se traduire dans mon intervention auprès des élèves ?

Nous savons que les enseignants ne sont pas habitués à travailler de cette façon. Il est donc important pour eux de s'arrêter souvent, pour qu'ils s'habilitent à réfléchir de manière métacognitive à leur façon d'apprendre. S'exercer à l'analyse réflexive lors de la présentation des expérimentations permet aux enseignants d'apporter des exemples de connaissances, d'habiletés et d'attitudes sollicitées lors de la mise en œuvre de projets. De plus, s'exprimer sur la façon dont ils ont mobilisé leurs ressources internes et externes (*voir le tableau 2.3 du présent ouvrage, p. 38*) enrichit leur savoir d'expérience et leur fait prendre conscience des compétences en développement. Ce temps

4 Voir tableau « Les opérations que l'on fait pour apprendre », p. 31, inspiré de P. Angers et C. Bouchard, *Le développement de la personne. Schème des opérations de la conscience intentionnelle*, Montréal, Bellarmin, 1986, p. 69.

d'échange en interaction est riche d'apprentissages de toutes sortes. Il favorise l'émergence des idées, des savoir-faire et de la créativité. Tous les enseignants se sentent alors concernés et participent activement aux différents échanges.

La rétroaction qu'engendre ce partage soulève de multiples questions. De nouvelles interrogations surgissent toujours lors de ces échanges réflexifs, et des incompréhensions et des résistances peuvent se manifester. Nous sommes alors attentives à faire des liens avec la pratique, à nommer ce que nous faisons et à trouver avec eux des solutions aux problèmes qu'ils expriment. Il est essentiel d'accueillir ces nouvelles interrogations et de laisser à chacun le temps de préciser sa pensée. Voici quelques exemples de ce qui est apporté lors de cet accompagnement et de ce qui est anticipé au regard de l'intervention de l'accompagnateur :

- ***J'ai de la difficulté à soutenir la motivation de mes élèves lors de la recherche et du traitement d'information.*** Pour nous, cela signifie que l'enseignant est à la recherche de démarches, de stratégies ou de grilles pouvant aider l'élève dans cette voie.
- ***Je trouve que les élèves présentent toujours de la même façon les réponses à leurs questions et les découvertes qu'ils réalisent.*** Il nous faut habiliter l'enseignant à l'animation d'une carte d'exploration portant sur les différentes façons de présenter ses découvertes aux élèves. Ceux-ci ont besoin de modèles de présentation de leurs apprentissages, que l'enseignant doit introduire ou utiliser lors de ses périodes d'enseignement ; de plus l'enseignant doit interroger et faire appel à l'imagination des élèves pour faire émerger des suggestions créatives et laisser le temps aux élèves de produire des créations originales.
- ***Je me demande comment atteindre les compétences que l'on doit travailler dans les programmes et comment être certaine que les élèves apprennent.*** Nous devons habiliter l'enseignant à faire référence au programme de formation pour qu'il puisse présenter aux élèves les compétences liées au projet. L'élève pourra ainsi faire des liens entre son projet et les apprentissages effectués, en plus de nommer les différentes compétences en développement. L'enseignant peut afficher dans la classe les éléments des programmes travaillés et y revenir régulièrement avec les élèves lors de l'évaluation, que ce soit collectivement, en équipe ou individuellement. Il peut élaborer des grilles avec les élèves pour les habiliter à suivre leur cheminement et à noter les apprentissages réalisés dans leur journal de bord.

Durant les échanges, les discussions et la mise en commun des perceptions et des représentations liées aux expérimentations, nous présentons aux enseignants les éléments théoriques nécessaires à la compréhension de leur pratique. Cela leur permet d'effectuer des prises de conscience, de préciser les éléments d'apprentissage à consolider et de prendre des décisions au regard de leur façon de travailler en salle de classe. C'est pour nous l'occasion de faire référence au tableau des compétences professionnelles à développer.

Le tableau suivant présente un exemple de grille d'analyse réflexive que nous utilisons avec l'enseignant pour qu'il s'habilite à concevoir et à piloter des projets pour ainsi en arriver à réguler ses actions. Les composantes ne sont pas toutes travaillées en même temps, mais chaque enseignant se situe en fonction de son cheminement et travaille de façon personnelle ou différenciée à son développement. Les questions que nous posons à l'enseignant ont pour but de l'amener à s'interroger à son tour pour accroître son habileté métacognitive. Ce questionnement métacognitif jouera un grand rôle dans la planification et la gestion de son enseignement. Il l'amènera à élaborer ses propres stratégies, à choisir celles qui sont les plus efficaces dans une situation donnée, à les critiquer et à les verbaliser pour en discuter avec ses collègues.

Cette grille d'analyse réflexive peut faire partie du portfolio de développement professionnel de l'enseignant.

Tableau 4.1 La grille d'analyse réflexive de ma pratique pédagogique

Les composantes liées aux compétences en développement au regard de l'apprentissage par projets	La métacognition de l'enseignant
Je crée des conditions pour que les élèves **s'engagent** dans des projets significatifs en tenant compte de leurs caractéristiques affectives, cognitives et sociales. Je sélectionne les compétences ainsi que les éléments de contenu du programme de formation qui sont en lien avec le projet.	• *Comment ai-je procédé pour mettre en œuvre des projets* – *qui prennent en compte le processus d'apprentissage de mes élèves ainsi que leurs différences ?* – *qui stimulent leur motivation à apprendre ?* – *qui sont porteurs de sens et d'apprentissage ?* – … *Régulation* • *Qu'est-ce que je vais changer, ajouter, adapter dans la mise en œuvre de mon prochain projet ?* • …
Je mets à la disposition des élèves les ressources nécessaires à la réalisation de leurs projets. Je planifie des séquences d'enseignement et d'évaluation qui tiennent compte de la progression des apprentissages.	• *Quel matériel didactique ai-je utilisé ?* • *Quelles ressources utilisées dans la vie quotidienne ou dans l'environnement m'ont été utiles ?* • *Quelles sources d'information ont-ils consultées ?* • *Savent-ils comment accéder aux données (CD-ROM, Internet, bibliothèque) ?* • *Quelles stratégies d'enseignement ont aidé les élèves dans la compréhension et l'évaluation des éléments d'apprentissage travaillés durant le projet ?* • … *Régulation* • *Quelle stratégie a été particulièrement efficace ?* • *Quelle stratégie nécessite d'être adaptée ?* • *Quelles ressources pourraient enrichir les projets des élèves ?* • …

Tableau 4.1 La grille d'analyse réflexive de ma pratique pédagogique (*suite*)

Les composantes liées aux compétences en développement au regard de l'apprentissage par projets	La métacognition de l'enseignant
Je guide les élèves dans la sélection, l'interprétation et la compréhension de l'information disponible auprès des différentes ressources pour leur projet. Je prends en compte les besoins particuliers des élèves.	• *Quelles démarches ai-je élaborées avec mes élèves pour les aider à sélectionner les données importantes, à les traiter et à les organiser ?* • *Comment ai-je encouragé la découverte et le partage de stratégies de recherche efficaces ?* • *Comment les ai-je soutenus dans une dimension organisationnelle ?* • … *Régulation* • *Comment puis-je améliorer le soutien que j'apporte aux élèves dans leur dimension organisationnelle ?* • *Comment puis-je les aider davantage dans le traitement de l'information ?* • …
J'encadre les apprentissages des élèves par des stratégies, des démarches, des questions et des rétroactions fréquentes. J'évalue les apprentissages et les nomme en cours de projet, de manière à favoriser l'intégration et le transfert des apprentissages.	• *Comment ai-je enchâssé l'évaluation aux démarches et stratégies d'apprentissage de mes élèves ?* • *Comment ai-je utilisé l'autoévaluation ?* • *Comment ai-je joué mon rôle de médiateur ?* • *Suis-je habile dans le questionnement pédagogique pour favoriser leur métacognition ?* • … *Régulation* • *Comment puis-je encourager davantage l'autoévaluation ?* • *Est-ce que je peux commencer la mise en œuvre d'un portfolio ? Est-ce que je me sens prêt ?* • …
J'habilite les élèves à travailler en coopération.	• *Comment ai-je permis aux élèves de partager leurs talents, leurs connaissances, leurs expériences et leurs habiletés ?* • *Comment ai-je favorisé le respect de la diversité des points de vue ?* • … *Régulation* • *Comment m'assurer du partage équitable du travail au sein de l'équipe ?* • *Est-ce que je rétroagis assez au regard de la participation de chacun ?* • …

L'enseignant qui apprend à travailler par projets avec ses élèves a besoin de temps et d'espace de réflexion pour intégrer cette approche. Avant qu'il poursuive ses expérimentations, il est nécessaire de revenir avec lui sur les différentes phases de la démarche d'un projet afin qu'il puisse définir les éléments sur lesquels porteront ses prochaines actions. Nous observons que cette étape est difficile, car elle fait appel au jugement et à la décision. Qu'est-ce que j'ai appris ? Qu'est-ce que je comprends bien ? Qu'est-ce que je veux mettre à l'essai ou consolider ?

Nous faisons un retour sur l'acquisition des connaissances, le développement des habiletés et des attitudes, et l'enseignant évalue son cheminement de développement de compétences. Voici quelques réponses d'enseignants lors de ce partage.

Lors de cet accompagnement, j'ai fait des prises de conscience et j'ai réalisé les apprentissages suivants :

- *je sais qu'il est important de continuer à faire des projets avec les élèves, même si ce n'est pas toujours un succès ;*
- *travailler par projets demande une planification des apprentissages : on ne fait pas n'importe quoi ;*
- *je vais donner un sens aux apprentissages et faire des liens avec la vie de l'élève, parce que je sais maintenant que cela suscite la motivation ;*
- *j'ai besoin de lire et de relire le programme de formation : c'est mon guide dans ma pédagogie — ce ne sont pas les manuels ;*
- *je dois prendre le temps de laisser plus de place aux élèves et ne pas faire les choses à leur place, même si ça va plus vite ;*
- *je peux prendre le temps de me défaire de mes anciennes façons de faire pour en intégrer des nouvelles, augmenter ma créativité et mobiliser mes ressources ;*
- *je comprends le rôle de l'affectif dans l'apprentissage parce que je l'ai vécu ;*
- *je me sens sécurisé au regard de l'évaluation et je veux continuer à adapter ma démarche évaluative au cheminement de l'élève ;*
- *je vais utiliser un journal de bord pour noter mes observations et mes essais ;*
- *je reconnais l'importance de tenir compte de mon processus d'apprentissage et de celui de mes élèves ;*
- *je trouve que je dois travailler sur le questionnement pédagogique pour faire préciser la pensée de l'élève, faire verbaliser et nommer les apprentissages au cours du processus ; je le sais, mais je l'oublie souvent ;*
- *je veux m'habiliter à trouver des solutions avec mes élèves aux problèmes qui surgissent en classe et non pas tout décider moi-même.*

Par la suite, à l'aide de l'outil d'autoévaluation portant sur l'évolution de sa pratique au regard de l'apprentissage par projets, l'enseignant détermine les actions pédagogiques qu'il veut expérimenter dans sa salle de classe pour les consolider ou les maîtriser. Cet outil, présenté à la page suivante, fera partie de son portfolio.

L'enseignant se prépare à poursuivre ses expérimentations à la lumière des apprentissages réalisés au cours de cette rencontre d'accompagnement. Il fait part aux autres enseignants des actions qu'il entrevoit réaliser et de la façon dont il compte garder des traces de son cheminement dans son portfolio. Il se donne des défis réalistes. L'entraide entre pairs est profitable et des équipes de travail construisent ensemble leur démarche. Chacun poursuivra à son rythme l'élaboration d'un nouveau projet ou encore la poursuite d'un projet déjà entrepris dans sa salle de classe avec ses élèves. Ces expérimentations feront l'objet de notre prochaine rencontre d'analyse des pratiques.

Nous avons aussi, comme accompagnatrices, des devoirs à faire pour soutenir les enseignants dans leurs expérimentations. Il peut s'agir de donner suite à une demande concernant une référence utile à la compréhension d'un concept, de mettre à notre horaire un temps de visite en classe avec une enseignante qui aimerait nous voir animer une phase du projet, de rencontrer des enseignants qui aimeraient valider un outil nouvellement créé ou simplement d'encourager une initiative pédagogique qui ne demande qu'à être soutenue.

Tableau 4.2 L'autoévaluation de mon cheminement professionnel au regard de l'apprentissage par projets

Fondements et démarches	Ce que je comprends bien	Ce que je veux : • expérimenter • consolider • maîtriser
Processus d'apprentissage		
Médiation et questionnement pédagogique		
1er temps de la démarche : l'enseignant se prépare		
2e temps de la démarche : l'enseignant interagit avec ses élèves		
Phase 1 : L'élaboration d'un projet collectif		
Phase 2 : La réalisation des projets personnels		
Phase 3 : La communication et le partage des apprentissages		
L'évaluation des apprentissages pendant le déroulement des projets		

Ces actions précisées par l'enseignant nous confirment l'importance et la pertinence d'un accompagnement de plus en plus rigoureux et de plus en plus précis. Les enseignants qui décident de faire autrement, d'abandonner parfois des pratiques, des repères sûrs et sécurisants, de partager une part de leur pouvoir avec les élèves ou de courir des risques professionnels et personnels ont besoin que nous leur apportions un soutien durable. Nous sommes très conscientes que l'accompagnement des enseignants qui expérimentent cette approche doit se poursuivre au-delà des journées dévolues à ce projet. Nous précisons diverses stratégies pouvant assurer la poursuite de ce projet d'analyse des pratiques, comme la mise en place d'un réseau d'entraide virtuel pour échanger avec d'autres enseignants qui vivent cette approche avec leurs élèves et la formation d'équipes-projets pour partager régulièrement les expérimentations en cours dans les écoles.

Exemple 2

Nous accompagnons des enseignants dans l'analyse réflexive de leur pratique évaluative.

La mise en contexte de l'accompagnement

À leur demande, des enseignants du primaire ont suivi avec nous une formation de deux jours sur l'évaluation des apprentissages en début d'année, ce qui leur a permis de partager et d'échanger leurs représentations au regard de leurs pratiques évaluatives. Nous avons travaillé ensemble à comprendre comment l'évaluation s'intègre au processus d'enseignement et d'apprentissage dans un programme de formation axé sur le développement des compétences. Des enseignants ont expérimenté diverses facettes de l'évaluation au cours des premières étapes de l'année. Pour évoluer au cœur de leur action pédagogique, ces enseignants nous ont fait connaître leur besoin de porter un regard réflexif sur cet acte professionnel qu'est évaluer, pour situer leur cheminement au regard de leur démarche évaluative. Une première rencontre d'accompagnement a été planifiée en début de troisième étape et d'autres ont suivi pour soutenir les enseignants et les outiller lors des expérimentations.

En vue de préparer cet accompagnement, un questionnaire a été envoyé aux enseignants pour qu'ils puissent réfléchir à la façon dont ils évaluent l'élève qui apprend et prioriser les questions qu'ils désirent travailler.

- Qu'est-ce que tu as modifié à ta pratique évaluative depuis la formation vécue sur l'évaluation des apprentissages ?
- Comment as-tu fait participer l'élève à l'évaluation de ses apprentissages ?
- Quelles questions te préoccupent aujourd'hui et que tu aimerais travailler lors de ce retour réflexif sur l'évaluation des apprentissages ?

Notre analyse des besoins exprimés par cette collecte nous amène à reconnaître les apprentissages réalisés lors des expérimentations et à cerner certaines difficultés vécues par les enseignants.

- L'évaluation formative a été expérimentée au quotidien et a permis aux enseignants de s'habiliter à recueillir des renseignements sur la progression des apprentissages de leurs élèves.
- Des essais d'intégration des savoirs essentiels ont été faits lors de la planification de situations d'apprentissage en lien avec le développement des compétences transversales et disciplinaires.
- Les situations d'apprentissage variées proposées aux élèves les ont motivés et engagés dans la mobilisation de diverses ressources et ont permis aux enseignants de reconnaître les différentes façons d'apprendre qu'utilisent leurs élèves.
- Des grilles d'autoévaluation ont été élaborées avec les élèves, et les enseignants peuvent les utiliser et les valider.
- La mise en œuvre d'un portfolio d'apprentissage a débuté, mais est pris en charge par l'enseignant la plupart du temps.

- La peur de perdre du temps dans l'expérimentation de l'évaluation formative demeure un défi à relever.
- Les bulletins de fin d'étape à préparer et les attentes des parents concernant un bulletin chiffré ont été de nombreuses occasions d'incertitude, de stress et d'angoisse.
- Les enseignants constatent un manque de cohérence entre leurs pratiques pédagogiques et leurs méthodes d'évaluation.

Cette analyse nous permet de préciser les éléments prioritaires sur lesquels nous apporterons un éclairage théorique et pratique lors de la rencontre d'accompagnement avec les enseignants.

- Nous serons attentives à faire en sorte que les enseignants partagent leurs représentations au regard de l'évaluation dans un programme de formation axé sur le développement des compétences. Que signifie évaluer les compétences ? Quelles incidences l'approche par compétences a-t-elle sur notre façon d'évaluer les élèves ?
- Durant le partage des expérimentations, nous leur ferons prendre conscience des diverses façons d'apprendre ainsi que des connaissances, habiletés et attitudes acquises par les élèves.
- Nous utiliserons l'éclairage de la recherche en évaluation et les éléments théoriques présentés dans le *Programme de formation* du ministère de l'Éducation, dans le *Cadre de référence en évaluation* et les échelles des niveaux de compétences en lien avec une démarche évaluative qui favorise l'apprentissage.
- Nous habiliterons l'enseignant à jouer son rôle de médiateur auprès de l'élève qui apprend par la modélisation du questionnement pédagogique au regard des opérations qu'il fait pour apprendre (*voir le tableau inspiré d'Angers, chapitre 2, p. 31 du présent ouvrage*).
- Nous animerons l'élaboration de situations d'apprentissage et d'évaluation qui appellent à la mobilisation de ressources internes et externes.
- Nous ferons l'étude ou l'analyse de grilles d'évaluation, d'autoévaluation et de coévaluation des apprentissages.
- Nous trouverons ensemble des moyens d'impliquer davantage l'élève dans la mise en œuvre d'un portfolio d'apprentissage pour qu'il apprenne à s'autoévaluer.
- Nous chercherons ensemble différentes façons de présenter aux parents la démarche d'évaluation utilisée en classe, la participation de l'élève à l'évaluation de ses apprentissages ainsi que sa progression dans le développement de ses compétences.

Nous lions ces besoins à la compétence professionnelle en développement[5] et sommes alors en mesure de déterminer les différentes composantes de cette compétence qui seront travaillées et les différents outils indispensables à l'accompagnement. La figure suivante présente les compétences en développement chez les enseignants et les composantes travaillées.

Figure 4.2 Les compétences en développement chez les enseignants et les composantes travaillées

Évaluer la progression des apprentissages et le degré d'acquisition des compétences des élèves quant aux contenus à faire apprendre.

Enrichir et actualiser ses connaissances

- Connaître les théories et les conceptions de l'évaluation en lien avec l'apprentissage.
- Connaître le programme de formation, l'approche par compétences, le *Cadre de référence en évaluation* ainsi que les échelles de compétence.

Accroître ses attitudes professionnelles

- Se faire confiance et faire confiance à l'élève.
- Être persévérant.
- Accepter d'apprendre en faisant des erreurs.
- Partager son expérimentation.
- S'autoévaluer et réguler son action.
- Pratiquer la justice, l'égalité et la transparence.
- Collaborer avec ses collègues.
- Reconnaître la dimension éthique dans l'exercice de la compétence liée à l'évaluation.

S'habiliter à :

- Guider l'élève, par le questionnement pédagogique, dans sa façon d'apprendre.
- Repérer les forces et les difficultés des élèves pour adapter son enseignement.
- Impliquer activement l'élève dans l'élaboration et l'utilisation de démarches, stratégies et outils d'autoévaluation pour évaluer la progression dans le développement des compétences.
- Créer des situations d'apprentissage qui demandent de mobiliser plusieurs ressources.
- Repérer et garder des traces pour rétroagir avec l'élève.
- Juger de la progression de l'élève dans le développement des compétences.
- Communiquer aux parents les apprentissages des élèves.

Les outils pédagogiques utilisés lors de cet accompagnement				
L'évaluation des apprentissages au préscolaire et au primaire, Cadre de référence, MEQ, 2002.	*Échelles des niveaux de compétences*, MEQ, 2002.	*Le programme de formation de l'école québécoise*, MEQ, 2001.	*Le tableau du processus d'apprentissage*, inspiré de Pierre Angers (*voir le tableau 2.1, p. 31 du présent ouvrage*).	*Le référentiel des compétences professionnelles de la profession enseignante*, MEQ, 2001.

5 Compétence 5 du *Référentiel des compétences professionnelles de la profession enseignante*, MEQ, 2001.

La mise en œuvre de l'accompagnement avec la participation active des enseignants

Nous prenons en compte que l'évaluation doit être enchâssée aux situations d'apprentissage et intégrée au processus d'enseignement et d'apprentissage. Comment faire en sorte que cette compétence soit approfondie lors de notre accompagnement ? Faire vivre aux enseignants une évaluation intégrée au processus d'apprentissage et qui se fait au quotidien nous amène dès le début de la rencontre à partir de leur expérience et à susciter leur intérêt et leur motivation. Qu'est-ce que mon expérimentation m'a permis d'apprendre au regard de l'évaluation ? Qu'est-ce que cela a changé à ma pratique évaluative ? Cela nous permet de mettre en lumière les diverses pratiques d'évaluation et le lien intime qu'elles entretiennent avec l'apprentissage. Avoir recours au savoir d'expérience engage les enseignants dans leur processus, induit des interactions avec les pairs, leur permet de structurer leur pensée à partir de leurs acquis et favorise la progression des apprentissages.

L'évaluation formative se vit au fil de l'accompagnement par la rétroaction que nous plaçons au centre de notre intervention. Elle amène l'enseignant à s'autoévaluer et à réguler son agir dans le sens d'une amélioration continue de sa pratique. Les enseignants prennent alors conscience du fait que l'évaluation peut aider l'apprentissage ou nuire à la réussite lorsque la fonction de sanction prend le pas sur la fonction de soutien à l'apprentissage.

Nous faisons souvent des arrêts pour que l'enseignant puisse porter un regard sur sa démarche mentale. Le partage, en toute liberté, de ce qu'il comprend au regard de son processus d'apprentissage est une aide pour tous les participants. Par exemple :

- **Qu'est-ce que je suis en train de faire pour apprendre?** *Je fais part de mon expérimentation, j'écoute les idées des autres, je régule mon action et je trouve des pistes nouvelles à mettre en pratique lorsque j'évalue, à cause de l'interaction avec mes collègues...*
- **Où en suis-je dans mon processus d'apprentissage?** *Je suis à réfléchir à mon expérience personnelle et professionnelle et à m'interroger sur ma façon de comprendre l'évaluation...*
- **Est-ce que je peux situer l'opération cognitive que je viens de faire?** *Je suis à réfléchir et à vérifier ma pratique de l'évaluation pour juger comment elle est une aide à l'apprentissage de mes élèves...*
- **Je nomme les processus mentaux que j'ai mis en action:** *recueillir des données, comparer une situation d'apprentissage et d'évaluation, peser le vrai et le faux, choisir une nouvelle démarche ou une autre stratégie et décider de réguler mon action d'évaluation sont des processus qui m'aident à comprendre comment j'apprends...*
- **Comment cela peut-il se traduire dans mon intervention auprès des élèves?** *Décider d'utiliser les idées des élèves, favoriser l'interaction, faire présenter les apprentissages et leur enseigner l'autoévaluation sont des gestes qui peuvent favoriser l'implication des élèves dans leur apprentissage...*

De nouvelles questions surgissent toujours, des incompréhensions et des résistances peuvent se manifester. Nous sommes alors attentives à faire des liens avec la pratique, à nommer les difficultés rencontrées et à trouver ensemble des solutions aux problèmes exprimés par les enseignants. Voici quelques exemples.

- ***Je trouve que mes élèves ont de la difficulté à s'autoévaluer avec justesse.***

Nous prenons conscience qu'apprendre à s'autoévaluer n'est pas acquis et, selon Scallon[6], c'est « [...] une véritable habileté à développer une habileté qui en transcende plusieurs ». Cela se fait d'autant plus qu'après chaque production réalisée, l'enseignant prend le temps d'échanger avec l'élève sur la justesse de son jugement au regard de ses réalisations surtout si l'évaluation a été vécue depuis quelques années dans un climat de compétition et non d'apprentissage. L'élève a à apprendre à reconnaître et à nommer ses apprentissages : ce qu'il sait et ce qu'il lui reste à comprendre.

- ***J'ai commencé à élaborer un portfolio d'apprentissage et je trouve que c'est trop de travail et que ça prend beaucoup de temps.***

Il est important, pour les enseignants, de comprendre que le portfolio d'apprentissage permet à l'élève de présenter et de nommer ses apprentissages, mais qu'il a aussi besoin de l'aide et du soutien de l'enseignant pour progresser. Les travaux qui s'y trouvent rendent compte tant des processus utilisés pour apprendre que des connaissances et des compétences acquises. On ne peut élaborer cet outil sans la participation et l'engagement de l'élève. Il favorise l'apprentissage de l'autoévaluation et de la coévaluation. Lorsqu'on décide de l'utiliser, d'autres facettes de l'évaluation doivent être ajustées, sinon on fait tout comme avant et on ne peut arriver à temps à un résultat. Nous étudions avec les enseignants les pistes suggérées dans le *Cadre de référence en évaluation des apprentissages*[7] ainsi que dans divers documents pour comprendre l'utilité d'un portfolio et réfléchir ensemble aux exigences de son utilisation.

- ***Il y a beaucoup de grilles d'évaluation sur les sites Web. J'en ai utilisé certaines, mais je trouve qu'elles ne me renseignent pas assez sur le développement des compétences.***

Nous habilitons les enseignants à élaborer, avec leurs élèves, des grilles d'évaluation pertinentes portant sur les compétences travaillées et les savoirs essentiels à acquérir au regard de la situation d'apprentissage en cours. Nous les encourageons à le faire avec leurs élèves, les habilitant ainsi à être attentifs à ce qu'ils apprennent et à s'autoévaluer par la suite. À l'aide des exemples de grilles présentées dans le *Cadre de référence en évaluation*[8] et sur le Web ainsi que celles élaborées par les enseignants, nous cherchons ensemble comment les adapter pour établir les critères d'une grille évaluative qui corresponde à la situation d'apprentissage vécue avec les élèves. Que faut-il évaluer ?

---

6 G. Scallon, *L'évaluation formative,* Montréal, Éditions du Renouveau pédagogique inc., 2000, p. 260-261.

7 *Idem,* p. 32.

8 Exemples d'outils pour la prise d'information, MELS, *L'évaluation des apprentissages au préscolaire et au primaire. Cadre de référence,* Québec, MELS, 2003, p. 49 à 59.

Comment faut-il évaluer ? Comment faire participer les élèves à la démarche ? Comment recueillir diverses données qualitatives et les interpréter ?

C'est par l'analyse réflexive des actions que nous pouvons aborder les nouveaux apprentissages qui viennent en quelque sorte répondre aux questionnements et assurer la progression du développement de la compétence à évaluer. L'éclairage théorique est alors nécessaire. Nous suggérons aux enseignants de se reporter à la documentation sur l'évaluation en lien avec les apprentissages du programme de formation. C'est une difficulté très présente pour les enseignants que d'intégrer l'évaluation à la planification des situations d'apprentissage qui permettent le développement des compétences chez l'élève. Nous réfléchissons avec eux à l'acte d'évaluer présenté dans le *Cadre de référence*[9], selon lequel l'évaluation des apprentissages est un processus complexe et qui, sans être rigide et linéaire, comprend plusieurs démarches : la planification, la collecte de l'information et son interprétation, le jugement et la décision. Nous sommes attentives à leur faire nommer les connaissances, les habiletés et les attitudes à acquérir, ainsi que les ressources mobilisées pour élaborer leur démarche évaluative et l'ajuster selon l'apprentissage en cours.

Faire construire par les enseignants des situations d'enseignement-apprentissage est, selon nous, une stratégie gagnante. Elle leur permet de s'approprier une démarche évaluative enchâssée à leur planification d'enseignement. Ils sont alors en mesure de comprendre le rôle de l'évaluation, qui est d'apporter une aide et un soutien à l'élève qui apprend au moment où il apprend. C'est alors que la régulation prend tout son sens : l'élève qui a de la difficulté reçoit une aide immédiate. Il n'y aura pas de changement dans l'implication des élèves au regard de leurs apprentissages si l'enseignant garde pour lui seul ce pouvoir que lui fournit l'évaluation. Faire confiance aux élèves, c'est accepter de partager avec eux le regard porté sur les apprentissages et s'engager avec eux dans une démarche d'autoévaluation.

C'est l'occasion d'utiliser le référentiel des compétences professionnelles de la profession enseignante. Nous faisons des liens avec la compétence que nous travaillons pour aider les enseignants à en comprendre l'importance dans leur pratique évaluative, soit évaluer la progression des apprentissages et le degré d'acquisition des compétences des élèves pour les contenus à faire apprendre.

Le tableau suivant présente un exemple de grille d'analyse réflexive au regard des composantes que nous travaillons pour développer cette compétence professionnelle. Les questions posées à l'enseignant ont pour but de l'amener à s'interroger à son tour pour qu'il développe son habileté métacognitive. Nous trouvons important de réfléchir ensemble aux conceptions et aux croyances au regard de l'évaluation. Les composantes ne sont pas toutes travaillées en même temps, mais chaque enseignant se situe en fonction de son cheminement et travaille de façon personnelle ou différenciée à son développement. Il y a suivi et continuité dans le développement de cette compétence à chacune de nos rencontres.

---

9 *Idem*, p. 13 à 20.

Tableau 4.3 La grille d'analyse réflexive de ma pratique évaluative

Les composantes de la compétence en développement	La métacognition de l'enseignant
Je conçois des situations d'enseignement-apprentissage qui enchâssent l'évaluation. Je communique aux élèves les critères d'évaluation.	• *Quelles sont pour moi les caractéristiques d'une situation d'apprentissage et d'évaluation motivante pour les élèves ?* • *Est-ce que mes élèves connaissent les apprentissages en développement qui seront évalués ?* • … <u>*Régulation*</u> • *Comment ai-je procédé pour recueillir des renseignements qui prennent en compte le processus d'apprentissage de mes élèves ainsi que leurs différences, leurs forces et leurs faiblesses ? Quels outils ai-je utilisés ?* • *De quelle manière mon intervention les a-t-elle aidés :* *– à réguler leurs actions ?* *– à planifier leur démarche de travail ?* *– à réviser leurs stratégies ?* • …
En situation d'apprentissage, je collecte de l' information auprès des élèves afin de repérer leurs forces et leurs difficultés. Je peux ainsi revoir et adapter mon enseignement en vue de favoriser la progression des apprentissages.	• *Comment ai-je adapté mon enseignement aux progrès des élèves ?* • *Quels outils ai-je utilisés avec les élèves pour garder des traces de leurs apprentissages ?* • *Ai-je le sentiment d'avoir évolué dans ma pratique d'évaluation ?* • … <u>*Régulation*</u> • *Qu'est-ce que j'ai changé, adapté, remanié en cours d'apprentissage et d'évaluation ?* • …
J'utilise des outils permettant d'évaluer la progression des apprentissages. Je fais participer l'élève à l'évaluation de ses apprentissages par l'autoévaluation et la coévaluation.	• *Quels outils ai-je élaborés avec mes élèves pour les aider à reconnaître et à nommer leurs apprentissages ? À évaluer leur progression ?* • *Comment ai-je enchâssé l'évaluation aux démarches et stratégies d'apprentissage de mes élèves ?* • *Comment ai-je développé l'autoévaluation ?* • *Comment ai-je joué mon rôle de médiateur ?* • *Suis-je habile dans le questionnement pédagogique pour favoriser leur métacognition ?* • … <u>*Régulation*</u> • *Quels outils ont été les plus pertinents pour moi et pour mes élèves ?* • *Qu'est-ce qui a nui et que je veux changer ?* • …

Tableau 4.3 La grille d'analyse réflexive de ma pratique évaluative (*suite*)

Les composantes de la compétence en développement	La métacognition de l'enseignant
Je communique aux élèves et aux parents, de façon claire et explicite, les résultats attendus. Je rétroagis avec les élèves et les parents au regard de la progression des apprentissages et de l'acquisition des compétences.	• *Comment ai-je permis aux élèves de présenter à leurs parents leurs talents, leurs connaissances, leurs expériences et leurs habiletés ?* • *Comment ai-je utilisé le portfolio avec mes élèves ?* • … *Régulation* • *Est-ce que ma façon de faire a été efficace ?* • *Qu'est-ce que je vais changer, ajouter, expérimenter ?* • …
Je collabore avec l'équipe pédagogique à la détermination du rythme et des étapes de progression souhaités à l'intérieur du cycle de formation.	• *Comment ai-je participé à la planification des étapes de progression avec l'équipe pédagogique ?* • … *Régulation* • *Est-ce que cet exercice est utile pour moi ?* • *Quelle aide cela m'a-t-il apportée ?* • *Quelles suggestions pertinentes pourrais-je faire à l'équipe pédagogique ?* • …
J'établis un bilan des acquis afin de porter un jugement sur le degré d'acquisition des compétences à la fin d'un cycle.	• *Comment ai-je assumé la responsabilité du bilan de fin de cycle avec l'équipe pédagogique qui a soutenu l'élève pendant les deux années de son parcours ?* • … *Régulation* • *Est-ce que les échelles des niveaux de compétences m'ont aidé ?* • *Qu'est-ce que je ferais comme suggestion à l'équipe-cycle ?* • …

Nous constatons la difficulté pour les enseignants de se détacher d'un modèle évaluatif centré sur la performance. Les résistances sont tenaces et il y a beaucoup à faire pour en arriver à acquérir des attitudes positives à l'égard de l'évaluation. Il n'est pas toujours facile de poursuivre quand des décisions ministérielles, à la suite de différentes pressions du milieu, viennent ébranler les convictions et modifier les actions entreprises. L'enseignant se demande alors s'il est dans la bonne voie ou s'il doit poursuivre son cheminement.

Nous faisons de façon continue un retour sur l'acquisition des connaissances de même que sur le développement des habiletés et des attitudes, pour permettre à l'enseignant d'évaluer son cheminement dans le développement de cette compétence professionnelle. La compréhension de différents concepts (autoévaluation, évaluation formative, compétences transversales et disciplinaires) et l'utilisation de différents outils d'évaluation (portfolio de l'élève, bilan de fin de cycle, etc.) provenant de diverses commissions scolaires et des enseignants ont permis d'enrichir les pratiques d'évaluation. Les enseignants prennent conscience du fait que le processus par lequel les élèves apprennent est aussi important que le produit ou le résultat qui est présenté. La participation active de l'élève à son apprentissage, sa connaissance des buts à atteindre, sa réflexion personnelle sur le travail qu'il réalise, les stratégies qu'il a utilisées et les ressources qu'il a mobilisées le rendent ainsi responsable de ce qu'il apprend. Cela a donc un impact important, pour les enseignants, sur le développement et l'évaluation d'une compétence. Les apprentissages indiqués dans l'outil d'autoévaluation qui suit traduisent leur cheminement.

L'autoévaluation de mon cheminement au regard de l'évaluation des apprentissages

1. J'ai fait des prises de conscience importantes, telles que:
2. J'ai réalisé les apprentissages suivants:
3. Je réinvestis mes apprentissages. Quelles seront mes prochaines actions?

Voici quelques exemples de réponses apportées par un petit groupe d'enseignants et qui traduisent les prises de conscience et les apprentissages réalisés. Malgré certaines difficultés qui persistent, nous sommes en mesure de constater les effets positifs de ces échanges réflexifs sur leur expertise professionnelle.

- *Je réalise que l'évaluation est continue et ne survient pas qu'à la fin d'une situation d'apprentissage.*
- *Je vais faire participer davantage l'élève à son évaluation.*
- *Je vais travailler à joindre l'autoévaluation à ma pratique et à rendre mes élèves actifs intellectuellement.*
- *Je veux lâcher prise et ne pas tout contrôler en déléguant davantage.*
- *On ne peut tout évaluer en même temps.*
- *Je peux expérimenter avec plaisir... sans aucune pression.*
- *L'évaluation formative se vit en cours d'apprentissage et a pour but la régulation immédiate de l'apprentissage.*
- *J'ai besoin de comprendre davantage l'approche par compétences.*
- *Je trouve important de donner des consignes claires lorsque je vis une situation d'apprentissage avec mes élèves.*
- *Je vais présenter les critères d'évaluation aux élèves avant de faire une activité.*
- *Je connais mieux le* Cadre de référence pour l'évaluation des apprentissages, *mais je dois l'approfondir.*
- *Je comprends mieux comment utiliser les échelles des niveaux de compétences.*
- *J'ai appris à oser, à me faire confiance, à m'impliquer et à partager avec les autres.*
- *Le travail d'équipe est très important pour apprendre aux élèves la coopération et le partage.*
- ...

À la suite du partage des apprentissages réalisés lors de cet accompagnement, les enseignants se préparent à réinvestir pour poursuivre leurs expérimentations en salle de classe. Ce temps d'essai leur permettra de faire appel aux connaissances nouvelles, de s'exercer à utiliser les stratégies élaborées avec les pairs et d'acquérir des attitudes au regard de leur intervention, dans le respect de la progression de chacun de leurs élèves. Ils présentent leurs idées de réinvestissement aux autres enseignants et se donnent des défis réalistes. *Je réinvestis mes apprentissages : quelles seront mes prochaines actions ?*

Voici quelques exemples de réinvestissements planifiés par ce petit groupe d'enseignants.

- *Je vais m'habiliter à élaborer des grilles d'évaluation avec l'aide de collègues.*
- *Je vais planifier l'évaluation en même temps que les situations d'apprentissage.*
- *Je vais observer davantage mes élèves durant leur travail et m'exercer au questionnement.*
- *Je veux donner plus de sens aux apprentissages et les lier à ce que mes élèves savent déjà.*
- *Je vais élaborer des grilles d'évaluation avec mes élèves.*
- *Je vais amorcer, avec mes élèves, l'élaboration d'un portfolio d'apprentissage.*
- *Je veux donner davantage de rétroaction à mes élèves en leur apportant de l'information et en modelant certaines stratégies dès qu'ils en ont besoin.*
- *Je vais prendre le temps de faire le portrait du cheminement de chacun de mes élèves, avec ses forces et ses défis, et je vais y faire participer l'élève.*
- *Je remets le nez dans la documentation : je consulte davantage mon programme ainsi que le* Cadre de référence en évaluation[10] *et différentes recherches sur l'évaluation.*

Ces expérimentations font l'objet de notre rencontre suivante. Nous revenons sur ce qui a bien fonctionné, sur ce qui a été difficile ou encore sur ce qui a été suggéré comme réponse aux problèmes vécus. Ces rencontres réflexives permettent aux enseignants de prendre le temps d'analyser leurs actions évaluatives et d'avoir l'éclairage théorique nécessaire pour poursuivre leur cheminement. Ils prennent du recul par rapport à leur pratique et, en équipe de travail, ils peuvent concevoir des outils pertinents qui leur permettent de mettre en place la démarche d'évaluation dans leur classe.

Il a fallu plus que quelques journées d'accompagnement pour poursuivre le développement de cette compétence, qui se fait somme toute difficilement et qui nous semble la pierre angulaire au changement des pratiques des enseignants. L'évaluation de nature sommative semble avoir des racines profondes et l'évolution vers une pratique évaluative, enchâssée à la démarche d'apprentissage de l'élève, sera longue à acquérir. Il s'avère donc indispensable de poursuivre le travail d'accompagnement et d'outiller les enseignants qui désirent expérimenter ou étudier différentes grilles évaluatives. Ce matériel

10 MELS, 2003, *op. cit.*

est abondant et peut facilement être trouvé sur différents sites Internet. C'est un point de départ pour que, par la suite, les enseignants puissent concevoir des grilles avec leurs élèves en fonction de ce qui est travaillé en classe.

Modifier ses conceptions et ses croyances à l'égard de l'évaluation des apprentissages prend du temps et les enseignants semblent toujours en manquer ! Ce qui est un peu normal, car cela demande beaucoup plus que de simplement mettre une note dans le bulletin que l'on fait parvenir aux parents. Il s'agit de faire connaître la progression de l'élève dans le développement de ses différentes compétences, à la fois disciplinaires et transversales. Cela implique leur jugement professionnel dans l'interprétation des différentes données qu'ils recueillent en cours d'apprentissage, une compétence professionnelle que l'enseignant a à travailler en collaboration avec les collègues.

Exemple 3

Nous accompagnons une équipe d'intervenants qui travaillent auprès des enseignants du secondaire.

La mise en contexte de l'accompagnement

Diverses approches, telles que l'enseignement stratégique, l'apprentissage par projets et l'approche coopérative sont utilisées au secondaire pour favoriser l'apprentissage chez les élèves, tout en permettant aux enseignants de s'approprier le programme de formation centré sur l'approche par compétences. C'est dans ce contexte que des conseillers pédagogiques et des enseignants-ressources prenant part à ce projet d'accompagnement apportent leur soutien et leur expertise aux enseignants. Ces intervenants-ressources ressentent le besoin de se rencontrer et d'échanger sur leur façon de travailler avec les enseignants à la suite des divers problèmes qu'ils éprouvent lors des formations qu'ils animent et de l'accompagnement qui en découle. Ils sont à la recherche d'une plus grande cohérence dans leurs interventions et désirent analyser leurs actions auprès des enseignants. Un projet d'accompagnement s'échelonnant sur deux ans, à raison de trois rencontres par année, a été planifié avec eux. Ces rencontres permettront à ces intervenants, qui accompagnent des enseignants engagés dans différentes cohortes, de réfléchir à leur pratique d'accompagnement et à l'analyser pour en dégager certains principes directeurs adaptés aux réalités de leur milieu.

Prendre en compte la réalité pédagogique et organisationnelle du milieu pour mieux intervenir

Nous comprenons que les enseignants sont en période de renouvellement des pratiques et les différents changements annoncés par les programmes ne font pas nécessairement l'unanimité. Le climat peut parfois être déstabilisant et difficile à gérer lorsque les enseignants s'interrogent sur l'utilité des changements à apporter à leur pratique. Les approches préconisées demandent du temps et de la persévérance de la part des enseignants et de ceux qui les accompagnent. Les élèves ne répondent pas nécessairement de façon positive aux nouvelles manières de faire. La discipline de la classe est parfois perturbée et, comme les enseignants sont aussi en apprentissage, tout ne se déroule pas toujours comme prévu. Les intervenants-ressources qui accompagnent les enseignants ont donc à faire appel à leur créativité pour imaginer de nouvelles façons de les soutenir dans leurs expérimentations. Il ne s'agit pas de dire « comment faire », mais bien de placer les enseignants dans des contextes qui donnent sens à leurs apprentissages et leur permettent d'en voir l'utilité dans leur enseignement. Nous considérons qu'il y a de nombreux défis à relever pour ces intervenants, qui sont également en processus d'appropriation du programme de formation et de l'approche par compétences.

Pour amorcer ce projet d'accompagnement, nous prenons le temps de faire le point avec les intervenants sur leur démarche de formation et d'accompagnement mise en place auprès des enseignants. Nous leur demandons de réfléchir par écrit sur leur expérience pratique. L'analyse des réponses personnelles nous permet de préciser leurs besoins et leurs préoccupations, de définir les orientations et de préparer les étapes de la démarche qui sera vécue avec l'équipe.

Un retour réflexif sur ma pratique d'accompagnement

1. À la lumière de mes pratiques actuelles d'accompagnement, quelles sont les expériences, les interventions et les réalisations dont je suis particulièrement fier ?
2. Quelles sont les difficultés que j'éprouve ?
3. Au regard de ce projet « d'analyse des pratiques d'accompagnement », quels sont mes questionnements et mes préoccupations ?
4. Quels sont mes attentes et les éléments que j'aimerais travailler ?
5. Comment est-ce que je définis l'accompagnement ?

Lors de l'analyse et de la validation des besoins exprimés, nous prenons en compte les défis nombreux à relever. Les intervenants ont des expériences positives de leur accompagnement. Les conseillers pédagogiques ont l'habitude d'animer des groupes et de travailler à divers dossiers. Les enseignants-ressources sont à la fois enseignants et ressources. Leur expérience est davantage mise à profit auprès de leurs élèves et ils reconnaissent avoir à améliorer l'aspect animation auprès de leurs pairs, ce qui suscite leur inquiétude de ne pas être à la hauteur. Ils expérimentent aussi dans leur salle de classe avec leurs élèves une approche pédagogique. Ils sont à la fois chercheur, accompagnateur et, parfois, formateur. Cela exige d'eux qu'ils fassent des liens entre ce qu'ils font et ce qu'ils préconisent auprès des enseignants qu'ils accompagnent. Leurs champs d'action sont donc très diversifiés ; de plus, ils sont amenés à jouer différents rôles au sein de leur milieu. Certains participent à des rencontres comme répondants disciplinaires ou à des comités de coordination pédagogique, d'autres travaillent à différents dossiers dont l'évaluation, l'insertion professionnelle ou l'implantation du programme de formation, pour n'en citer que quelques-uns. Ces intervenants-ressources sont donc très sollicités, en plus d'avoir des mandats de formateur et d'accompagnateur d'enseignants en renouvellement de leur pratique.

Voici quelques-uns des besoins manifestés par ce groupe d'intervenants.

- Il y a une volonté, chez les différents intervenants engagés dans ce projet, de clarifier leur rôle au regard de l'accompagnement et de mieux s'outiller pour le réaliser.
- Ils désirent connaître les diverses pratiques d'accompagnement pour ainsi être en mesure d'établir leur propre modèle face à la réalité de leur travail.
- Ils sont préoccupés par la problématique suivante : *Comment m'assurer que mon accompagnement auprès de l'enseignant aura un impact sur les élèves ?*
- Ils veulent également développer des attitudes leur permettant d'accueillir les résistances des enseignants et mieux comprendre les incidences de l'approche par compétences sur leur travail au quotidien.
- Ils reconnaissent la nécessité de comprendre les différents concepts liés à l'apprentissage et à l'accompagnement.
- Ils sont grandement préoccupés par la question suivante : *Comment faire naître un questionnement chez l'enseignant au regard de son action pédagogique ?*

La mise en commun des attentes et des besoins nous permet avec le groupe d'intervenants d'harmoniser nos priorités et de choisir ensemble de façon réaliste les éléments à travailler. Tous veulent progresser. Ils sont prêts à s'engager dans une réflexion au regard de leur rôle d'accompagnateur et à s'investir dans la construction progressive de leur démarche d'accompagnement. Pour y parvenir, différentes composantes sont travaillées tout au long de ce projet. Ils s'entraident entre les rencontres, exploitent et partagent différentes ressources. Nous construisons ensemble ce projet en tenant compte des apprentissages proposés dans la figure qui suit.

Figure 4.3 Les compétences en développement chez les intervenants accompagnateurs et les différentes composantes travaillées

Concevoir une démarche d'accompagnement différenciée pour favoriser chez les enseignants le développement d'une pratique réflexive.

Enrichir et actualiser ses connaissances

- Connaître les différentes pratiques d'accompagnement.
- Connaître les réalités de l'enseignant aujourd'hui.
- Avoir une connaissance approfondie des diverses théories de l'apprentissage et de la cognition.
- Connaître les différentes étapes du changement.

Accroître ses attitudes professionnelles

- Être capable de coopérer.
- Accepter les différences dans le respect de chacun.
- Accueillir les résistances.
- Avoir confiance en ses capacités.
- Être en apprentissage continu.

S'habiliter à:

- Avoir une vision systémique des différentes approches pédagogiques.
- Utiliser les différents concepts liés au processus d'apprentissage dans l'action.
- Prendre en compte les besoins réels de l'enseignant par la collecte et l'analyse des besoins.
- Jouer son rôle de médiateur par l'utilisation du questionnement pédagogique.
- Réguler son intervention.

Les outils que nous utilisons au cours de cet accompagnement			
Le programme de formation de l'école québécoise, enseignement secondaire, MEQ, 2004.	*Le tableau du processus d'apprentissage* inspiré d'Angers (*voir le tableau 2.1, p. 31 du présent ouvrage*).	Les différentes recherches et théories sur les thèmes travaillés.	*Le référentiel de compétences professionnelles de la profession enseignante*, MEQ, 2001.

La mise en œuvre de l'accompagnement avec la participation active des différents intervenants de ce projet

Chacune de nos rencontres débute par la **mise en commun des expérimentations vécues.** Ce temps d'échange sur l'expérience pratique est propice à l'analyse des actions et permet de décoder les préoccupations, les réussites et les questionnements, auxquels nous portons une attention particulière. Ce **retour réflexif sur les expérimentations vécues en interaction avec les pairs** conduit à un questionnement de leurs représentations de l'accompagnement et amène la remise en question de leurs actions d'accompagnateur. Cette prise de conscience apporte des pistes ou des idées nouvelles qui peuvent être **réinvesties par la suite dans les actions suivantes** des intervenants auprès des enseignants. Il est important, tout au long de la mise en œuvre de l'accompagnement, de **faire des liens et de prendre appui sur des**

référents théoriques pour aider à la **clarification de certains concepts,** pour mieux comprendre son agir et ainsi intervenir avec cohérence.

Divers concepts et théories sont utilisés au cours de ce projet, en lien avec la pratique des participants, tels que :

- le concept de compétence et les incidences d'une telle approche sur le travail quotidien des enseignants ;
- le processus d'apprentissage et les opérations cognitives que l'on fait pour apprendre, afin de mieux comprendre l'adulte qui apprend et ainsi favoriser le transfert à l'élève qui apprend ;
- ce que signifie une pratique réflexive et métacognitive ;
- le concept de compétence professionnelle et la réalité de l'enseignant aujourd'hui ;
- les différentes phases d'un changement, afin de mieux orienter ses actions lors de l'accompagnement des enseignants ;
- les liens à faire entre les diverses approches, pour trouver ce qui les unit et ce qui les différencie ;
- l'étude de diverses stratégies d'animation et d'intervention ;
- l'appropriation du programme de formation, pour y joindre les différents apprentissages effectués ;
- l'exercice du questionnement pédagogique au regard de la métacognition de l'enseignant, de même que l'apport important du rôle de médiateur ;
- la clarification des fondements pédagogiques, des représentations et des conceptions, à l'aide de diverses théories et conceptions de l'apprentissage ;
- les différentes conceptions de l'accompagnement.

Le portfolio de développement professionnel a été choisi comme outil de consignation des expérimentations et des réflexions. Pour certains, c'est l'occasion de consigner les apprentissages réalisés à la suite de leurs lectures, les prises de conscience effectuées pendant les expérimentations, les différentes questions qui les animent et les connaissances nouvelles maîtrisées ou en cours d'intégration. Un outil de développement professionnel est utilisé à cet effet.

Un retour réflexif sur mon cheminement professionnel

- À la suite de mes lectures, de mes réflexions et de mes expérimentations, j'ai fait les prises de conscience suivantes :
- Quelle influence ces nouvelles connaissances ont-elles sur ma pratique d'accompagnement ?
- Les connaissances, réflexions, expérimentations et questionnements que je désire partager avec le groupe sont :

À chacune de ces rencontres, il nous a été possible de travailler sur les différents aspects liés au rôle d'accompagnateur, tout en permettant le travail de réflexion et d'analyse nécessaire à chacun pour l'élaboration progressive de sa démarche d'accompagnement. Les éléments travaillés au cours de ce projet d'accompagnement sont d'ailleurs présentés par Céline Paquet dans son témoignage de conseillère pédagogique et de participante à ce projet de développement professionnel (*voir au chapitre 6, p. 137 du présent ouvrage*).

Les retombées de cette démarche d'accompagnement sur les actions des différents intervenants engagés dans ce projet

Tout au long de ce projet, nous avons fait en sorte que l'évaluation continue soit présente. Cela a permis au groupe d'intervenants de s'habiliter à nommer leurs actions pour les valider ou les remettre en question, de même qu'à modifier leurs représentations et à reconnaître leur besoin de découvrir de nouvelles manières d'intervenir auprès des enseignants. Pour relever les nombreux défis liés au soutien des enseignants, l'équipe a réalisé l'importance de mettre en commun les différentes ressources et compétences individuelles. Pendant nos rencontres, il s'est avéré nécessaire d'apprendre à travailler en équipe et à nous faire confiance tout en recherchant le partage, la cohésion et l'absence de jugement de valeur.

Ces rencontres d'analyse de pratique ont aussi permis aux intervenants de déterminer certaines raisons pour lesquelles les enseignants accompagnés ne semblaient pas pleinement engagés à expérimenter. Deux causes possibles ont été précisées. La première provenait du fait que les intentions liées à l'accompagnement des enseignants n'avaient pas été partagées avec eux. Nous nous sommes interrogés sur comment procéder pour faire connaître clairement notre intention d'apprentissage au groupe d'enseignants que nous accompagnons. Cette prise de conscience a amené l'équipe d'intervenants, lors des rencontres de formation et d'accompagnement qui ont suivi, à prendre le temps de bien faire connaître aux enseignants les intentions liées à leur rôle d'accompagnateur. La seconde cause était liée au souci des enseignants de faire respecter les règles de fonctionnement de la classe et de s'assurer de la discipline de leurs élèves. Il a donc été nécessaire de tenir compte de ce fait et de chercher ensemble des pistes et des stratégies à proposer aux enseignants pour faciliter la mise en œuvre de diverses expérimentations en salle de classe. Cela a signifié, pour les intervenants, de doser les défis et de prendre le temps nécessaire à l'écoute des problèmes, des insécurités et des non-dits de l'enseignant.

Le constat le plus important est sans doute lié à l'identité professionnelle des intervenants. Ceux-ci ne se voyaient plus comme devant fournir des modèles ou des manières de faire, mais se reconnaissaient plutôt dans un rôle de guide, de médiateur ; ils voulaient que leurs interventions fassent en sorte que les enseignants s'interrogent et se mettent en recherche de solutions aux problèmes qu'ils vivaient. Cela a eu un impact important lors du bilan à la fin de ce projet ainsi que sur l'élaboration de leur démarche d'accompagnement. En effet, les enseignants-ressources se définissent maintenant comme *ressources pédagogiques.* La pédagogie reprend une place importante chez les intervenants qui s'habilitent maintenant à prendre en compte le processus d'apprentissage des enseignants.

Des apprentissages importants ont été faits lors de ce projet d'accompagnement, tels que: connaître la culture de l'enseignant, créer des alliances en faisant appel aux expertises de chacun pour mieux intervenir lors de ses accompagnements, établir une démarche d'accompagnement, se donner une intention d'apprentissage et réguler son action de façon continue. Des attitudes nouvelles à l'égard du rôle d'accompagnateur ont favorisé le respect et l'acceptation de l'enseignant tel qu'il est, avec son histoire et sa culture à la fois personnelle et professionnelle. L'enseignant est une personne en développement, tout comme l'accompagnateur.

La poursuite de ce projet d'accompagnement

Le bilan effectué avec les intervenants de ce projet d'analyse des pratiques d'accompagnement nous a permis de dégager certains éléments que nous jugeons fondamentaux pour le choix des actions à prioriser et la poursuite de ce projet.

Le grand défi de ce groupe d'intervenants sera sans aucun doute de mettre en place des conditions pour favoriser chez les enseignants l'engagement dans leur développement professionnel. Favoriser dans l'école une culture de formation continue, c'est leur donner la possibilité d'être en apprentissage continu et ainsi de participer à l'évolution de la profession enseignante, tout en progressant dans le développement de ses compétences professionnelles. Un nouvel aménagement de l'horaire et des tâches fera partie des priorités du plan d'action pédagogique de l'école l'année suivante, afin de réitérer les rencontres d'analyse réflexive et de permettre aux enseignants-ressources ainsi qu'aux conseillers de jouer pleinement leur rôle de soutien aux pratiques des enseignants. La volonté de tous les membres du personnel administratif et pédagogique de poursuivre ce projet de soutien est une condition et un appui indispensables au renouvellement des pratiques dans cette école secondaire.

Un retour réflexif sur nos actions d'accompagnement

Au regard des trois derniers exemples, nous partageons maintenant avec vous nos réflexions en tant qu'accompagnatrices et formatrices. Nous évaluons notre intervention et les retombées de nos actions à partir des trois questions de l'outil suivant. Il s'en dégage certaines conditions indispensables à un accompagnement porteur d'apprentissages. Nous invitons chaque accompagnateur à évaluer son action à l'aide des questions de l'outil d'analyse réflexive, aux pages 113 et 114.

Un outil d'analyse réflexive au regard de l'accompagnement : prise de conscience des retombées de nos actions d'accompagnatrices

1. Comment avons-nous contribué au développement professionnel des enseignants et des intervenants par notre accompagnement ?

Notre recherche et nos expériences d'accompagnement sur le terrain, auprès des enseignants et des intervenants en éducation, nous montrent que selon certaines conditions un accompagnement dont les visées se centrent sur l'apprentissage et le développement des compétences professionnelles peut avoir des effets sur les pratiques pédagogiques et l'accompagnement. Pour nous, ces conditions indispensables se trouvent dans le vécu d'une approche d'accompagnement qui a pour but le développement d'une pratique réflexive et métacognitive chez l'enseignant. En prenant en compte, lors de nos accompagnements, l'expérience pratique, et en prenant appui sur le processus par lequel une personne apprend, nous accordons une grande place à l'autonomie professionnelle des enseignants et des intervenants et contribuons ainsi au développement de leurs compétences, de leur façon d'enseigner et de faire apprendre.

C'est pourquoi nous nous interrogeons sans cesse sur nos actions d'accompagnement pour favoriser toujours davantage l'actualisation de la pratique en salle de classe. Mais les enseignants sont appelés à prendre la place qui leur revient quant aux décisions qui concernent leur formation et le renouvellement continu de leur pratique ; on ne peut décider de leurs besoins à leur place.

2. Comment avons-nous pris en compte le cheminement de la personne accompagnée ?

Solliciter les capacités relationnelles des accompagnés par le travail en équipe, le partage des responsabilités, les prises de décision ou l'ouverture aux différences joue un rôle important dans le développement des savoirs et des compétences professionnelles. La rétroaction entre pairs et avec l'accompagnateur permet de porter un regard métacognitif sur sa façon d'apprendre et de reconnaître ses compétences en développement. Les contentements exprimés, les incertitudes partagées ainsi que les expérimentations que l'on fait connaître nous montrent des enseignants et des intervenants qui cheminent et qui s'attardent à comprendre leur vécu pédagogique.

Un accompagnement lié à la réflexion, dans l'action et sur l'action, favorise chez les accompagnés la prise de conscience de leur agir et les amène à chercher des solutions aux problèmes qui émanent de leur pratique au quotidien. Ils sont actifs sur le plan métacognitif, ce qui permet des changements dans leur conception de l'apprentissage et leur compréhension au regard de la démarche de l'élève qui apprend. Cette modification de leurs représentations a du sens, particulièrement pour l'enseignant, pour concevoir des situations d'apprentissage qui engagent davantage l'élève dans son processus tout en le rendant attentif à ses actions cognitives.

3. Quelles sont les actions à privilégier pour qu'un accompagnement soit efficace ?

On constate que des efforts considérables sont parfois faits pour la planification ou l'élaboration de projets innovateurs, mais que de nombreux changements amorcés ne peuvent devenir des changements intégrés parce qu'on oublie de soutenir l'action suffisamment longtemps pour qu'ils s'installent. On a tendance à sous-estimer le fait que l'enseignant doit continuellement adapter ses stratégies au contexte d'enseignement, aux besoins diversifiés des élèves et aux situations variées qu'il vit au quotidien. Il faut du temps et de l'énergie pour s'approprier de nouvelles façons de faire et pour apprendre à faire les choses autrement. Nous trouvons difficile de maintenir nos actions dans les divers milieux : on n'y donne pas suite, il faut recommencer tout le temps ailleurs, avant que la boucle soit bouclée...

La réussite du renouvellement des pratiques est largement tributaire d'un dispositif d'accompagnement qui tient compte de la pratique des enseignants, de leur engagement ainsi que du suivi fait auprès d'eux. Cela demande des administrateurs du milieu scolaire qu'ils innovent et qu'ils prennent une part active à la vie pédagogique de l'école, afin de mettre en place des conditions qui tiennent davantage compte des besoins réels des enseignants, qui les motivent et qui les soutiennent. Ils ont besoin d'un cadre souple qui s'adapte aux réalités du milieu de même que d'orientations pédagogiques clairement exprimées. Il est exigeant, pour tous les acteurs du milieu de l'éducation, d'apprendre à faire autrement, mais cela nous semble une forme privilégiée de développement professionnel et de formation continue.

Un outil d'analyse réflexive au regard de l'accompagnement : prise de conscience des retombées de nos actions d'accompagnateur

1. Comment avons-nous contribué au développement professionnel des enseignants et des intervenants par notre accompagnement ?

2. Comment avons-nous pris en compte le cheminement de la personne accompagnée ?

3. Quelles sont les actions à privilégier pour qu'un accompagnement soit efficace ?

Chapitre 5

Les compétences de l'accompagnateur en développement professionnel continu

Celui qui peut se voir accepté tel qu'il est
par ceux qui le voient vivre en vient à se connaître
assez pour s'accepter lui-même,
chargé de ses grandeurs comme de ses misères.

Gilles Vigneault

C'est chaque personne qui construit sa propre
combinaison de ressources pour répondre de façon pertinente
à des exigences professionnelles, pour réagir à un événement
ou pour résoudre un problème.

Le Boterf

Accompagner des personnes dans leur cheminement vers le développement de compétences professionnelles n'est pas sans interpeller les intervenants qui jouent un rôle de soutien et d'accompagnement en éducation. Cela suppose pour eux de clarifier leurs fondements théoriques et leurs valeurs, de mobiliser diverses ressources internes et externes ainsi que de développer de nouvelles compétences. Dans le présent chapitre, nous avons choisi de proposer des pistes d'action et de réflexions issues de nos expérimentations qui ont contribué au développement de notre démarche et qui peuvent aider l'accompagnateur à poser un regard réflexif sur sa pratique d'accompagnement.

Quelles compétences ai-je besoin de développer pour que mon accompagnement suscite l'engagement de l'enseignant dans le développement d'une pratique réflexive et métacognitive? Comment puis-je le guider et le soutenir efficacement dans la construction de compétences professionnelles?

Je m'engage comme accompagnateur dans une démarche réflexive au regard de mes conceptions de l'apprentissage et de l'accompagnement

Accompagner l'enseignant dans ses apprentissages est un processus difficile à piloter et exige de l'accompagnateur qu'il interroge ses propres conceptions de l'apprentissage et les processus qu'il met en jeu lorsqu'il apprend. Diverses questions nourrissent cette réflexion et conduisent l'accompagnateur à prêter attention à sa démarche cognitive et métacognitive. Que signifie apprendre, pour moi ? Quelles sont les différentes conceptions de l'apprentissage ? Quelle est ma conception personnelle de l'apprentissage et de l'enseignement ? Quel sens cette définition personnelle de l'apprentissage a-t-elle pour les personnes que je forme et que j'accompagne ? Quelles sont mes motivations à apprendre ? Quelle place la motivation et le plaisir d'apprendre occupent-ils dans ma façon d'enrichir mes connaissances ? Quelles sont les composantes conscientes et inconscientes qui influencent ma manière d'apprendre ? Quel impact mes représentations ont-elles sur ma façon de comprendre ? Que m'apporte le partage avec les autres au regard des apprentissages ? Quels sont les processus mis en jeu lorsque j'apprends ?

Ces questions nous ont amenées à faire des liens entre notre pratique d'enseignantes auprès des élèves et notre rôle de formatrices et d'accompagnatrices auprès des intervenants en éducation. Ces réflexions et connaissances sur l'acte d'apprendre nous ont permis de prendre en compte nos pratiques d'accompagnement, de les reconnaître, de les analyser, de les transformer et de les adapter pour favoriser le cheminement pédagogique des enseignants que nous accompagnons. Elles ont éclairé nos actions, modifié nos représentations et nous ont permis de nous instrumenter pour mieux aider la personne qui apprend par notre médiation pédagogique.

Nous insistons grandement sur la nécessité de cette réflexion par l'accompagnateur au regard de l'apprentissage, car toutes ses interventions en seront par la suite teintées. Elle est la pierre angulaire de l'intervention et de l'évolution des pratiques en salle de classe. Comme nous l'avons déjà mentionné dans le présent ouvrage, exercer pleinement son rôle de médiateur, c'est prêter attention à la démarche mentale de l'enseignant et l'habiliter à gérer ses processus mentaux, ce qui suppose la prise en compte de la métacognition. L'activation des connaissances et des expériences antérieures, le questionnement sur ses actions, le déséquilibre cognitif qu'apporte la réflexion, la modification de ses représentations et l'expérimentation des nouvelles connaissances en action suscitent de nombreuses prises de conscience et sont porteuses d'apprentissages. *Comment aider une personne à apprendre ? Comment y arriver si l'on ne connaît pas le fonctionnement de son propre processus d'apprentissage ainsi que sa démarche métacognitive ?*

Ce retour réflexif sur soi et sur sa propre façon d'apprendre et de concevoir l'accompagnement prépare l'accompagnateur à aider à son tour l'enseignant à réfléchir à ses croyances et conceptions au regard de l'enseignement et de l'apprentissage. Il prend ainsi une distance critique par rapport à sa pratique pour la décrire, l'analyser, la réguler et être ainsi en mesure d'évoluer vers des pratiques de plus en plus professionnelles. Comme le dit Gélinas[1], comment peut-on prétendre amener les autres à renouveler leur pratique si l'on ne procède pas soi-même à un tel renouvellement ?

Nous proposons à l'accompagnateur d'utiliser le réseau de la figure ci-dessous et l'outil de la page suivante, qui lui permettent de s'interroger sur ses théories et conceptions de l'apprentissage, de définir sa conception de l'accompagnement et les fondements qui s'y rattachent.

Figure 5.1 Ma conception de l'accompagnement

À l'aide du réseau suivant, je définis ce qu'est pour moi l'accompagnement et je précise les orientations et les valeurs que je veux privilégier dans mon action auprès des enseignants.

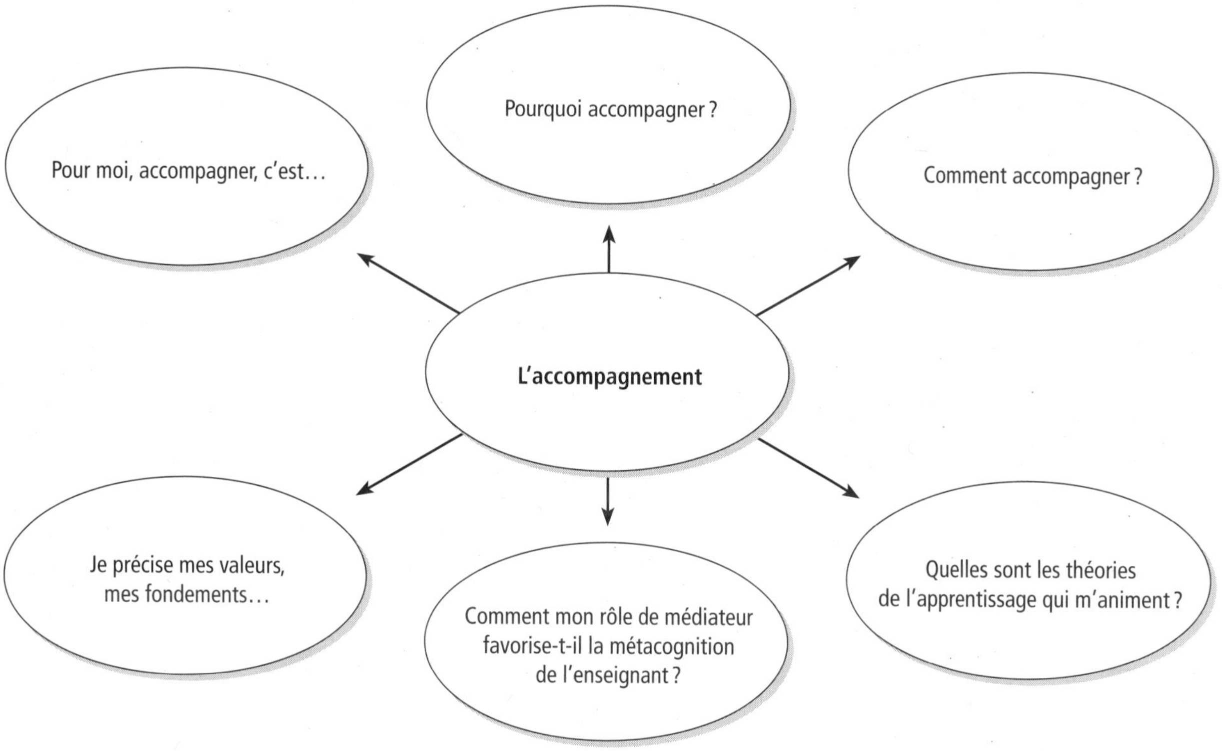

1 A. Gélinas, « Les exigences de l'accompagnement dans le renouvellement des pratiques », dans *L'accompagnement en éducation*, sous la direction de M. L'Hostie et L.P. Boucher, Presses de l'Université du Québec, 2004, p. 31 à 45.

Un outil d'analyse réflexive pour l'accompagnateur : pour définir ma conception de l'apprentissage

- Quelle est ma conception de l'apprentissage et de l'enseignement ?

- Que signifie pour moi apprendre ?

- Comment mon intervention par la médiation peut-elle aider l'enseignant à cheminer dans sa pratique ?

- Quelles incidences cette conception de l'apprentissage a-t-elle sur ma façon d'accompagner les enseignants ?

J'enrichis mon savoir d'accompagnateur dans un processus de formation et d'apprentissage continu

Les connaissances et les découvertes liées à la pédagogie sont en constante évolution; il est donc nécessaire de mettre à jour ses savoirs et ses compétences durant tout son cheminement professionnel. Il s'agit d'analyser ses façons de faire et d'actualiser ses connaissances au regard des théories de l'apprentissage, de prendre appui sur les données de la recherche, particulièrement celles qui analysent le travail de l'enseignant en salle de classe. Connaître les processus qui favorisent le transfert et l'intégration des savoirs, s'interroger sur les différents modèles d'accompagnement, prendre conscience de l'importance de la médiation et de la métacognition et s'y exercer sont des aspects indispensables à la formation et à l'apprentissage continu de l'accompagnateur. L'appropriation de ces différentes bases conceptuelles permet de mettre à jour son cadre de référence (représentations, croyances, valeurs), de réajuster ses interventions et de progresser dans son agir d'accompagnateur.

Diverses ressources peuvent aider à enrichir et à approfondir ses connaissances: des échanges de modèles d'action avec les pairs, la participation à des recherches collaboratives avec les chercheurs universitaires, l'analyse de ses expérimentations, l'observation de pratiques entre pairs, des lectures en lien avec ses intérêts de recherche, la connaissance de la culture enseignante, etc., peuvent entre autres documenter les façons de faire et les enrichir. Il est important d'être capable de lire la pratique de l'enseignant en salle de classe et de nommer les actions qui s'y rattachent, afin de l'aider à évoluer et d'avoir une conscience éclairée de son agir pédagogique.

Nous savons l'importance de nourrir son questionnement, de douter et de chercher des pistes nouvelles. Déceler ce qui se passe chez l'enseignant qui développe de nouvelles compétences, être attentif à nommer les savoirs, savoir-faire et attitudes qui sont travaillés suppose de la part de l'accompagnateur qu'il soit expert à la fois des processus liés à l'apprentissage et des savoirs de l'accompagnateur. Accompagner des personnes en développement, n'est-ce pas s'investir, être curieux et toujours apprendre pour mieux aider les autres à apprendre? C'est travailler et s'apprendre ensemble. C'est intervenir auprès des enseignants que l'on accompagne de la même façon que ceux-ci sont appelés à intervenir auprès de leurs élèves. Pour enrichir son savoir dans un processus de formation et d'apprentissage continu, l'accompagnateur lit, s'informe, réfléchit, analyse et approfondit ses concepts. *Qu'est-ce que je connais des différents concepts en éducation? Quel est le champ de connaissance que j'aimerais étudier davantage?* Il inscrit ses réflexions dans l'outil de la page suivante.

L'accompagnateur fait aussi appel à différentes ressources[2] pour enrichir ses savoirs en situation d'accompagnement. *Quelles sont les ressources que je suis susceptible de mobiliser?* Il peut aussi les inscrire dans l'outil de la page suivante.

2 Voir le tableau des ressources au chapitre 2, p. 38 du présent ouvrage.

Un outil d'analyse réflexive pour l'accompagnateur : pour enrichir mon savoir d'accompagnateur

J'écris la synthèse de mes connaissances dans le tableau suivant.

Mon savoir expérientiel : ce que je sais de...	Mes nouvelles connaissances : ce que j'apprends de...
L'apprentissage	
La pratique réflexive	
Le transfert des apprentissages	
La médiation	
La métacognition	
Le constructivisme.	
Le socioconstructivisme	
...	
Les ressources internes et externes que je veux mobiliser dans le développement de la compétence à accompagner	
Mes ressources personnelles et professionnelles	**Les ressources que je trouve dans l'environnement**

Ce que j'aimerais approfondir :

Je prépare et j'anime des situations d'accompagnement en interaction avec les enseignants

Apprendre à accompagner les enseignants dans une perspective de développement professionnel ne peut se faire sans prendre en considération le contexte réel de leur travail en salle de classe. Il faut se rappeler que le plan d'accompagnement doit être flexible afin de s'ajuster à la culture et à l'organisation scolaire du milieu. C'est pourquoi il est important de comprendre la demande des enseignants, de l'analyser et de préparer un plan d'accompagnement qui réponde aux besoins exprimés. En préparant son action, l'accompagnateur anticipe ses attitudes et son agir. Il s'approprie les fondements théoriques et pratiques inhérents à son intervention, dans le but de guider et de soutenir les enseignants dans leur réinvestissement en salle de classe. Cela suppose pour lui de faire appel à sa créativité, puisque les situations d'accompagnement qu'il conçoit devront souvent être ajustées en cours d'action s'il veut vraiment tenir compte de la démarche d'apprentissage des enseignants. C'est une longue route non linéaire, qui demande non seulement de comprendre, mais aussi de maîtriser les gestes d'un accompagnement qui favorise, chez les enseignants, la prise en charge de leur cheminement pédagogique et le développement de leur pensée réflexive.

Pour évoluer au cœur de l'action, l'accompagnateur accorde une grande importance au climat d'apprentissage, sachant qu'apprendre fait appel à l'affectif et nécessite engagement et effort chez toute personne en situation d'apprentissage. Apprendre nécessite une démarche et un travail intellectuel rigoureux que nul ne peut faire à la place de l'apprenant. L'accompagnateur, par la pratique de la médiation, invite l'enseignant à prendre du recul par rapport à son agir pédagogique et à faire part de sa compréhension des processus pour apprendre. Il l'aide à porter un regard métacognitif sur sa façon d'enseigner, le soutient dans sa progression, objective avec lui sa façon de faire afin qu'il la modifie, qu'il l'ajuste et enrichisse sa pratique.

Accompagner des enseignants place parfois l'accompagnateur dans une situation de déséquilibre qu'il lui faut apprivoiser pour expérimenter et s'ajuster au besoin. Il ne peut avoir tout prévu et penser qu'il maîtrise tout. Apprendre se fait par essais et erreurs, l'erreur étant le passage obligé vers l'apprentissage. Il est donc en relation continue, dynamique et interactive avec les personnes qu'il accompagne. Tout comme l'enseignant doit apprendre à favoriser des pratiques davantage centrées sur l'apprentissage en expérimentant, l'accompagnateur doit réfléchir à ses actions, avoir un esprit critique sur son agir, s'adapter et progresser de façon continue dans le développement de ses compétences.

On ne peut tenir pour acquis qu'accompagner des personnes en cheminement est facile et prévisible ; au contraire, les chemins que l'on emprunte sont parfois sinueux et parsemés de doutes et de résistances qui incitent parfois à agir dans des contextes d'urgence. C'est donc lors de l'action et de l'analyse de ses actions d'accompagnateur que s'élaborent les modes d'intervention qui prennent en compte le cheminement des enseignants.

L'évaluation faite à chaque rencontre d'accompagnement avec les enseignants permet à chacun de faire le point sur les apprentissages réalisés, de les partager, d'expliquer sa compréhension et de prendre conscience de son cheminement. De plus, les traces laissées sur les outils réflexifs mis à leur disposition tout au long de l'accompagnement sont placés dans leur portfolio. Ils fournissent à chaque enseignant l'occasion de reconnaître les questionnements non résolus et les actions à entreprendre pour consolider les nouvelles connaissances, afin de s'assurer du transfert en salle de classe. C'est aussi le temps, pour l'accompagnateur, de faire le point sur ses stratégies d'intervention et sur sa démarche pédagogique d'accompagnement. L'évaluation continue lui permet de prendre conscience des répercussions de sa démarche, des progrès réalisés et des nouveaux défis associés à son développement d'accompagnateur. L'outil de la page 124 permet à l'accompagnateur de laisser des traces de ses interventions pour une analyse réflexive de son évolution et de ses questionnements.

Nous trouvons indispensable de mettre l'accent sur la dimension interactive du processus d'accompagnement pédagogique. C'est pourquoi, dans le tableau qui suit, nous présentons l'agir de l'accompagnateur et celui de l'enseignant, tous deux engagés dans le déroulement de la démarche d'accompagnement. Cela permet à l'accompagnateur de reconnaître dans les actions accomplies par l'enseignant, son engagement, son intérêt et sa motivation à vivre ce processus. C'est ainsi qu'il peut adapter sa préparation et réguler ses actions d'accompagnateur pour qu'il y ait apprentissage, cheminement et développement de compétences professionnelles par les enseignants.

Tableau 5.2 La dimension interactive du processus d'accompagnement pédagogique

Agir de l'accompagnateur	Agir de l'enseignant
Pour se préparer à l'action ⇔	
• Accueille les demandes des enseignants. • Analyse et valide les besoins exprimés. • S'approprie les fondements théoriques nécessaires. • Établit le déroulement de la rencontre avec les enseignants.	• Exprime ses besoins (formation et accompagnement). • Prend conscience de ses forces pédagogiques et de ses savoirs. • S'interroge sur sa pratique et se donne une intention d'apprentissage.
Pour évoluer au cœur de l'action ⇔	
• Crée un climat favorable à l'apprentissage. • Éveille l'intérêt et la motivation. • Suscite l'engagement dans le processus d'apprentissage. • Priorise le processus d'apprentissage dans l'action. • Favorise la métacognition. • Utilise des situations d'apprentissage complexes. • Présente des éléments théoriques en lien avec la pratique. • Explique le cheminement de façon continu au regard de l'apprentissage. • Favorise l'interaction entre collègues.	• Participe activement. • Met son action pédagogique en mots. • Reconnaît les fonctions cognitives utilisées. • Expérimente ses nouvelles connaissances et fait le lien avec sa pratique. • Élargit ses compétences personnelles et professionnelles. • Partage, échange et participe au travail d'équipe.
Pour évaluer son action dans l'action ⇔	
• Enchâsse l'évaluation à la formation-accompagnement. • Adapte et régule ses interventions selon les besoins et les attentes. • Fait partager et présenter les apprentissages. • Établit une interaction positive. • Supervise de façon synergique.	• Affronte des situations complexes. • Analyse, anticipe et s'adapte. • Présente ses apprentissages et explique sa compréhension. • S'interroge pour consolider ses apprentissages. • Se donne de nouveaux défis.
Pour s'actualiser dans l'action ⇔	
• S'assure du réinvestissement continu des apprentissages. • Facilite le partage entre pairs, entre réseaux. • Porte un regard réflexif sur ses interventions d'accompagnement. • Se donne la possibilité de réinvestir les apprentissages réalisés dans ses futures actions.	• Pratique l'analyse réflexive au regard de son action pédagogique. • Reconnaît des changements dans sa pratique. • Partage ses expériences avec ses collègues. • Fait connaître ses réalisations. • Reconnaît l'utilité d'un portfolio de développement professionnel pour garder des traces de ses apprentissages.

Un outil d'analyse réflexive pour l'accompagnateur : pour faire le point sur ma pratique d'accompagnement

En me reportant à une situation d'accompagnement vécue, je fais le point sur ma pratique d'accompagnement.

- Quelle était l'intention de mon intervention et de l'accompagnement ?

- Est-ce que j'ai pris le temps de connaître les besoins des participants ?

- Quelles étaient les étapes de cet accompagnement ?

- Quelles sont les compétences que j'ai sollicitées ?

- Comment mes actions d'accompagnement ont-elles aidé les enseignants dans le développement de leurs compétences ?

- Quelles attitudes ai-je privilégiées ?

- Comment vais-je poursuivre mes actions ?

- Si j'avais à refaire cette expérience, qu'est-ce je conserverais ou changerais pour améliorer ma démarche ?

- Quelles stratégies vais-je privilégier lors d'une prochaine intervention ?

- …

Je travaille en coopération avec les acteurs du milieu de l'éducation dans le partage d'expériences, de savoirs pratiques et de connaissances théoriques

Une compétence à développer qui nous paraît indispensable au cheminement professionnel de l'accompagnateur est la compétence à travailler en coopération avec les acteurs du milieu de l'éducation. Le rôle du conseiller pédagogique, du directeur d'école tout comme celui des intervenants auprès des enseignants a longtemps été un rôle plutôt solitaire, chacun travaillant à un dossier et adoptant des stratégies individuelles d'intervention. Il devient de plus en plus essentiel de valoriser et de mettre en complémentarité les divers talents de chacun des intervenants pour mieux répondre à l'ensemble des besoins du milieu de l'éducation. Apprendre à coopérer efficacement se fait progressivement, grâce à des relations de confiance qui s'établissent dans le désir véritable de travailler ensemble dans un climat de respect, de partage et d'entraide mutuels.

Quand les équipes sont réellement capables d'apprendre, non seulement elles atteignent des résultats sans précédent, mais encore elles donnent l'occasion à leurs membres de se développer comme jamais ils n'auraient pu le faire individuellement.

SENGE

Sans adopter des dispositifs similaires dans leur façon d'accompagner les enseignants, il est possible aux accompagnateurs d'harmoniser leurs interventions et de préciser les modalités de soutien les plus adaptées pour enrichir l'agir pédagogique des enseignants. Cette façon de faire auprès des enseignants rend possible le dépassement des attitudes de défense qui freinent leurs élans de création et d'engagement. Il y a donc lieu d'élaborer ensemble des stratégies qui amènent des changements d'attitude, non seulement chez ceux qui travaillent à l'école, mais également chez ceux qui administrent, organisent et gèrent les budgets nécessaires à son bon fonctionnement. La gestion bureaucratique prend beaucoup de place dans nos milieux scolaires et a des répercussions sur l'organisation de la vie pédagogique dans les salles de classe. Le grand défi ne serait-il pas de placer la pédagogie au centre des préoccupations administratives ?

Le dialogue et l'échange deviennent des moyens de construire des compétences individuelles et collectives. Plusieurs voies s'offrent aux accompagnateurs pour partager et actualiser ensemble des façons de faire sans doute prometteuses, par exemple :

- prendre le temps de discuter des questionnements de chacun et partager ses représentations ;
- s'écouter et échanger pour intégrer les points de vue des collègues et se doter d'un langage commun ;
- respecter l'autonomie professionnelle de chaque accompagnateur ;
- avoir une meilleure compréhension des mandats de chacun ;
- préparer ensemble des plans de formation et d'accompagnement ;
- concevoir des outils d'apprentissage et de développement ;
- réfléchir ensemble aux pratiques d'accompagnement ;

Faire partager un projet commun implique tout d'abord de faire émerger les visions de l'avenir communes à tous, de manière à inciter chacun à l'engagement plutôt qu'au suivisme.

SENGE

- trouver des solutions pertinentes et évolutives aux problèmes qui se présentent;
- se donner la possibilité de faire une réflexion méthodologique, épistémologique et théorique commune;
- vivre avec ses pairs des situations d'accompagnement et favoriser l'analyse de ses actions;
- s'habiliter à animer ensemble un processus d'apprentissage et d'accompagnement.

Ce travail en synergie apporte des résultats tangibles à l'ensemble des accompagnateurs. Il devient alors plus facile de travailler efficacement ensemble, de s'entraider, de partager ses connaissances réciproques et de mettre à contribution son expertise dans l'école ou le milieu lors de l'élaboration de projets de formation continue. Cette coopération qui s'installe entre les intervenants n'est pas sans être ressentie par les enseignants que l'on accompagne. Ceux-ci pourront s'engager en toute certitude en sachant que, oui, il y aura une suite aux actions entreprises et des mesures de soutien aptes à faire évoluer leur pratique.

Apprendre à mieux travailler ensemble est sans doute un défi pour les personnes qui accompagnent les enseignants. Pour relever ce défi, les acteurs du milieu de l'éducation ont à s'interroger et à échanger ensemble sur les conditions à mettre en place afin que la coopération s'installe entre eux. L'outil ci-après peut être utilisé à cet effet.

Un outil d'analyse réflexive à compléter en équipe de travail : pour reconnaître l'apport de la coopération entre les acteurs de l'éducation

- Quelles sont les conditions favorables à un vrai projet de coopération et d'entraide dans notre milieu de travail ?

____

____

- Quels seraient les obstacles possibles à l'implantation d'un projet de coopération en milieu scolaire ?

____

____

- Quelles sont aujourd'hui les compétences nécessaires pour assurer une coopération efficace ?

____

____

- Comment allons-nous partager nos savoirs entre collègues et avec le milieu ?

____

____

- Comment arriver à écouter les autres et à travailler avec leurs idées puis à participer à la discussion sans chercher à la dominer ?

____

____

- Qu'est-ce que ce partage peut apporter aux enseignants au regard de leur développement professionnel ?

____

____

- …

Au terme de cette exploration de notre vision du développement des compétences chez l'accompagnateur, nous soulignons la complexité de l'apprentissage chez l'adulte. Pour apprendre, chacun utilise ses processus mentaux et on peut difficilement en saisir toute la portée dans leur cheminement d'apprenant. Nous constatons que les expériences pédagogiques qui tiennent lieu d'échanges entre les enseignants constituent des sources d'apprentissage. Toutefois, il nous faut accepter que les actions d'accompagnement n'enclenchent pas nécessairement le changement souhaité dans l'immédiat. Selon Bourgeois et Nizet[3], « c'est souvent dans la conjugaison d'une expérience actuelle et d'une expérience antérieure qu'émerge l'apprentissage ».

La figure qui suit constitue la synthèse de cette dynamique de réflexion et d'action qui à nos yeux contribue au développement des compétences professionnelles de l'accompagnateur.

Figure 5.2 Mon développement professionnel d'accompagnateur dans une dynamique de réflexion et d'action

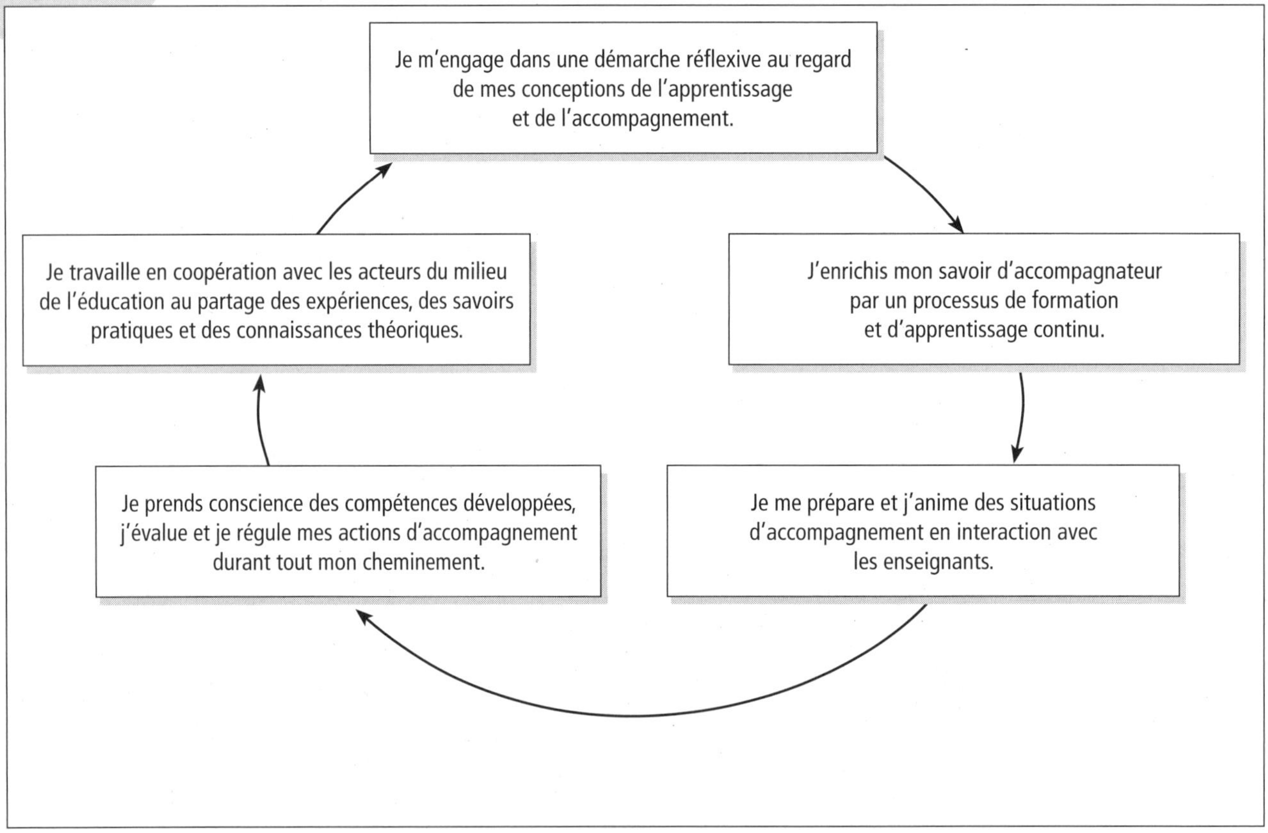

3 E. Bourgeois et J. Nizet, *Apprentissage et formation d'adultes*, Paris, PUF, 1997, p. 203.

Chapitre 6

Des expériences d'accompagnement partagées

J'entends le temps passer dans chaque geste
J'entends le temps tomber dans chaque mot
C'est un festin qui nous convie
C'est le chemin qui nous attend...

Gilles Vigneault

La compétence réelle se construit en fonction de l'histoire, des expériences et des acquis de chacun, mais aussi en fonction des orientations provenant de la culture professionnelle du milieu d'appartenance.

Le Boterf

Le présent chapitre expose des expériences d'accompagnatrices qui interviennent dans différentes sphères de l'éducation. Nous avons accompagné ces personnes qui, à leur tour, soutiennent des enseignants ou des personnes-ressources dans leur milieu respectif. Leurs témoignages enrichissent les écrits de cet ouvrage et permettent de partager les stratégies efficaces et créatives qui ont mené à la construction de leur démarche d'accompagnement. Elles nous font part de leur questionnement et de leur cheminement professionnel. Faisons place à Brigitte, Céline et Anne.

- « Vivre l'accompagnement au quotidien », par Brigitte Gagnon, conseillère pédagogique, Commission scolaire des Hautes-Rivières ;
- « Accompagner des enseignants au secondaire », par Céline Paquet, conseillère pédagogique, École secondaire Antoine-de-Saint-Exupéry ;
- « Une réflexion portant sur l'expérience d'accompagnement d'un groupe d'intervenants », par Anne Paradis, spécialiste en sciences de l'éducation, ministère de l'Éducation, du Loisir et du Sport.

Vivre l'accompagnement au quotidien

par Brigitte Gagnon

Enseignante au primaire durant une quinzaine d'années, j'ai bénéficié d'un accompagnement privilégié qui m'a permis de m'engager dans une démarche réflexive sur mon action pédagogique. J'ai pu alors mettre à jour mes connaissances au regard des différentes conceptions de l'apprentissage, partager mes représentations avec des enseignants ou des intervenants du milieu scolaire et cheminer dans ma pratique en salle de classe.

Quand Louise et Lucie m'ont demandé de réfléchir à ma conception de l'accompagnement et de témoigner de la façon dont je l'ai vécu, j'ai accepté avec plaisir puisque cela touchait les préoccupations de mon emploi actuel. C'est donc à la lumière de mon expérience d'accompagnée et d'accompagnatrice que je contribue par ce texte à partager ma vision du rôle d'accompagnateur.

Depuis mon arrivée en éducation en 1989, j'ai eu la chance de travailler dans un milieu novateur où l'accompagnement pédagogique faisait partie des priorités. Je suis très heureuse de vous présenter les personnes qui ont influencé mon parcours professionnel.

Tout d'abord, il y a eu Lina, conseillère pédagogique passionnée par son travail et stimulante au regard de l'animation de la vie en classe. Elle est entrée dans ma classe pour m'aider pour un projet de quelques jours et est restée plusieurs années à mes côtés pour m'accompagner dans la transformation de ma pratique.

De l'enseignement magistral, j'ai cheminé vers l'enseignement par projets, et ce, très tôt dans ma carrière. Il y a eu des essais, des faux pas et des moments de découragement, mais aussi des moments de fierté et la certitude qu'il n'y avait pas de possibilité de revenir en arrière. Lina a joué un très grand rôle de soutien dans ma vie d'enseignante. Elle intervenait avec moi, était à mes côtés et m'accompagnait de manière concrète durant mes expérimentations. J'ai appris en la regardant faire. J'ai dû apprendre à faire confiance… à laisser de la place à l'imprévu dans ma classe, à m'interroger sur ce qui me dérangeait, à préciser mes valeurs et à cheminer dans l'appropriation d'une approche qui m'a amenée à prêter attention à la façon d'apprendre de mes élèves.

Aujourd'hui, dans mon rôle de conseillère pédagogique et dans mes interventions auprès des enseignants ou intervenants, je considère important d'avoir des attitudes de respect, d'ouverture, d'aide et de soutien, qui m'ont sécurisée et donné confiance en moi lorsque je travaillais avec Lina.

Par la suite, alors que je découvrais au fil des mois le travail par projets avec mes élèves, j'ai eu besoin de porter un regard réflexif sur ma pratique et d'expliciter mon action pédagogique. Mon savoir d'expérience pratique n'était plus suffisant. Je devais pouvoir appuyer mes actions sur des bases théoriques afin d'aller plus loin et de comprendre les apprentissages qui se vivaient dans ma classe.

C'est à ce moment que Louise et Lucie sont entrées dans ma vie d'enseignante, répondant à mon souci d'approfondir ma pratique lors d'un ressourcement participatif. Nous étions un petit groupe de huit personnes volontaires, ouvertes aux points de vue et aux valeurs des autres et intéressées à confronter nos pratiques pour nous entraider à améliorer notre enseignement. Nous étions à la recherche d'approches novatrices qui impliquaient davantage l'élève dans la préparation et l'animation de la vie de la classe.

J'ai travaillé, avec l'aide de Louise et Lucie, à m'approprier un cadre théorique au regard des conceptions de l'apprentissage et à le comprendre dans l'action pour qu'il devienne mon cadre de référence lors de mon intervention auprès de mes élèves. Cette démarche a été des plus pertinentes dans mon cheminement professionnel. Je suis passée d'un enseignement intuitif à un enseignement qui m'a fait prêter attention à ma façon d'apprendre ainsi qu'à celle de mes élèves. J'avais dorénavant des mots pour expliciter mes actions et mes choix pédagogiques. La compréhension de mon agir m'apportait sécurité et confiance et m'amenait à expérimenter davantage.

Cela a été le début d'un long parcours de recherche sur l'acte d'apprendre, qui se poursuit encore aujourd'hui.

Louise et Lucie sont toujours présentes dans mon cheminement professionnel. Elles m'ont accompagnée dans la rédaction de mon premier livre et elles éclairent mon cheminement en me suggérant des pistes de développement qui m'orientent, me guident et m'aident à progresser dans ma pratique professionnelle.

Puis, dans mon parcours d'enseignante, il m'apparaissait nécessaire de poursuivre ma quête d'éléments théoriques et pratiques pouvant enrichir mon action pédagogique; c'est pourquoi je me suis inscrite, à l'été 2001, à un microprogramme de deuxième cycle portant sur l'apprentissage coopératif et complexe. Mes professeures, Martine et Cynthia, m'ont accompagnée pendant les cinq sessions de ce programme. Je reconnais que la création d'un lien de confiance, l'inscription de l'accompagnement dans le temps, l'observation et la rétroaction en classe ainsi que le maintien d'un réseau d'expertises ont été des éléments qui ont contribué au succès de ma démarche d'apprentissage de la coopération et qui m'ont permis d'enrichir ma gestion de classe.

De plus, durant ce programme intensif, j'ai rencontré des enseignants extraordinaires, avec qui je partageais beaucoup d'affinités sur le plan professionnel. Nous partagions le même questionnement et prenions plaisir à planifier, piloter et évaluer nos situations d'apprentissage ensemble. Cet encouragement mutuel, ce partage de nos ressources et ce soutien de mes collègues au quotidien m'ont fait comprendre la richesse de la coopération dans le cadre d'un cheminement professionnel. Le travail que nous réalisions en groupe ainsi que la confrontation de nos façons de faire et de nos points de vue m'ont aidée dans la construction de connaissances et de compétences utiles en enseignement.

Durant mes années d'enseignement, j'ai côtoyé des directeurs que je qualifie d'exceptionnels. Louise, Daniel, Suzanne et Bertrand ont eu une influence sur ma vie d'enseignante, et certains même sur ma vie personnelle. Ils ont tour à tour été des facilitateurs, qui m'ont permis de me dépasser en me soutenant au quotidien dans les projets que j'entreprenais. La confiance qu'ils m'ont témoignée, l'écoute dont j'ai bénéficié et le coup de pouce sur lequel j'ai toujours pu compter ont grandement contribué à mon développement professionnel au cours de mes 15 années passées en classe.

Je considère que le rôle d'un directeur d'école est capital pour soutenir les enseignants. Pour expérimenter et innover, pour évoluer dans nos modèles d'action, il nous faut sa confiance et son appui. L'enseignant qui se risque à pratiquer des changements dans sa classe a besoin de se sentir compris et encouragé. Je reconnais que j'ai eu cette chance de bénéficier d'un accompagnement qui m'a permis d'évoluer dans ma pratique d'enseignante professionnelle.

Le passage d'enseignante accompagnée à celui d'accompagnatrice d'enseignants

J'ai évolué dans ma carrière d'enseignante, bien accompagnée par des intervenants qui m'ont permis d'expérimenter et de consolider un certain nombre de pratiques nouvelles sans être trop déstabilisée. J'ai aussi eu la possibilité de former et d'accompagner des enseignants du primaire et du secondaire, à partir de besoins variés et sur des sujets portant sur l'apprentissage, le *Programme de formation de l'école québécoise* et les différentes approches en éducation.

J'ai découvert le rôle de formatrice en regardant évoluer mes mentors au fil des ans et en donnant à mon tour des formations occasionnelles dans différents milieux scolaires. J'étais fière de moi lorsque ces formations se déroulaient avec succès et que j'accomplissais les mandats qu'on m'avait confiés. Ce soutien que j'apportais aux enseignants dans leur cheminement m'a amenée à réfléchir davantage à la façon de concevoir l'accompagnement dans le contexte de mon rôle de conseillère pédagogique.

Au cours des derniers mois, j'ai découvert toute la complexité de ma nouvelle profession. *Il faut être soi-même compétent pour aider les enseignants à accroître leurs compétences.* Mais où apprend-on à devenir une conseillère pédagogique compétente ? Diverses questions animent ma réflexion.

- Comment puis-je répondre aux besoins diversifiés des enseignants ?
- Quel rôle dois-je jouer au regard de leur processus d'apprentissage ?
- Comment susciter la réflexion des enseignants sur leur pratique ?

Je constate que j'ai besoin d'approfondir davantage les pratiques et les attitudes nouvelles que je veux mettre en place pour favoriser l'émergence d'un véritable processus d'accompagnement.

Pour cela, j'ai décidé de poursuivre mes études de deuxième cycle pour consolider les concepts et fondements au regard de l'accompagnement, pour expérimenter et maîtriser de nouvelles façons de faire afin de poursuivre le développement de mes compétences professionnelles.

J'amorce maintenant une démarche introspective car, comme le soulignent certains auteurs en parlant de la personne accompagnatrice, « il importe qu'elle se connaisse et qu'elle puisse nommer ses forces et reconnaître les aspects à améliorer. On peut dire qu'il est nécessaire qu'elle ait pris conscience de ses compétences et de ses limites[1] ».

Pour franchir cette nouvelle étape, j'ai besoin d'être accompagnée par des personnes attentives qui m'aident à poursuivre mon cheminement. Des intervenants universitaires, entre autres Richard, m'aident à me fixer des défis personnels et alimentent ma réflexion en me suggérant des approfondissements conceptuels et théoriques qui me font découvrir des sentiers méconnus. En m'écoutant, en confrontant mes perceptions au regard de ma démarche d'accompagnatrice, je m'approprie des savoir-faire particuliers à mon rôle de conseillère pédagogique.

Au contact de Marie-Hélène, ma directrice d'essai, et de nombreux collègues conseillers pédagogiques, je découvre peu à peu les aptitudes et attitudes requises pour bien accomplir mon rôle de soutien auprès des enseignants. Leur expertise dans mon champ de recherche est précieuse et me guide vers une meilleure consolidation de mon identité professionnelle.

Je sais maintenant que l'accompagnement implique un engagement de la part de l'apprenant et que l'on ne peut s'improviser accompagnatrice auprès des gens. La transformation des pratiques, bien qu'elle soit souhaitée actuellement par le changement de paradigme qu'amène le renouveau pédagogique, *ne peut venir que de l'intérieur.*

Je crois donc que, pour accompagner, il faut prendre le temps de créer une relation de confiance avec les enseignants et accepter d'investir *notre personne.* De plus, il est important d'avoir recours à la médiation pour favoriser la réflexion métacognitive des personnes que l'on accompagne au regard de leur pratique. Cela suppose de développer de nouvelles attitudes : savoir écouter, faire preuve de souplesse, s'abstenir de juger, questionner, respecter les rythmes et styles des enseignants, motiver le groupe, encourager, observer, donner de la rétroaction, communiquer efficacement, analyser les actions, être présente, reformuler les propos…

Je peux témoigner des bienfaits que j'ai retirés des moments de pratique réflexive collective durant mon parcours professionnel. C'est pourquoi je considère importants le dialogue et l'échange avec les pairs et suis attentive à laisser une place au partage des savoirs pédagogiques entre les enseignants lors de mon accompagnement.

Les besoins en éducation sont nombreux et les enseignants sont appelés à se former de façon continue. Il ne faut pas perdre de vue l'individu et l'unicité de chacun au regard de sa façon de penser et d'agir. J'aimerais que chaque enseignant puisse bénéficier d'un modèle d'accompagnement qui l'aide à progresser pendant toute sa carrière et je m'engage dans le développement d'une démarche d'accompagnement en ce sens durant mes prochaines années de travail.

Je terminerai ce texte par une allégorie qui situe bien comment je perçois mon rôle et la vision que j'ai de l'accompagnement à ce jour.

---

1 L. Lafortune et D. Martin, « L'accompagnement : processus de coconstruction et culture pédagogique », dans *L'accompagnement en éducation, Un soutien au renouvellement des pratiques,* sous la direction de M. L'Hostie et L.P. Boucher, Les Presses de l'Université du Québec, Sainte-Foy, 2004, p. 59.

Sur la plage, à l'aube, un vieil homme voit un jeune homme qui ramasse des étoiles de mer et les rejette à l'eau.
– Pourquoi cet étrange manège ?
– Les étoiles échouées mourront si on les laisse exposées au grand soleil du matin.
– Mais la plage s'étend sur des kilomètres, il y a des milliers d'étoiles de mer. Je ne vois pas très bien ce que cela change.
Le jeune homme regarde alors celle qu'il tient au creux de sa main, puis la lance dans les vagues.
– Pour celle-ci, en tout cas, ça change tout ![2]

Accompagner des enseignants au secondaire

par Céline Paquet

J'ai enseigné au primaire, en Ontario et au Québec, pendant une dizaine d'années. Le quotidien auprès de mes élèves m'a amenée à réaliser que, malgré leur jeune âge, ils avaient tous un bagage de connaissances et d'expériences important. Ma classe était d'une richesse incroyable, mais j'avais du mal à l'exploiter pleinement. Ces petits êtres avaient tous des talents parfois insoupçonnés de part et d'autre et je voulais les amener à les développer. Régulièrement, les commentaires qu'ils émettaient sur le monde qui les entoure témoignaient de leurs réflexions, de leurs questionnements, de leur curiosité et de leur désir de comprendre. Tranquillement, au fil des ans, avec le soutien de certaines personnes au sein de la communauté éducative (enseignants, chercheurs, conseillers pédagogiques, membres de la direction, etc.), j'ai appris à laisser une plus grande place aux intérêts, aux passions, aux préoccupations et aux questionnements de mes élèves. Plus je leur laissais de place, plus je les observais s'engager dans la vie de notre classe. Ils prenaient des initiatives, acquéraient des habiletés, négociaient le fonctionnement et l'organisation de la classe, confrontaient leurs idées et exprimaient leurs insatisfactions et leurs joies. Ils devenaient responsables avec moi de ce qui se passait dans notre classe.

Cette métamorphose de mon enseignement ne s'est pas faite sans heurts ni sans plusieurs remises en question de mes compétences à enseigner, de mes valeurs, de mes croyances, de mes conceptions de l'apprentissage et de l'enseignement. Si le statut des élèves changeait dans la classe, mon rôle auprès d'eux changeait aussi. Je n'étais plus la seule à décider, à diriger, à planifier et à organiser. Je réalisais que mes intérêts n'étaient pas nécessairement les leurs et vice versa. J'écoutais et j'observais davantage que je parlais. En fait, je devenais un guide pour eux et les accompagnais dans les multiples chemins que prenait leur parcours scolaire. Dans les moments difficiles et décourageants, j'essayais de leur offrir un soutien en leur faisant découvrir de nouveaux outils (connaissances, stratégies, ressources), en leur faisant réaliser le chemin parcouru et les défis surmontés, souvent à partir des traces que l'on gardait. Parfois ce n'était pas suffisant, alors je me disais que le simple fait d'être là et de continuer de croire en eux ferait éventuellement une différence. Aujourd'hui, lorsque j'ai la chance d'en croiser quelques-uns dans

2 J. Canfield et M.-C. Hansen, *Un premier bouillon de poulet pour l'âme*, Montréal, Éditions sciences et culture, 1997, p. 36.

mon quartier, qui me reconnaissent et me disent les yeux brillants avec le sourire : « Avec toi, j'ai appris à..., tu m'as donné le goût de..., te souviens-tu quand on a voulu l'aquarium, les ordis en classe, faire une pièce de théâtre, etc. », j'en conclus que les efforts investis dans mon développement professionnel ont porté des fruits.

La satisfaction et le plaisir de voir les élèves grandir et s'épanouir m'ont donné envie de partager mes expériences d'accompagner des élèves avec d'autres enseignants et ainsi toucher un plus grand nombre d'élèves. Aujourd'hui, je travaille comme conseillère pédagogique dans une école secondaire de la Commission scolaire de la Pointe-de-l'Île. Mon école, en milieu défavorisé, accueille environ 2000 élèves, de la première à la cinquième secondaire, dans les différents parcours de formation générale, en adaptation scolaire et en intégration linguistique et scolaire. En tant que conseillère pédagogique généraliste, je travaille à la formation et à l'accompagnement des enseignants et du directeur en vue de favoriser l'autonomie et développer l'expertise de l'équipe-école pour la réussite de tous les élèves.

Le contexte lié à l'accompagnement

Pour répondre aux multiples besoins des élèves, notre projet éducatif vise le développement pédagogique des membres de la communauté éducative par l'entremise de la formation continue. Le but poursuivi est la modification et l'adaptation des pratiques professionnelles pour favoriser un transfert des apprentissages, tant de la part des enseignants que des élèves. Le modèle privilégié consiste à vivre des formations et à offrir des accompagnements pour soutenir les personnes impliquées dans des expérimentations, selon leurs sphères de pratique. Suivant ce modèle de formation-accompagnement, diverses approches pédagogiques sont utilisées : enseignement stratégique, pédagogie par projets, approche coopérative, par ateliers, intelligences multiples. Un soutien est aussi offert aux enseignants afin qu'ils acquièrent des habiletés menant à l'établissement et au maintien d'un climat de classe favorisant l'apprentissage des élèves. Des formations et de l'accompagnement sont aussi disponibles pour les différentes équipes, pour l'appropriation et la mise en œuvre du *Programme de formation de l'école québécoise* dans l'école.

Pour soutenir efficacement le milieu, je collabore avec une équipe dynamique d'enseignants qui ont une fonction de relais dans les différents secteurs de l'école. Ainsi, nous travaillons au développement de l'expertise et de l'autonomie du milieu. Selon leur champ d'intervention, les membres de l'équipe relais assument des rôles et des mandats différents. Certains ont des responsabilités au sein du secteur de l'adaptation, d'autres animent des formations, en tenant compte des cadres théoriques des diverses approches, mais aussi des caractéristiques propres à notre école. Certains accompagnent individuellement ou en équipe des enseignants de l'école qui font des formations, qui implantent le renouveau pédagogique ou qui désirent faire des expérimentations en classe et souhaitent un soutien. Enfin, nous avons aussi un rôle d'influence sur les différentes instances pédagogiques de l'école et de la commission scolaire.

À la recherche d'un cadre d'accompagnement

Quelques membres de l'équipe relais, dont les accompagnateurs à l'enseignement stratégique et l'enseignante-ressource en gestion de classe, ont souhaité se pencher avec moi sur la dimension de l'accompagnement. Nous avons voulu trouver une vision partagée de la compétence à accompagner pour mieux orienter nos actions. La démarche a été amorcée avec l'équipe des conseillers pédagogiques de la commission scolaire. Nous nous sommes donné, par l'entremise de l'enseignement stratégique, une démarche d'accompagnement qui s'apparente à celle des trois temps de l'apprentissage-enseignement : préparation, réalisation, intégration. Nous ajoutons un temps de planification de nos actions et un temps de retour pour réguler nos actions, en vue d'ajuster ce qui a à l'être et de déterminer les éléments qui ont favorisé notre cheminement et notre évolution. Ensuite, l'équipe relais de l'école poursuit la réflexion, pour donner sa couleur à la démarche entreprise. Nous voulons construire un cadre d'accompagnement qui s'appuie sur les valeurs de notre milieu, sur nos expériences et sur un regard éclairé sur notre école, en tenant compte du projet éducatif, du plan de réussite, des personnes qui la fréquentent et y travaillent. Puisque ce cadre émerge de nos questionnements, de nos préoccupations et des besoins du milieu, il est en ajustement continuel.

Notre intention est d'accompagner l'enseignant dans son cheminement réflexif sur sa pratique. Pour ce faire, nous avons proposé cinq composantes importantes et des moyens pour les actualiser. D'abord, nous considérons la personne enseignante dans toutes ses dimensions : affective, sociale et cognitive. Notre pratique d'accompagnement tient compte de sa culture comme de son cheminement professionnel et personnel afin de connaître ses ressources internes et de mieux la guider dans son cheminement. Aussi, en deuxième lieu, nous veillons à instaurer un climat protégé en assurant la confidentialité des échanges et en dosant les déséquilibres cognitifs, afin de maintenir la personne en progression dans son cheminement. Troisièmement, pour apporter un changement, nous voulons partir des besoins des personnes accompagnées, alors nous travaillons à faire exprimer les besoins, à les décoder et à les valider. Ensuite, nous ciblons nos champs d'intervention afin d'assurer un service efficace et de faire des choix éclairés. Afin d'actualiser nos accompagnements, nous croyons à l'importance de mettre en place les conditions qui favoriseront l'engagement, ce qui constitue la quatrième composante. Si nos attitudes d'accompagnement sont importantes, une vision systémique permettant à tous d'actualiser leurs compétences et la mise en place de mesures soutenant l'action sont aussi essentielles. Nous voulons créer des occasions qui permettent à l'enseignant de nommer sa pratique et d'enrichir son langage professionnel. Pour ce faire, le partage expérientiel entre collègues est souhaitable, car il permet de définir les apprentissages et de créer des alliances intersectorielles. Enfin, les moments de bilan et de rétrospective sont importants pour évaluer nos actions, se réguler et évoluer. Ce sont des occasions pour nous de garder des traces du cheminement vécu qui soient des exemples des réinvestissements des apprentissages dans la pratique.

Ainsi, nos accompagnements visent à soutenir et à guider le développement des compétences professionnelles dans la pratique réflexive chez l'enseignant, dans le respect de la personne et de son cheminement, tout en reconnaissant ses savoirs et ses expériences professionnelles. Pour nous, la pratique réflexive est un savoir-agir qui implique d'être en mesure d'expliquer la démarche vécue et la pertinence des ressources mobilisées. C'est être capable d'expliquer et de justifier le pourquoi, le quand et le comment de nos actes d'enseignement. Puisque nous visons un développement professionnel réflexif, nous travaillons dans une perspective de régulation et de métacognition afin d'amener les enseignants à mettre en relation la pratique, les actions et la théorie.

La figure suivante représente notre synthèse des différents éléments d'apprentissage travaillés lors de nos rencontres d'accompagnement avec Louise Capra.

Figure 6.1 Une synthèse des différents éléments d'apprentissage travaillés

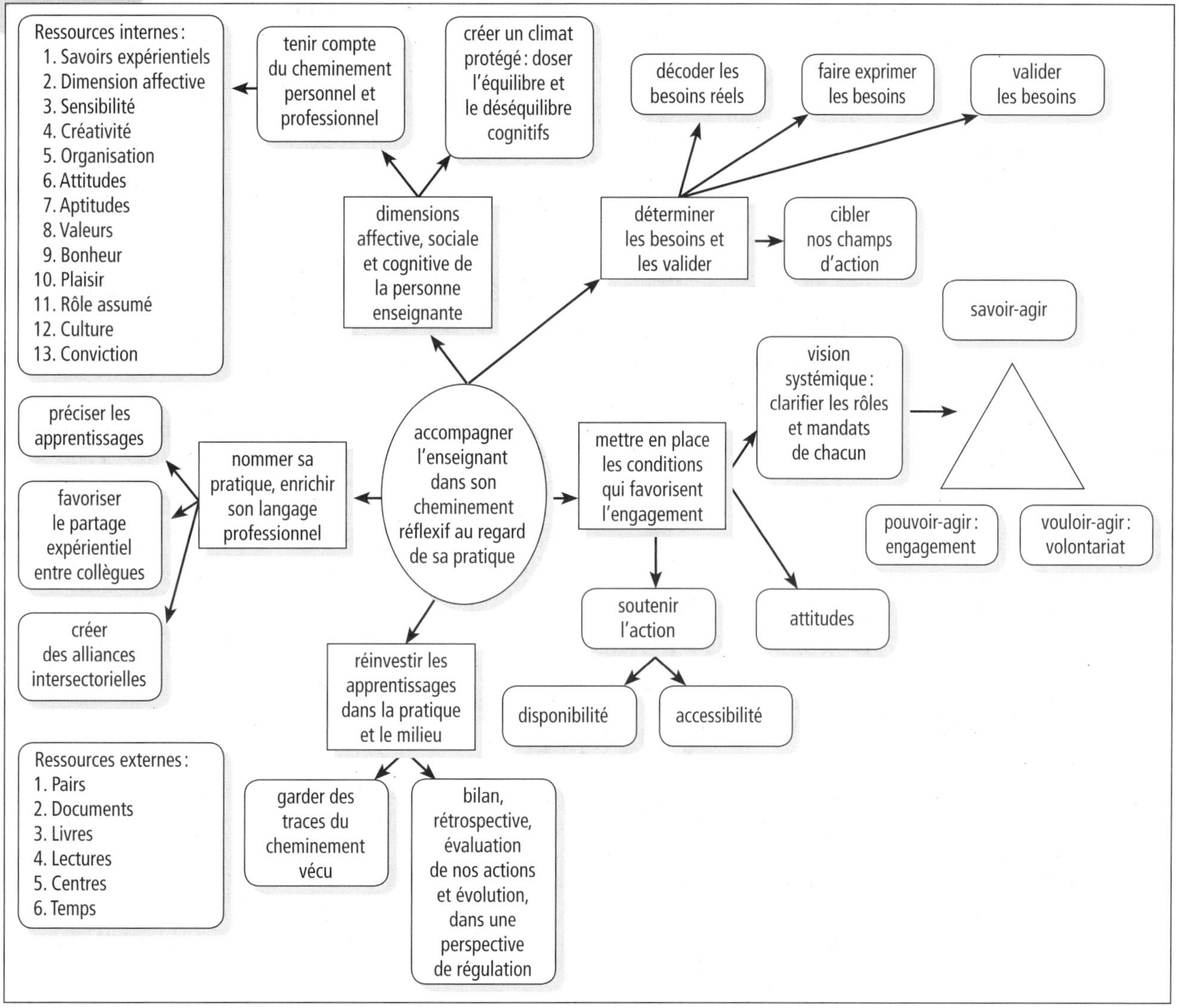

Des facteurs qui facilitent l'accompagnement

L'actualisation de cette conception de l'accompagnement a ses exigences et s'appuie sur des valeurs fondamentales. Dans un premier temps, je présente les défis auxquels l'équipe relais et moi-même avons été confrontées lors de notre travail dans notre milieu. Pour relever ces défis, nous avons valorisé certaines attitudes et mis en place certaines stratégies qui se sont avérées utiles et pertinentes pour favoriser l'engagement du milieu. Enfin, accompagner constitue une expérience enrichissante pour moi. Je conclus en soulignant quels sont les apprentissages que j'ai réalisés en cours de route et qui ont contribué au développement de ma croissance professionnelle.

Des défis à prendre en compte

La formation et l'accompagnement nous amènent à vivre un processus de changement qui soulève quelques défis. Ils suscitent l'adaptation de certaines pratiques, voire la rupture avec certaines d'entre elles. À certains moments, le processus peut être douloureux, déstabilisant et insécurisant pour les différents acteurs. Bien souvent, ceux-ci ressentent de la confusion, de la fatigue, un sentiment d'incompétence et de la frustration ; « Pourtant, j'étais bon, j'étais capable avant ! » Le défi est d'autant plus grand que nous travaillons avec des adultes qui ont des capacités d'autoformation et beaucoup d'expérience sur le terrain, mais qui n'ont pas toujours le temps ni le goût de lire sur la pédagogie. Certains souhaitent connaître la réponse tout de suite et n'acceptent pas facilement d'expérimenter ou de s'inscrire dans une démarche, dans un processus. S'il s'avère important de reconnaître les expériences des enseignants et de les valoriser, il importe aussi de les amener à les dépasser et à les ajuster pour mieux répondre aux exigences du contexte dans lequel on vit. Développer l'habileté à s'interroger est un art. Poser les questions qui susciteront la réflexion, confronteront des idées et des incohérences, mais permettront de cheminer tout en rassurant, sécurisant et maintenant l'ouverture et le dialogue est un défi. Susciter et maintenir l'engagement des gens dans leurs processus d'apprentissage et de changement nécessite la mise en place de certaines conditions, tant de la part des accompagnateurs et des formateurs que des directeurs. Il est parfois difficile de partir des besoins des enseignants, car les besoins exprimés ne correspondent pas toujours aux besoins réels et peuvent être éloignés de nos intentions et de nos mandats.

Des attitudes à privilégier

Certaines attitudes sont déterminantes pour favoriser la collaboration entre l'accompagnateur et l'enseignant et établir le dialogue. Elles font partie des conditions qui favorisent l'engagement. L'empathie est nécessaire pour être sensible aux processus vécus par l'enseignant. L'ouverture et l'écoute permettent d'accueillir l'enseignant avec ses forces, ses limites, ses défis et ses préoccupations. L'humilité est alors indispensable car, si on a parcouru un bout de chemin, il n'est ni meilleur ni pire mais simplement différent de celui qu'on accompagne. D'autant qu'il est possible que nous n'ayons pas toutes les réponses et que nos solutions ne conviennent pas à l'autre, d'où l'importance d'un questionnement adéquat. Il faut aussi de la tolérance et de la patience pour accepter les incohérences qui peuvent exister entre les gestes et la parole, et pour laisser le temps aux processus de faire leur œuvre. Il est nécessaire d'avoir confiance en le fait que nous possédons les ressources nécessaires pour relever les défis et surmonter les obstacles. Souvent, l'humour allège le quotidien et dédramatise bien des situations.

Des stratégies à exploiter

De plus, certaines stratégies ont aidé au développement de nos compétences en tant qu'accompagnateurs, notamment la collaboration professionnelle. Nous avons trouvé approprié de pouvoir adopter les deux postures, soit à certains moments être accompagné, en formation par exemple, soit accompagner régulièrement des gens de notre milieu. Le fait de vivre des formations et des moments de réflexion sur l'accompagnement a permis de confronter nos conceptions et nos manières de faire pour enrichir notre répertoire d'actions. Le travail en équipe a favorisé le partage des expériences, les bons coups comme les moins bons. Le soutien et la régulation que nous nous apportons permettent de surmonter les défis et de consolider les liens. Le développement d'un cadre commun qui balise, guide et soutient notre pratique d'accompagnement assure la cohérence de nos décisions et de nos actions, peu importent nos rôles (directeur, enseignant, conseiller pédagogique, etc.) et nos secteurs d'intervention. Il permet aussi d'avoir une certaine rigueur dans nos interventions, en nous dotant de certains mécanismes pour conserver des traces, évaluer notre démarche et apprécier le chemin parcouru.

Le fait de clarifier nos intentions et nos cibles permet de bien planifier nos actions, nous aide à garder le cap et assure la cohérence entre nos décisions et nos actions. L'appui de la commission scolaire et des directeurs d'écoles est nécessaire pour mettre en place les conditions structurelles et organisationnelles assurant les formations et les accompagnements. Par exemple, des temps de libération et certaines journées pédagogiques permettent aux diverses équipes de l'école de vivre les formations et l'accompagnement selon leurs besoins et leurs disponibilités. Aussi, le service pédagogique de la commission scolaire prévoit des moments dans l'année qui permettent aux différents milieux de réguler leurs actions. Il offre un soutien financier, une aide d'accompagnement et de formation auprès des conseillers pédagogiques, des enseignants et des directeurs d'école. Cette structure systémique assure une plus grande diffusion dans les milieux, ainsi que des échanges et des réflexions qui soutiennent nos actions et nos ajustements.

Ma croissance professionnelle

Depuis trois ans, mon parcours en tant que conseillère pédagogique m'a amenée à réaliser que je favorise une nouvelle identité professionnelle, car je délaisse les souliers de l'enseignante pour chausser ceux d'un des acteurs des services complémentaires. Mon sentiment d'appartenance n'est plus seulement lié au corps enseignant. Mon équipe se compose de gens qui occupent des rôles et des fonctions divers. Ma vision dépasse celle de la classe, mais englobe l'école en tant qu'entité : du ministère de l'Éducation en passant par la commission scolaire, les directeurs d'école, les enseignants, les professionnels, les parents et surtout les élèves. J'établis de nouveaux cadres de référence, de nouvelles habiletés. Si j'étais à l'aise dans mon rôle d'enseignante, j'endosse actuellement de nouveaux mandats auprès du directeur et des enseignants. Tout comme les équipes que j'accompagne, je vis un processus de changement, ce qui vient avec son lot de déstabilisation, d'inconfort et d'incertitude… Parfois, je suis confrontée à des réactions émotives que j'attends de la part des élèves, mais qui me surprennent de la part des adultes. Contrairement à l'enfant, l'adulte livre moins ses satisfactions et ses joies, s'abandonne moins facilement à sa curiosité et à ses rêves. Même si mes intentions sont bonnes, il arrive que je heurte quelqu'un ou que je me trompe. Le questionnement et le doute m'habitent autant sinon plus qu'en salle de classe.

L'accompagnement reçu durant mon processus de changement me permet de poursuivre le développement de mes compétences professionnelles et de bien comprendre le fait que la relation humaine est au cœur du processus, qu'il faut du temps pour faire les adaptations nécessaires à l'émergence de nouvelles pratiques. Ces relations humaines sont teintées de nos valeurs, de nos expériences personnelles et professionnelles. C'est la rencontre d'au moins deux personnes. Chacun arrive avec un bagage personnel et professionnel, avec ses visions, ses croyances, ses attentes, ses intentions et ses appréhensions.

Dans ce contexte, le respect de soi et de l'autre est essentiel. Chacun doit se sentir libre de ses choix et libre de vivre le processus à son rythme. En ce sens, Perrenoud[3] soulève le fait que l'un des principaux défis de l'accompagnement est de trouver l'équilibre entre la volonté de faire changer l'autre – pour son bien – tout en ne le dépossédant pas de son identité et de sa liberté. Je réalise qu'en tant qu'accompagnatrice, il faut bien se connaître pour s'ancrer dans nos valeurs et nos croyances, afin d'obtenir une sécurité personnelle et professionnelle. En connaissant mes limites personnelles, je suis en mesure de distinguer ce qui est négociable de ce qui ne l'est pas. Si je ne veux pas brimer l'autre, je dois aussi respecter mon cheminement. Reconnaître mes limites, c'est être en mesure de diriger l'autre vers des ressources qui sont plus adéquates, pour répondre aux besoins véritables de la personne accompagnée.

Je comprends qu'accompagner est d'abord un travail sur soi, sur ses perceptions, ses attentes, ses exigences envers soi-même, mais aussi envers le milieu. Dans ce processus, nous sommes interpellés à changer, à négocier et à évoluer. Pour être en mesure d'accompagner efficacement et adéquatement, j'ai compris l'importance d'être en état « ressource », c'est-à-dire laisser temporairement mon « je » pour comprendre l'autre et lui permettre de prendre sa place. Les accompagnements les plus enrichissants que j'ai vécus sont ceux qui prennent la couleur du « nous », c'est-à-dire où il y a négociation entre les intentions de chacun pour créer un projet et une synergie propre à l'équipe. Lorsque la collaboration s'établit, chacun en ressort grandi et épanoui.

Ce témoignage étant le fruit d'un travail d'équipe, je tiens à remercier toutes les personnes qui ont nourri et enrichi mes réflexions et mes actions en tant que conseillère pédagogique, particulièrement l'équipe relais, les enseignants et le directeur de l'école secondaire que j'ai la chance d'accompagner, ainsi que l'équipe de conseillers pédagogiques de la Commission scolaire de la Pointe-de-l'Île.

3 P. Perrenoud, « Dix défis pour les formateurs d'enseignants », intervention dans le cadre de la journée *Quelle formation pour les enseignants d'aujourd'hui*, MAFPEN & IUFM de l'Académie de Nice, 1998.

Une réflexion portant sur l'expérience d'accompagnement d'un groupe d'intervenants

par Anne Paradis

Le contexte de l'accompagnement

En février 2004, je décidais de plonger dans une expérience d'accompagnement auprès d'un groupe dont je venais d'assumer la coordination. C'est évidemment avec un peu de vertige quant au contenu de cet accompagnement, mais en faisant confiance à mon expérience et mes compétences d'animatrice, que je me suis engagée dans cette aventure.

Nouvellement responsable du dossier des élèves présentant des difficultés langagières à la direction de l'adaptation scolaire du ministère de l'Éducation, du Loisir et du Sport, j'avais à animer le groupe des personnes-ressources des services régionaux de soutien et d'expertise. Créés en 2001, ces services, à l'intention des élèves présentant une difficulté ou une déficience langagière, sont répartis dans toutes les régions du Québec. Le groupe est constitué de 14 professionnelles aux formations diverses : orthopédagogie, orthophonie, psychoéducation, psychologie. Le principal mandat de ces personnes-ressources est de soutenir les milieux scolaires en proposant de la formation au personnel qui intervient auprès des élèves en difficulté ou handicapés. Un volet de leur mandat consiste aussi à faire de la recherche et du développement et à se tenir informées des connaissances nouvelles dans leur domaine afin de maintenir un haut niveau d'expertise.

J'avais donc devant moi un groupe en formation qui avait vécu certaines difficultés – un ajustement normal fait par les autres équipes à leurs premières années d'existence – et qui était en recherche d'équilibre. Lors de cette première rencontre nationale, dans le cadre de la planification des thèmes des rencontres suivantes, les membres du groupe devaient préciser leurs besoins.

Elles se sont rapidement entendues sur un besoin urgent : réfléchir à leurs pratiques d'accompagnement des milieux. En effet, les besoins quant aux différents contenus touchant l'intervention étant illimités, chacune élaborait alors des formations sur de multiples thèmes. Cependant, elles s'interrogeaient sur le faible impact de leurs interventions, d'où la nécessité de procéder à l'analyse de leurs pratiques d'accompagnement, de se doter d'une vision claire de leur rôle et de préciser le type d'accompagnement le plus efficace à adopter, afin de contribuer significativement au développement de l'expertise des milieux scolaires.

Afin de réaliser ce projet, une première suggestion a consisté à faire cette expérience de réflexion avec une ressource extérieure au groupe. J'ai alors, presque instinctivement, proposé autre chose : je pouvais, pour autant que les objectifs soient clairs, les accompagner moi-même dans cette réflexion. Il s'agissait d'une décision importante, car je tenais à m'engager auprès de cette équipe. Je ne me serais pas sentie à l'aise de confier le groupe à quelqu'un d'autre et d'agir, en quelque sorte, en spectatrice. Cette équipe, qui me connaissait depuis peu, a accepté de me faire confiance et nous avons donc plongé ensemble dans cette aventure.

Finalement, je tiens à souligner une dernière particularité de cette expérience d'accompagnement, dont l'objet était le concept d'accompagnement. D'une part, par la mise en œuvre de mes habiletés d'animatrice, j'ai pu jouer un rôle de modèle au profit du groupe ; d'autre part, cette expérience m'a enrichie en me permettant de prendre conscience de mes propres pratiques d'accompagnement et de les nommer. À cet égard, j'ai moi-même été accompagnée par Louise Capra lors de rencontres réflexives ayant pour but d'analyser mes actions et mes interventions, de m'habiliter à préparer et à animer des rencontres axées sur le développement professionnel des personnes-ressources et à établir progressivement mon référentiel d'accompagnement.

Comment cette démarche d'accompagnement a-t-elle été vécue par le groupe ?

La **première étape** de la démarche consistait à en préciser les objectifs et à en planifier le déroulement. Au moment de prendre la décision de s'engager dans cette réflexion, le groupe avait formulé un cadre général de travail.

Avec les membres d'un comité formé pour la circonstance, des objectifs plus précis ont ensuite été formulés, définissant du même coup la planification de la démarche.

- Réaliser un état de la situation : connaître nos différentes pratiques d'accompagnement et en faire une synthèse.
- S'approprier un cadre théorique : connaître les caractéristiques des pratiques d'accompagnement efficaces qui ont été validées par la recherche.
- Élaborer notre vision commune et intégrée de l'accompagnement : à la lumière de nos pratiques actuelles et des connaissances apportées par les chercheurs, définir notre vision commune des pratiques d'accompagnement efficaces.
- Se doter d'un plan d'action pour concrétiser notre vision de l'accompagnement.

Afin de faciliter les échanges sur l'état de la situation des pratiques d'accompagnement, les membres du comité ont suggéré quatre questions que le groupe a reçues à l'avance.

- Quels sont les buts visés par notre accompagnement ? Quel en est le *pourquoi* ?
- *Qui* bénéficie de notre accompagnement ?
- Quel est le contenu de notre accompagnement ? De *quoi* s'agit-il ?
- Quels types d'activités, de modalités, d'orientations et de processus proposons-nous ? Quel en est le *comment* ?

La **deuxième étape** de la démarche consistait en une mise en commun au cours de laquelle chacune présentait sa pratique professionnelle. Cet échange visait à dégager une synthèse portant sur les valeurs communes, les pistes de succès, les conditions de réussite déjà observées ainsi que les questionnements du groupe au regard des pratiques d'accompagnement actuelles.

Cette expérience n'a pas été banale : exposer ses pratiques, c'est se mettre en situation de vulnérabilité. C'était la première fois que ce sujet était abordé aussi directement et formellement. Certaines membres du groupe se sont alors retrouvées en déséquilibre, faisant – malgré le climat d'ouverture et de respect – d'inévitables comparaisons avec les pratiques des autres. J'ai assuré un suivi auprès de chacune, afin de faciliter leur participation à la suite de la démarche. À partir de la synthèse réalisée par le groupe, j'ai défini les éléments d'un schéma de travail autour du thème de l'accompagnement avec l'aide de Louise Capra (*voir la figure ci-dessous*).

Un choix de concepts clés au regard des recherches portant sur l'accompagnement a été retenu afin d'alimenter la réflexion du groupe. Des pistes d'animation favorisant l'engagement et la participation du groupe ont aussi été établies au cours de cet entretien.

Figure 6.2 Un shéma de travail autour du thème de l'accompagnement

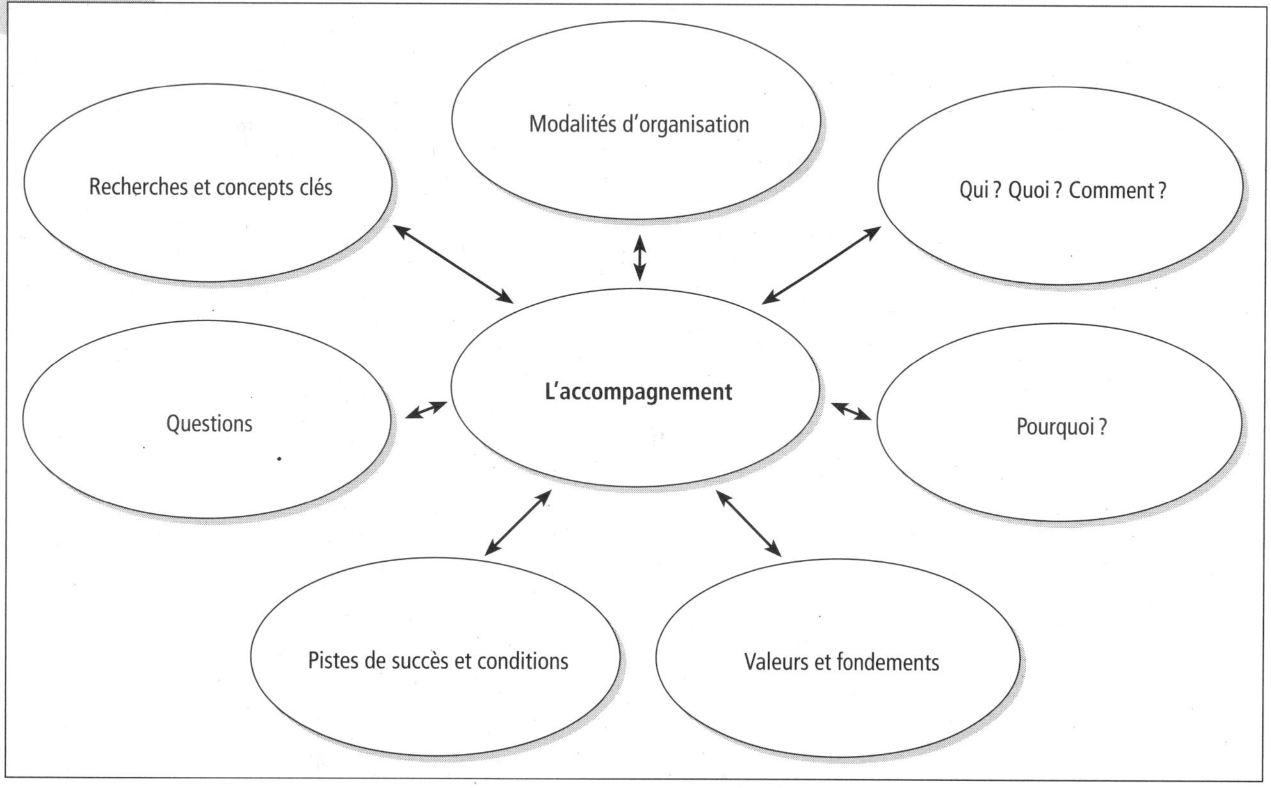

La **troisième étape** de travail consistait à valider avec le groupe la synthèse des échanges faisant état de leurs différentes pratiques d'accompagnement. À partir du schéma de travail, nous avons alors convenu des objectifs et du processus. Cette entente sur la démarche d'ensemble me semblait essentielle dans le cadre d'une approche socioconstructiviste, notamment pour rassurer et motiver les membres du groupe en cours de route, mais aussi pour m'aider à structurer et planifier les rencontres de manière à répondre aux attentes du groupe. C'est donc à partir de ce cadre que, régulièrement, j'ai fait le point pour constater ce qui avait été fait, ce qu'il restait à faire et, si nécessaire, proposer des ajustements.

La rencontre s'est poursuivie par la présentation d'un certain nombre de concepts concernant les caractéristiques des pratiques d'accompagnement efficaces validées par la recherche. Le groupe a alors suggéré certains éléments supplémentaires et nous avons convenu de nos points de repère théoriques. Un premier constat a alors été fait : ces concepts présentent une forte cohérence avec ceux du *Programme de formation de l'école québécoise,* notamment en ce qui a trait aux notions d'apprentissage et de compétence.

Puis, une période de travail d'équipe a été proposée à partir des questions suivantes : Quelles pratiques d'accompagnement veut-on privilégier ? Quelle définition avons-nous de l'accompagnement ? Quels sont les fondements et valeurs à privilégier dans notre accompagnement ? Finalement, par un schéma intégrateur, les équipes ont été invitées à proposer une représentation graphique illustrant les concepts retenus.

Les membres du groupe ont alors pris conscience de toute l'ampleur de l'aventure dans laquelle elles s'étaient lancées. La page semblait bien blanche à plusieurs d'entre elles. *On fait un casse-tête et je n'ai pas le dessus de la boîte pour me guider !* Mais chaque équipe, avec sa personnalité propre, n'a pas tardé à s'enflammer et à créer son modèle, qui a été présenté au groupe à la fin de cette trop courte journée, qui s'est terminée dans l'enthousiasme et l'émerveillement devant tant de trouvailles et d'apprentissages.

À la suite de cette rencontre, un nouvel entretien avec Louise Capra a porté sur l'analyse des productions du groupe. Une très grande richesse s'en dégageait sur le plan du contenu, ainsi qu'une complémentarité entre les travaux de chaque équipe. Des éléments symboliques forts émergeaient, comme l'image des « allumeuses de feu » pour faire contrepoids aux demandes parfois urgentes des milieux visant à « éteindre des feux ». Puis, nous avons littéralement déconstruit chacun des trois modèles présentés afin d'en faire ressortir tous les éléments et de les regrouper sous divers thèmes.

La **quatrième étape** consistait à permettre à chaque équipe de reprendre son modèle et de le revoir en y intégrant les pièces des autres équipes. Au départ, j'ai pris le temps de mettre en évidence la richesse qui se dégageait des travaux des équipes. Avec le recul, ce regard a été des plus encourageants pour le groupe, qui ne pensait pas être allé si loin.

Lors de la rencontre suivante, nous avons réalisé la **cinquième étape** de la démarche, en convenant de plusieurs éléments d'un modèle commun de l'accompagnement. J'ai débuté les travaux en discutant des changements que les membres du groupe observaient dans leurs pratiques d'accompagnement depuis le début de notre démarche de réflexion. Cet échange a mis en lumière divers aspects : les membres du groupe se questionnaient sur leurs pratiques, s'observaient davantage qu'auparavant et introduisaient même déjà certains changements à leurs façons de faire. Néanmoins, un certain déséquilibre était ressenti entre le « modèle idéal » que nous sommes à inventer et la réalité de leurs pratiques, notamment en ce qui concerne les demandes des milieux ou, même, les pratiques de leurs collègues et de leurs collaborateurs des commissions scolaires. Elles reconnaissaient que leur proposition de modèle d'accompagnement était innovatrice et représentait un changement de culture pour la majorité des milieux. Toutefois, certaines pratiques des milieux étaient davantage cohérentes avec la vision proposée. Toutes se sont dites d'accord avec cette vision, mais s'interrogeaient sur la façon de la concrétiser.

Puis, nous nous sommes à nouveau investies dans le travail de construction. J'ai d'abord validé le cadre des discussions : d'une part, la vision commune serait uniquement faite de ce qui fait consensus, d'autre part, malgré nos consensus, il y aurait toujours place pour les différences individuelles, l'originalité de chacune et les particularités régionales.

Cette rencontre a été marquée par l'expression d'une nouvelle maturité du groupe. En effet, j'ai alors observé beaucoup d'ouverture, de transparence et d'écoute. Le groupe s'est pris en main et a fait preuve d'un haut niveau de responsabilité et d'engagement. Les échanges ont principalement porté sur les éléments fondamentaux de leurs interventions, soit le langage et ses impacts sur la réussite éducative et le développement des jeunes. Le groupe a abordé ces aspects épistémologiques et éthiques avec une grande qualité de communication et une authentique empathie s'est installée entre les personnes. Ce difficile exercice de consensus a été réalisé en prenant en compte les processus cognitif et affectif de chacune, tout en maintenant une dynamique positive et constructive. « Malgré la difficulté de l'exercice, le climat a été positif », conclura l'une des membres du groupe lors du retour effectué sur la journée.

Dans un tel contexte, mon accompagnement consistait à assurer la médiation et la réinterprétation nécessaires pour faciliter les prises de décision et la réalisation des consensus, tout en maintenant une conformité avec les mandats qui m'avaient été confiés par le Ministère. J'étais extrêmement consciente qu'il n'était pas question de *mes* pratiques d'accompagnement mais des leurs. Et je dois avouer que j'ai pris un grand plaisir à observer le groupe évoluer de si belle manière, tant sur le plan du contenu des discussions que sur celui de la dynamique existant entre les personnes.

Avant la fin de la rencontre, j'ai pris le soin de remettre à chacune un document qui reflétait les consensus obtenus, afin que le groupe constate le progrès des travaux et puisse s'imprégner de la vision commune dégagée avant notre rencontre suivante.

Lors de la **sixième étape,** l'équipe avait à terminer les travaux en abordant la régulation de l'intervention. Pour lancer les discussions et appuyer les réflexions sur certains concepts, j'ai présenté différents cadres de référence sur l'évaluation utilisés dans des documents ministériels, en matière de gestion des ressources humaines ou d'évaluation des apprentissages. Cette présentation a soulevé de nombreuses questions et inquiétudes. Les membres du groupe prenaient une fois de plus conscience de la particularité de l'approche d'accompagnement retenue et de son caractère innovateur. Un sentiment de doute quant aux compétences en matière d'évaluation a alors été exprimé. Les membres résistaient à se mettre à la tâche pour définir les balises de la phase de régulation des pratiques. La situation était tellement nouée que j'ai dû prendre le temps de leur permettre de nommer leur inconfort et de décortiquer ces inquiétudes. Pour la première fois depuis le début des travaux, j'ai dû insister pour leur demander d'oser aller voir au-delà de leurs résistances. Elles ont finalement accepté de prendre le temps, en petites équipes, d'explorer le thème de la régulation des interventions.

Encore une fois, nous avons observé la richesse et la complémentarité des résultats de ces travaux pourtant entrepris en situation de grand inconfort. Le retour sur la journée a fait ressortir combien l'expérience de réflexion favorise une connaissance solide et approfondie du contenu. Leur conception de l'accompagnement a réellement été intégrée et c'est sur cette base qu'elles développent leur pensée en ce qui concerne la phase de régulation. Bref, elles ont convenu du fait qu'elles en savaient plus qu'elles ne le croyaient sur l'évaluation !

Puis, à la **septième étape,** pour faire suite aux travaux sur la phase de régulation, j'ai proposé une synthèse. De plus, après une relecture de l'ensemble du document, j'ai suggéré quelques précisions. J'envisageais cette rencontre comme la dernière étape.

Il se dégage de ces derniers travaux une sorte d'essoufflement. Nous nous sommes prises au piège de coller au contenu et de réviser les mots utilisés dans le document. Les membres du groupe exprimaient clairement leur besoin de conclure et d'arrêter de chercher « les bons mots ». Elles s'entendaient sur les concepts et les principes. N'était-ce pas le sens de toute cette démarche ? Elles voulaient passer à l'action et *vivre* cette approche d'accompagnement. Les travaux ont tout de même permis de dégager une nouvelle idée en ce qui concerne les *« phases » de l'accompagnement : il s'agit d'un processus circulaire, on y revient, on repart, on est en mouvement continu.* En ce qui concerne la régulation, nous avons convenu d'en faire une préoccupation continue qui devrait permettre d'ajuster les interventions au fur et à mesure, pour offrir aux milieux l'accompagnement le plus pertinent possible.

Je prends conscience des compétences sollicitées et des conditions qui favorisent un accompagnement efficace

Par cette expérience, j'ai pu observer ma propre approche d'accompagnement, qui s'inspire sans contredit de la conception socioconstructiviste de l'apprentissage : je recherche la participation active, l'expression de la créativité et l'appropriation personnelle des membres du groupe que j'accompagne. Une telle approche nécessite la maîtrise de certaines compétences qui reposent sur des valeurs, des connaissances, des attitudes et des savoir-faire précis.

Prêter attention aux demandes, exigences et attentes exprimées par le groupe. Prendre diverses perspectives en considération et tenir compte des points de vue, idées et positions des personnes impliquées dans une décision. Ces compétences supposent que je me dégage de mes propres objectifs et que je m'assure que le projet représente réellement la volonté du groupe. Toutefois, bien que le groupe soit responsable de préciser ses objectifs, je me dois de lui rappeler les contraintes inhérentes au contexte du projet. Un tel processus constitue la base sur laquelle l'engagement réciproque, le mien et celui des membres du groupe, s'établit. Des savoir-faire relatifs au questionnement par la médiation sont nécessaires pour que le groupe arrive à clarifier ses besoins. Des attitudes telles que la générosité, la souplesse et le détachement engagé sont également sollicitées.

Faciliter la participation, concilier les points de vue divergents, apaiser les situations tendues. S'adapter aux situations, personnes ou groupes variés. Comprendre les enjeux, le climat et la culture du groupe. Ces compétences me permettent de faire avancer les travaux du groupe dans un climat de confiance mutuelle. Il est important de faire ressentir aux personnes impliquées que, même si elles sont en processus de changement, toutes leurs actions n'ont pas à être modifiées. Au contraire, les nouveaux apprentissages doivent s'appuyer sur les pratiques qu'elles jugent efficaces et solides. La reconnaissance de l'expertise du groupe est donc une attitude essentielle. De plus, pour faciliter la participation de tous, il importe de créer un climat respectueux et exempt de jugement de valeur sur les personnes.

Contribuer à l'atteinte des buts visés, animer des réunions de façon efficace et productive, bien réagir aux situations imprévues. Ces compétences s'appuient sur les savoirs liés au contenu de l'accompagnement et sur les savoir-faire liés à l'animation de groupe. Cette expertise est donc le résultat de la combinaison de différentes ressources. Dans l'expérience relatée ici, l'apport des connaissances de l'accompagnatrice s'avérait nécessaire afin d'alimenter le groupe. Cet accompagnement permettait également, entre les rencontres, de faire un travail de relecture et de synthèse, essentiel pour amener le groupe à progresser. De plus, des savoir-faire tels que le guidage et la structuration ont facilité l'avancée des travaux.

J'ai constaté que le fait de faire le point régulièrement sur l'état des travaux soutenait la motivation et l'engagement des membres du groupe. De même, celui de faire un retour réflexif après chaque séance de travail, par un questionnement sur les apprentissages réalisés, favorisait l'appropriation personnelle et l'approfondissement. Ce retour permettait aussi de dégager un espace pour échanger sur l'impact de la démarche et les questionnements, craintes et défis qu'elle soulève dans la pratique. En alliant judicieusement le respect du rythme du groupe et la prise de risques calculés pour dénouer des résistances, j'ai également favorisé l'atteinte des buts visés. Finalement, je considère important de savoir cerner l'état d'esprit du groupe, particulièrement quand la démarche s'échelonne sur plusieurs mois, comme dans le cas de la présente expérience, et de reconnaître le moment où il convient de conclure en permettant au groupe de s'approprier les résultats des travaux avec satisfaction.

Évaluer les divers aspects d'une situation et dégager des pistes d'action innovatrices, conseiller et donner de la rétroaction. Ces compétences sont liées aux suites données aux travaux du groupe. Ces travaux se sont conclus sur une vision assez innovatrice des pratiques d'accompagnement, dont je devais tenir compte dans le cadre de la mise en œuvre d'un projet ministériel de formation sur les difficultés langagières. Mes savoirs à propos des processus de changement et divers savoir-faire en situation d'implantation de changement étaient donc nécessaires. D'abord, j'ai pris soin de faire partager cette vision à certaines personnes clés (mon équipe de travail et les responsables régionaux de l'adaptation scolaire). Ensuite, j'ai demandé au groupe de relever les pratiques émergentes qui correspondaient au modèle proposé, afin de cibler ces milieux pour amorcer la mise en œuvre. Puis, j'ai aidé le groupe à clarifier son rôle concernant l'accompagnement du changement. Finalement, je me suis assurée de suivre le processus, de faire le point régulièrement et de répondre aux besoins et interrogations du groupe. L'expérience de ce suivi laisse d'ailleurs entrevoir un approfondissement des pratiques, notamment par le développement collectif des compétences à l'aide du travail en réseau.

Pourquoi choisir une telle approche d'accompagnement en éducation ?

L'approche d'accompagnement retenue vise le développement des compétences professionnelles dans une vision socioconstructiviste et systémique. Pourquoi la proposer aux intervenants du milieu scolaire ?

D'abord, parce que les principaux acteurs, les enseignants, apprennent par l'action, dans l'action et à partir de l'action. Un accompagnement pertinent devrait permettre aux enseignants de s'appuyer sur leur pratique pour accroître leurs compétences. Ensuite, dans une optique de développement des compétences professionnelles, on ne se limitera pas à la transmission de connaissances et on offrira au personnel scolaire, si facilement happé par les exigences du quotidien, des temps d'arrêt pour enrichir ses pratiques par la réflexion. De plus, les concepts retenus convergeant avec ceux du *Programme de formation de l'école québécoise,* l'accompagnement peut servir de modelage des pratiques à mettre en œuvre en classe.

Finalement, un accompagnement qui repose sur une telle approche favorise l'évaluation continue des pratiques et, par conséquent, une plus grande qualité de l'éducation.

En guise de conclusion…

L'évaluation de cette expérience d'accompagnement permet de constater la profondeur des apprentissages réalisés au cours de cette démarche exigeante mais combien stimulante. Les retombées en ce qui concerne la dynamique relationnelle du groupe, la confiance que j'ai établie avec chacune et la maturité interpersonnelle acquise au cours des deux années qu'ont duré les travaux constituent incontestablement une démonstration de la puissance de l'engagement d'un groupe dans la poursuite d'un but commun. Par ailleurs, les effets sur l'approche d'accompagnement des milieux sont particulièrement tangibles quand on observe le type de préoccupations que les membres du groupe rapportent lors des échanges : *Comment encourager le développement des compétences professionnelles par nos propositions d'accompagnement ? Quelles approches ou modalités favoriseront le transfert des apprentissages en contexte réel de classe ? Comment guider la pratique réflexive ?* Ce type de questions suscite des réflexions qui amènent un approfondissement continu de la démarche réalisée.

Cette démarche n'aurait pas été possible sans l'engagement de chacune des membres de l'équipe. Je tiens donc à les en remercier très chaleureusement et à souligner tout le plaisir que j'ai eu à évoluer avec elles.

Conclusion

Pour poursuivre la réflexion sur la route du développement professionnel des enseignants

Des idées majeures se dégagent de l'ensemble des écrits de cet ouvrage ; ce sont des pistes pour continuer à faire route ensemble dans le développement d'un accompagnement fructueux. L'accompagnement pédagogique, lorsqu'il est centré sur le processus d'apprentissage de l'enseignant et le développement de ses compétences professionnelles, peut conduire à l'évolution des pratiques et à une meilleure compréhension de l'acte d'enseigner. Il se conçoit de plus en plus comme devant être axé sur les besoins des enseignants et au plus près de la réalité pédagogique de leur salle de classe. L'accompagnement s'adapte alors aux différents parcours des enseignants et favorise ainsi la consolidation de leur autonomie professionnelle dans une perspective d'apprentissage continu.

Néanmoins, chaque enseignant a une part active de responsabilité et de pouvoir au regard de son cheminement, et son évolution professionnelle réside dans son engagement à porter un regard réflexif sur sa pratique et à mettre à jour ses connaissances pédagogiques. Cet engagement le conduit à définir son « projet de développement professionnel », suscite chez lui une réflexion et un questionnement sur son action et dans l'action, favorise une régulation constante de son agir et permet la création de son propre modèle pédagogique.

C'est le rôle de l'accompagnateur que de favoriser le travail réflexif sur soi, avec soi et avec les autres, dans un espace protégé où règnent la confiance et l'écoute propices à l'expression des savoirs pratiques de chaque enseignant. L'accompagnateur aide alors la personne à s'améliorer et à accroître ses compétences et ses connaissances, en lui permettant d'apprendre de ses essais et erreurs. Il est le guide qui interpelle, suscite le doute, valorise l'action pédagogique et en permet la formulation claire par l'enseignant ; il veille au respect du droit à l'erreur lors des expérimentations, tout en étant conscient des possibilités d'apprentissage que cela suscite. Il sait redynamiser, encourager et soutenir l'enseignant le temps que cela lui est nécessaire.

En prenant appui sur les avancées de la recherche en éducation, qui nous confirment l'importance d'une pédagogie centrée sur la démarche d'apprentissage de l'enseignant et sur la reconnaissance de son expertise pédagogique, il est nécessaire pour l'accompagnateur d'apprendre à faire les choses autrement. Nous pensons qu'il est essentiel, pour l'accompagnateur, de définir sa conception de l'apprentissage, de s'interroger sur la façon dont il a appris et de porter un regard réflexif sur ses pratiques d'accompagnement. Accomplir toutes ces actions le prépare à intervenir auprès de l'enseignant, pour qu'à son tour celui-ci prenne conscience des processus par lesquels il apprend. Puis, par le transfert de ses apprentissages au regard de la façon d'apprendre auprès de ses élèves en salle de classe, l'enseignant joue à son tour son rôle de médiateur et prête attention à la démarche métacognitive de l'élève.

Modifier une pratique, pour l'enseignant comme pour l'accompagnateur, est un processus complexe qui fait appel à toutes les dimensions de la personne et touche à ses émotions, ses incertitudes et ses questionnements. Nous avons observé, chez les différents intervenants que nous formons à l'accompagnement et chez nous-mêmes, une tendance naturelle et bienveillante à vouloir apporter des solutions aux problèmes que nous soumettent les enseignants. Nous nous rendons compte qu'intervenir trop tôt sans laisser de place à l'apprenant dans sa recherche de solution peut freiner les conditions propices à l'apprentissage. Intervenir au bon moment, ni trop tôt, ni trop tard dans le processus d'apprentissage tout en accordant un soutien continu à l'enseignant, nous semble une compétence indispensable à développer pour l'accompagnateur. Ce soutien pédagogique permet alors à la personne qui apprend de chercher, d'observer, de mettre en relation, de comprendre, de repérer des constantes dans ses actions, d'émettre des hypothèses, de les valider, de formuler sa compréhension et d'ainsi construire ses savoirs pédagogiques dans l'action.

Pour y parvenir, il importe que le milieu de l'éducation réserve du temps à la formation continue intégrée à l'action, pour susciter les interactions et les coopérations, penser et apprendre à apprendre ensemble en se « transformant » mutuellement. Une plus grande confiance en les capacités de ses collègues et en leur volonté d'apprendre et de partager devient essentielle. Par ailleurs, il faut consentir à miser sur le savoir et la capacité d'apprendre des individus pour stimuler le renouveau des pratiques d'accompagnement. Un dialogue ouvert et constructif entre universitaires et praticiens sur la pédagogie, de même que l'installation de véritables infrastructures de formation et de recherche axées sur l'agir de l'enseignant en salle de classe apparaissent désormais nécessaires.

Au terme de l'écriture de cet ouvrage, nous éprouvons la joie d'un pédagogue qui prend conscience de son propre cheminement et le contentement d'un accompagnateur qui remarque un changement des pratiques pédagogiques de ceux qu'il a accompagnés durant leur cheminement professionnel. Toute pratique a une histoire et résulte d'une série de transformations. Puissions-nous avoir su communiquer l'importance que nous accordons à l'acte d'apprendre et au processus par lequel la personne apprend comme étant les pivots des changements en éducation, dans la reconnaissance de l'enseignant comme professionnel de l'apprentissage.

L'avenir de la profession enseignante réside dans l'enthousiasme et la passion de ces jeunes enseignants qui choisissent de relever les nombreux défis inhérents à la vie pédagogique en classe. Cheminer vers l'excellence pédagogique nécessite pour eux un accompagnement qui leur permette de s'investir en toute confiance dans la profession et de s'actualiser à travers leur agir pédagogique au quotidien. L'accompagnement est donc un gage d'avenir et contribue au rayonnement et à l'évolution de la profession elle-même, en ce temps de changements perpétuels où apprendre devient une priorité constante.

Témoignages d'enseignantes en début de parcours professionnel

Prendre la route de l'accompagnement

Pour enrichir cet ouvrage, nous avons choisi de laisser la place aux témoignages de jeunes enseignantes qui débutent dans la profession. Catherine, Marie-Bénédicte et Natalie ont une vision de ce qu'enseigner signifie pour elles et sont conscientes des défis qui les attendent durant leur parcours professionnel. Elles sont appelées à changer d'école fréquemment et à enseigner des disciplines pour lesquelles elles n'ont pas nécessairement été formées ou pour lesquelles elles ont moins d'intérêt. Que pensent ces jeunes enseignantes de l'accompagnement et quelles sont leurs attentes à cet égard ?

Une entrée dans l'enseignement vécue

par Catherine Charron

Malgré mon arrivée récente dans le domaine de l'enseignement, je crois avoir déjà acquis un bagage de connaissances et d'expériences qui méritent d'être partagé aujourd'hui. Il me fait donc plaisir de faire un bref survol de ma première année dans la pratique. Premièrement, j'ai suivi ma formation à l'Université de Sherbrooke dès 2002 : quatre années ponctuées de stages dans les écoles de l'Estrie pour enfin terminer par un dernier stage dans la région montréalaise. Ce changement était pour moi une façon d'aller explorer un autre milieu et de nouvelles réalités. Ainsi, lors de ma dernière année, j'ai choisi de travailler dans le quartier Côte-des-Neiges, où l'on retrouve des enfants provenant de tous les coins du monde, tels que le Maroc, l'Algérie, le Sri Lanka, le Bangladesh, l'Inde, le Pakistan, les Philippines, la Roumanie, la Jamaïque et bien d'autres encore. Le défi était de taille puisque j'avais à jongler avec toutes ces différences culturelles. J'étais consciente du fait que j'allais avoir à faire face à plusieurs changements, mais je gardais en tête que des enfants restent des enfants, peu importe le milieu. Il est certain que j'ai dû adapter mes approches pédagogiques, étant donné que le français n'était pas la langue maternelle et la langue parlée à la maison par mes élèves de première année. Par conséquent, les niveaux de compréhension et d'expression orale étaient limités. Outre cet obstacle, cette expérience a été extrêmement stimulante et formatrice pour une jeune enseignante.

Après l'obtention de mon diplôme universitaire, j'ai finalement décidé de m'établir de façon permanente à Montréal, prête à continuer mon exploration des écoles montréalaises. Déjà, au mois d'avril 2006, on m'a offert un premier contrat à Simonne-Monet dans cette même école qui m'avait accueillie lors de mon stage. Durant cette période, j'ai fait mes débuts dans l'enseignement auprès d'une classe de première année très colorée. En septembre, on m'a approchée pour un autre contrat dans ce même quartier de l'Ouest, mais dans une nouvelle école, plus grosse cette fois-ci (600 élèves). Malgré une tâche très hétéroclite, j'ai accepté ce deuxième contrat qui m'était proposé par l'École des Nations. Ma tâche était décrite comme suit : quatre journées de remplacement dans quatre classes de maternelle cinq ans, complétées par une demi-journée d'enseignement de danse et d'éducation physique. De prime abord, je n'avais pas mesuré l'ampleur de cette tâche et tous les enjeux l'entourant. Je me considérais chanceuse puisque je travaillais !

Un accompagnement qui m'a aidée

J'ai travaillé avec une directrice qui avait à cœur le bien-être des enseignants et dont l'animation pédagogique créait un climat accueillant et suscitait la confiance chez les nouveaux enseignants. Depuis la fin de mes études, elle a toujours été présente pour m'accompagner dans ma recherche d'emploi, faire un suivi du travail que j'effectuais dans la classe et me proposer des formations pour enrichir mon savoir. Elle m'a ainsi aidée à mieux définir mon profil d'enseignante et elle s'assurait que je chemine dans les meilleures conditions. Je peux dire que mon entrée dans les écoles a été facilitée puisque j'avais à ma portée une directrice accessible et humaine.

Je considère que les collègues sont aussi une ressource indispensable pour les nouveaux diplômés qui arrivent dans le milieu de l'enseignement. Malgré les stages que j'avais effectués durant mes études, j'ai vite pris conscience que plusieurs éléments m'avaient échappé en cours de formation. En effet, on apprend davantage par la pratique et lorsque l'on baigne dans la profession. On se rend bien compte que l'on n'a pas tout le matériel à sa disposition, que l'on n'a jamais géré soi-même l'organisation complète d'une classe et que les nouvelles méthodes d'évaluation ne sont pas toujours à sa portée. De mon côté, chaque milieu visité m'a permis de rencontrer des collègues qui se portaient volontaires pour d'abord faciliter mon intégration à l'école, puis m'épauler lorsque surgissaient les difficultés mentionnées. Je ne compte plus le nombre de fois où ces personnes m'ont prêté leur matériel, m'ont aidée à organiser, planifier, évaluer des situations d'enseignement et ont partagé avec moi leurs expériences pour banaliser les événements qui m'en laissaient gros sur le cœur. Je remercie donc ces personnes qui apportent une note positive à mes journées, qui sont parfois trop chargées pour quelqu'un qui, comme moi, en est à ses débuts et ne sait pas toujours comment s'orienter.

Les difficultés du parcours des enseignants qui arrivent dans la profession

Je réfléchis à ce qui peut motiver le choix de nombreux enseignants, soit 20 % d'entre eux, à quitter le marché du travail après seulement cinq ans de pratique. Tout d'abord, je crois que le principal élément pourrait être lié à la situation précaire qui nous talonne longtemps dans les débuts. Pour plusieurs, cette situation signifie beaucoup d'insécurité, du chômage pendant la période estivale et se résume à des suppléances occasionnelles dans un secteur élargi. Cet emploi du temps peut perdurer jusqu'à l'arrivée tardive d'un premier contrat et, bien trop souvent, on nous offre des tâches disparates impliquant plus d'une école. En septembre, la majorité des enseignants ne savent pas où ils seront dirigés et ne peuvent se préparer à ce qui les attend : clientèle, groupe d'âge, etc.

D'ailleurs, cette année, je me suis retrouvée à enseigner la danse et l'éducation physique, qui ne faisaient pas partie de mes champs d'études. J'ai appris à composer avec ces deux nouvelles matières qui s'ajoutaient à mon horaire, mais qui étaient loin de m'être familières. Je suis débrouillarde et je suis allée faire des recherches pour m'aider à préparer du mieux possible mes leçons. Cependant, j'ai trop souvent senti que j'improvisais les activités et qu'elles manquaient de contenu. Je trouvais donc que je n'étais pas suffisamment outillée pour développer des compétences et une motivation chez les élèves. Par conséquent, ces matières, à mon avis, méritent d'être enseignées par des spécialistes au même titre que les autres. Elles peuvent représenter un stress et beaucoup d'organisation pour une personne qui n'est pas expérimentée.

En réfléchissant à tous les obstacles auxquels j'ai eu à faire face en début de carrière, j'ai élaboré quelques pistes de solution qui pourraient améliorer l'arrivée d'enseignants débutant dans la profession. Je pense qu'il est nécessaire d'encadrer et de soutenir ces enseignants dans la mise en place de leur pratique pédagogique et de les accompagner dans l'organisation de leur vie de classe. Comme je l'ai mentionné précédemment, le milieu et les collègues sont des facteurs influents pour l'intégration et la formation. Ainsi, des enseignants-ressources devraient être mobilisés dans les écoles ou l'ensemble de la commission scolaire pour offrir un système de mentorat ou de parrainage incluant des formations pouvant répondre à nos besoins. Nous devrions sentir qu'il y a des personnes prêtes à nous épauler, à établir le lien entre les différents milieux et parfois même à intervenir avec nous en salle de classe. Nous pourrions ainsi nous sentir en confiance et progresser dans notre enseignement.

Moi, Marie-Bénédicte, déjà trois années que j'enseigne…

par Marie-Bénédicte Charron

Les années passent et ne se ressemblent guère… En effet, depuis que j'ai quitté les bancs de l'université, et même avant d'avoir obtenu mon diplôme en enseignement de la musique de l'Université du Québec à Montréal, je n'ai jamais cessé d'enseigner dans les différents quartiers et écoles de la ville de

Montréal. J'étais ouverte à tout ce qui se présentait, ce que je voulais le plus étant acquérir de l'expérience et me faire connaître comme spécialiste en musique.

Mon premier contrat à temps partiel a été à l'école secondaire Saint-Luc dans le quartier Notre-Dame-de-Grâce. J'y enseignais la musique et l'économie familiale pendant que je réalisais mes deux derniers stages. Cette première expérience m'aura entre autres appris à me débrouiller seule et à élaborer diverses situations d'enseignement afin de soutenir les apprentissages et motiver les élèves. Je dois dire que cela représentait un défi de taille, car mon horaire était très chargé et je devais construire tout mon matériel.

Au début de l'année suivante, à cette même école, on m'a proposé de remplacer une enseignante en musique qui ne pouvait entrer en fonction. Après deux semaines passées à créer des liens avec les élèves et à amorcer l'année scolaire avec eux, on m'a appris que je ne pouvais plus poursuivre dans cette école et que c'était ma dernière journée. Je me suis retrouvée malgré moi à la case départ. J'ai quitté cette école avec le sentiment d'avoir abandonné mes élèves sans trop savoir ce que me réservait l'avenir.

Au cours des semaines suivantes, on m'a proposé un contrat de remplacement indéterminé en enseignement au préscolaire (prématernelle et maternelle), en première année et en éducation physique, à raison de quatre journées par semaine. Cette tâche était très diversifiée et n'impliquait pas de musique, mais j'étais prête à tenter l'expérience. Alors que j'avais travaillé trois mois à cette école, l'enseignante remplacée a repris sa tâche et, de mon côté, la chance a tourné. Après une entrevue, on m'a offert un contrat de remplacement à temps plein en musique au secondaire à l'école Face. Cette école était à vocation artistique et l'enseignement de la musique y tenait une grande place. C'est pourquoi je peux dire que c'est ce milieu qui m'a permis de développer davantage mes compétences musicales. En travaillant en équipe avec mes collègues, aussi spécialistes en musique, j'ai pu développer mes habiletés et approfondir plusieurs facettes se rattachant à mon domaine (musique vocale et instrumentale).

Enfin, ce parcours a été un bon tremplin pour accéder rapidement à la liste de priorité d'emploi en enseignement de la musique à la Commission scolaire de Montréal et, par le fait même, me voir offrir des postes menant à la permanence. J'ai néanmoins décidé de parfaire mon expérience au primaire pour l'année en cours. Depuis septembre 2006, j'enseigne la musique dans deux autres écoles quatre jours par semaine. Lors de ma journée de congé, je reste disponible pour faire de la suppléance. Pour l'an prochain, on verra… tout pourrait survenir.

Je vis la réalité des spécialistes

Depuis trois ans, j'ai eu la chance d'enseigner la musique dans plusieurs écoles (primaires et secondaires) et j'ai été confrontée à ma réalité de spécialiste. Je me suis vite rendu compte que, pour mettre toutes les chances de mon côté, il me fallait accepter tout ce que l'on me proposait, car les postes en musique se font rares. Souvent, même, le choix ne se pose même pas en ce qui concerne le niveau d'enseignement et les instruments de musique que l'on aimerait enseigner aux élèves. Le pourcentage de la tâche qui est proposée est parfois insuffisant et il devient nécessaire de la compléter en enseignant sa discipline dans plusieurs écoles, ce qui a pour effet de ne pas toujours avoir de local de musique à sa disposition et de voir plusieurs élèves en une semaine (près de 500 élèves dans mon cas). Il peut également arriver que l'on ait à enseigner d'autres disciplines. Il faut donc être polyvalent (être capable de jouer de tous les instruments de musique) et avoir une bonne capacité d'adaptation. Toutefois, je me considère chanceuse, car je maîtrise plusieurs instruments de musique et me sens compétente pour enseigner autant au primaire qu'au secondaire. Tous ces éléments d'organisation temporelle et matérielle m'avaient plus qu'échappé durant ma formation universitaire, d'autant que comme spécialiste nous avons accès à peu de cours portant sur la gestion de classe et sur la façon d'intervenir avec les élèves qui éprouvent des problèmes de comportement.

Des besoins d'accompagnement

Je me suis préparée à exercer la profession pendant mes quatre années universitaires en effectuant plus de 700 heures de stage dans le milieu de l'éducation. Mais la réalité est parfois très différente lorsque l'on débute dans la profession. J'aimerais être accueillie et sentir que je fais partie de l'équipe-école. Comme spécialiste, je suis souvent affectée à des postes d'enseignants, sans préparation et sans soutien. J'aurais besoin, lors de mon arrivée à l'école, de pouvoir m'adresser à un enseignant-ressource dont une partie du temps de travail serait consacrée à m'aider dans ma nouvelle tâche. Je pourrais aborder avec lui différents sujets : gestion de classe, relations avec les collègues, avec le directeur, remise des bulletins, relation avec les parents, etc. Je pourrais valider avec lui mes stratégies auprès des élèves en difficulté pour ajuster mes interventions. Cet accompagnement me permettrait de valider mes façons de faire et serait un encouragement et une valorisation de mon travail de spécialiste en musique.

Ma vision de l'enseignement

par Natalie Arpin

J'en suis actuellement à ma septième année d'enseignement au secondaire. Durant mes six premières années, je n'ai eu que des groupes de niveaux différents… dans des matières différentes… dans des écoles différentes ! J'ai eu à relever plusieurs défis pour plonger dans l'univers merveilleux mais combien exigeant de l'enseignement.

J'ai eu à travailler avec des élèves en formation générale, ainsi qu'en adaptation scolaire et en diverses concentrations (programme d'éducation internationale, omnisciences, sports plus, musique, anglais…). J'ai rarement pu utiliser la même préparation de cours à deux reprises.

Mes lectures et mes échanges avec ma mère, enseignante au primaire depuis plusieurs années, m'ont bien aidée quant à la façon d'apprendre des élèves.

Mais, travaillant au secondaire, j'avais à évoluer dans des conditions d'enseignement qui ressemblent peu à celles du primaire. Sur le plan pratique, j'avais besoin d'échanger avec les autres enseignants qui côtoyaient les mêmes élèves que moi; je voulais discuter des difficultés que je vivais auprès de ces jeunes et je désirais chercher des pistes de solution avec eux. Peu d'enseignants se sentaient à l'aise de dire qu'ils éprouvaient des difficultés. J'ai rencontré quelques enseignants d'expérience qui s'interrogeaient pour arriver à motiver davantage leurs élèves et j'ai échangé avec eux de façon informelle durant les pauses du dîner. Je leur ai proposé de planifier des rencontres d'équipe plus formelles pour partager davantage nos idées et nos stratégies, mais ils m'ont dit que cette formule avait déjà été envisagée mais jamais réalisée, car il n'y avait pas l'engagement nécessaire de la part des enseignants. J'ai l'impression que les enseignants sont en compétition et je me demande pourquoi, au lieu de s'ouvrir aux autres, ils s'enferment dans leur classe. Sont-ils anxieux? Ont-ils peur d'être jugés sur leur façon d'enseigner ou de gérer leur classe? Alors comment trouver de l'aide quand on débute dans l'enseignement?

Je me suis impliquée au sein de différents comités (sondage sur la violence et le taxage à l'école, établissement du programme de résolution pacifique des conflits) et cela m'a permis de faire la connaissance de deux psychoéducatrices qui interviennent à mon école. J'ai pu échanger avec elles pour trouver des façons de faire qui ont été efficaces avec les élèves en adaptation scolaire. Je trouve qu'avec les spécialistes, les échanges sont plus faciles; je ne ressens pas de compétition mais plutôt de l'entraide et du partage de nos idées et de nos suggestions dans le respect des uns et des autres. Forte de leurs encouragements et de l'expérience acquise auprès d'elles, j'ai alors pu créer avec mes élèves un journal de l'école ainsi que les initier à la zoothérapie.

Cette façon de faire mon travail m'emballe réellement. C'est passionnant de créer des situations qui donnent le goût aux élèves d'apprendre. J'ai remarqué qu'avec ces groupes d'élèves, la direction nous permet plus facilement d'expérimenter, pour autant que ça ne dérange pas trop l'environnement. Et pourtant, d'après mon expérience, les élèves dans un parcours de formation générale ont également besoin de projets motivants, stimulants et créateurs.

J'ai aussi eu la chance de découvrir en l'orthopédagogue de l'école une ressource formidable lorsqu'elle venait échanger avec moi au sujet d'élèves qu'elle rencontrait individuellement. Elle me parlait de leur façon d'apprendre et me suggérait des stratégies pour les aider. J'ai souvent discuté avec elle des essais et des erreurs que je faisais dans ma classe. Des réussites aussi! Cela a été pour moi un encouragement et un soutien à mon travail d'enseignante. Que de temps j'ai passé après les cours à discuter avec elle, dans son bureau! Et ne parlons pas des périodes « libres » où je la croisais dans le corridor, entre deux téléphones aux parents ou quelques photocopies à faire, et où nous discutions d'un élève qui allait mieux ou qui avait besoin de plus d'attention.

Je trouve difficile de changer d'école chaque année; le réseau que l'on a créé se perd et il faut sans cesse refaire des liens et trouver les gens qui se questionnent comme nous. Cela prend du temps et j'en manque à cause de mes nombreuses préparations de cours. Il y a aussi les formations pour le renouveau pédagogique qu'il faut suivre... Elles répondent rarement à ce dont j'ai besoin. Souvent, je repars de ces demi-journées avec un bagage intéressant, mais je n'en suis pas rendue à l'appliquer. J'en suis à me débattre avec d'autres types de problèmes. Je relègue donc aux oubliettes la formation reçue en attendant de la mettre à profit un jour...

Depuis deux ans, je remplace une enseignante dans un programme merveilleux qui s'adresse à des jeunes de 16 à 19 ans potentiellement décrocheurs. Il leur permet de terminer leurs matières de base afin de s'inscrire à un diplôme d'études professionnelles ou de terminer leur cours secondaire. Il s'agit d'un programme d'alternance travail-études menant à l'exercice d'un métier semi-spécialisé.

Dans ce programme, il y a une quarantaine d'élèves (deux groupes), supervisés par deux enseignantes et une psychoéducatrice. Ce que je trouve motivant dans ce travail d'enseignement, c'est que l'attachement aux élèves est enfin possible. Je les connais bien, je les vois aller, je sens quand quelque chose ne va pas et j'interviens immédiatement. Cette proximité me permet de créer des liens significatifs et de reprendre avec eux l'enseignement de notions non comprises autant de fois qu'ils en ont besoin. L'étroite collaboration entre nous, les trois intervenantes, me permet enfin de répondre à ce besoin d'échanger, d'évaluer mes façons d'être et de faire. Je me vois progresser comme jamais. Ce que je voulais retirer de l'enseignement, je le vis avec ces groupes merveilleux. Je suis en contact avec des jeunes qui ont du vécu, du courage et qui ne sont pas démotivés; ils ont choisi d'être avec nous. Ils croient donc en eux. Quelquefois, le doute revient. Ils ne se font plus confiance. Ils perdent leur motivation. Nous prenons le temps nécessaire pour les ramener sur la voie de l'effort. Nous prenons le temps car, avant les cours, ils viennent eux-mêmes s'installer dans la classe et se confient. Entre les cours, il n'est pas rare que nous prenions nos récréations dans le corridor avec eux. Lors des supervisions de stages, c'est un moment privilégié pour discuter de leurs réussites et problèmes, puisque nous faisons des rencontres individuelles. Nous sommes comme une grande famille et notre passion de l'enseignement et de la vie auprès des jeunes nous stimule à en faire toujours plus pour eux, avec eux.

Je m'aperçois que l'accompagnement par les pairs est une ressource nécessaire pour moi mais combien difficile à trouver. J'ai besoin de partager avec des gens qui font le même métier que moi, d'apprendre de leur expérience, les questionner, échanger, leur dire mes réussites, mes échecs, mes efforts, entendre les leurs et évoluer au rythme de nos expériences. Plusieurs lectures apportent des réponses à mes questions, mais j'ai besoin d'échanger sur ma pratique et d'en faire l'analyse à la lumière de ma conception et de ma représentation de l'apprentissage et de l'enseignement. Pour ce faire, j'ai besoin de l'aide des autres et de leur soutien. Mais je trouve qu'il est difficile d'échanger avec des enseignants qui ne partagent pas ma conception de l'éducation. Et cela ne s'impose pas, je le sais. D'après mon expérience, ils se font rares... comme les bons amis: dans toute une vie, on en a très peu... Mais ces perles, elles existent: il ne s'agit que de les trouver.

Bibliographie

ABRAHAM, A. (dir.). 1984. *L'enseignant est une personne*, Longueuil, Éditions EJF.

ABRAHAM, A. Mars 1989. « Une approche centrée sur la personne de l'enseignant », *Éducation et pédagogie*, n° 7, Sèvres, C.I.E.P.

ALTET, M. 1994. *La formation professionnelle des enseignants. Analyse des pratiques et situations pédagogiques*, Paris, PUF.

ALTET, M. 1996. « Les compétences de l'enseignant professionnel : entre savoirs, schèmes d'action et d'adaptation, le savoir analyser », dans L. PAQUAY *et al.* (dir.), *Former des enseignants professionnels. Quelles stratégies ? Quelles compétences ?*, Bruxelles, De Boeck.

ALTET, M., PAQUAY, L. et P. PERRENOUD. 2002. *Formateurs d'enseignants. Quelle professionnalisation ?*, Bruxelles, De Boeck.

ANGERS, P. et C. BOUCHARD. 1984. *La mise en œuvre du projet d'intégration*, Montréal, Bellarmin.

ANGERS, P. et C. BOUCHARD. 1985. *De l'expérience à l'intuition*, Montréal, Bellarmin.

ANGERS, P. et C. BOUCHARD. 1986. *Le développement de la personne*, Montréal, Bellarmin.

ANGERS, P. et C. BOUCHARD. 1986. *L'appropriation de soi*, Montréal, Bellarmin.

ARCHAMBAULT, J. Février 2002. « Le travail d'équipe des enseignants, pourquoi et comment », *Vivre le primaire*, vol. 15, n° 2, p. 81-84.

ARPIN, L. et L. CAPRA. 1994. *Être prof, moi j'aime ça ! Les saisons d'une démarche de croissance pédagogique*, Montréal, Les Éditions de la Chenelière.

ARPIN, L. et L. CAPRA. 2001. *L'Apprentissage par projets. Fondements, démarche et médiation du maître dans la construction des savoirs de l'élève*, Montréal, Chenelière/McGraw-Hill.

ARPIN, L. et L. CAPRA. Été 2002. « La médiation pédagogique de l'enseignant, une composante essentielle dans l'apprentissage par projets », *Québec français*, n° 126, p. 67-72.

ARPIN, L. et L. CAPRA. 2002. « Le projet : une voie privilégiée pour l'apprentissage », *Revue de l'AQEFLS, Reflets du 23e congrès*, vol. XXIV, n° 1, p. 21-32.

ARPIN, L. et L. CAPRA. 2004. « La démarche pédagogique de l'enseignant : des stratégies de préparation et d'intervention pour des projets porteurs d'apprentissages », dans *Intégrer l'enseignement stratégique dans sa classe*, sous la direction d'A. PRESSEAU, Montréal, Chenelière/McGraw-Hill, p. 163-186.

ASTOLFI, J.P. 1998. « Les mutations du paysage pédagogique », dans *Éduquer et former*, Éditions Sciences humaines, PUF, p. 21-33.

AVANZINI, G. 1998. « Savoirs et médiation », entretien, dans *Éduquer et former*, Éditions Sciences humaines, PUF, p. 223-224.

AVANZINI, G. (sous la direction de). « Pédagogie de la médiation autour du P.E.I. du professeur Reuven Feuerstein », Lyon, Chronique sociale, 1992.

BAILLAUQUÈS, S. 1993. « De la recherche sur la formation des enseignants dans la formation des enseignants ; Modulations », dans *La recherche en formation des maîtres : Détour ou passage obligé sur la voie de la professionnalisation.* Sherbrooke, Éditions du C.R.P. de l'Université de Sherbrooke, p. 253-280.

BAILLAUQUÈS, S. 1996. « Le travail des représentations dans la formation des enseignants », dans L. PAQUAY *et al.*, *Former des enseignants professionnels. Quelles stratégies ? Quelles compétences ?*, Bruxelles, De Boeck, p. 41-63.

BAILLAUQUÈS, S. et É. BREUZE. 1993. *La première classe*, Paris, ESF.

BARTH, B.-M. 1993. *Le savoir en construction. Former à une pédagogie de la compréhension*, Paris, RETZ.

BÉLAIR, L. 1996. « La formation a la complexité du métier d'enseignant », dans L. PAQUAY *et al.* (dir.), *Former des enseignants professionnels. Quelles stratégies ? Quelles compétences ?*, Bruxelles, De Boeck, p. 63-77.

BERBAUM, J. 1991. *Développer la capacité d'apprendre*, Paris, ESF.

BONAMI, M. et M. GARANT. 1996. *Systèmes scolaires et pilotage de l'innovation. Émergence et implantation du changement. Perspectives en éducation*, Bruxelles, De Boeck.

BOUCHER, L.P. et M. L'HOSTIE. 1997. *Pour de nouvelles pratiques de développement professionnel continu en éducation. Le perfectionnement en question*, Sainte-Foy, PUQ.

BOUCHER, L.P. et M. L'HOSTIE. 1999. *Le développement professionnel continu en éducation. Nouvelles pratiques*, Sainte-Foy, PUQ.

BOURGEOIS, É. 1996. *L'adulte en formation. Regards pluriels. Perspective en éducation*, Bruxelles, De Boeck.

BOURGEOIS, É. et J. NIZET. 1997. *Apprentissage et formation d'adultes*, Paris, PUF.

CAPRA, F. 1983. *Le temps du changement. Science-société-nouvelle culture. L'esprit et la matière*, Éditons du Rocher, Monaco.

CHARLIER, B. 1998. *Apprendre et changer sa pratique d'enseignant*, Bruxelles, De Boeck.

CHARLIER, É. 1996. « Former des enseignants professionnels : pour une formation continue articulée à la pratique», dans L. PAQUAY *et al.* (dir.), *Former des enseignants professionnels*, Bruxelles, De Boeck, p. 97-119.

CHARLIER, É. et B. CHARLIER. 1998. *La formation au cœur de la pratique*, Bruxelles, De Boeck.

CIFALI, M. 1991. *Caractéristiques du métier d'enseignant et compétences : enjeux actuels*, Genève, Faculté de psychologie et des sciences de l'éducation de l'Université de Genève.

CONSEIL SUPÉRIEUR DE L'ÉDUCATION. 1991. *La profession enseignante : vers un renouvellement du contrat social. Rapport annuel (1990-1991)*, Québec, Gouvernement du Québec.

CONSEIL SUPÉRIEUR DE L'ÉDUCATION. 1995. *Vers la maîtrise du changement en éducation. Rapport annuel sur l'état et les besoins de l'éducation*, Québec, Gouvernement du Québec.

CYRUNILK, B. 2001. *Les vilains petits canards*, Paris, Éditions Odile Jacob.

DE LA GARANDERIE, A. 1984. *Le dialogue pédagogique avec l'élève*, Paris, Éditions Le Centurion.

DELORS, J. 1996. *L'éducation, un trésor est caché dedans. Rapport à l'UNESCO de la Commission internationale sur l'éducation pour le vingt et unième siècle*, Paris, Éditions Odile Jacob.

DEVELAY, M. 1994. *Peut-on former les enseignants ?*, Paris, ESF.

DEVELAY, M. 1998. *Donner du sens à l'école*, Paris, ESF.

FLAVELL, J.H. 1987. «Speculations about the nature and development of metacognition», dans R.H. KLUWE et F.E. WIENERT (dir.), *Metacognition, Motivation and Understanding*, Hillsdale (NJ), Erlbaum, p. 21-29.

FULLAN, M. 1991. *The New Meaning of Educational Change*, Toronto, OIFE Press, et New York, Teachers College Press.

GATHER-THURLER, M. 1991. *Amener les enseignants vers une construction active du changement*, conférence donnée à des équipes de l'IUFM., Lyon.

GATHER-THURLER, M. 1996. «Innovations et coopération entre enseignants, liens et limites», dans *Systèmes scolaires et pilotage de l'innovation*, Bruxelles, De Boeck.

GAUTHIER, C. DESBIENS, J.F., MALO, A., MARTINEAU, F. et D. SIMARD. 1997. *Pour une théorie de la pédagogie. Recherches contemporaines sur le savoir des enseignants*, Sainte-Foy, Presses de l'Université Laval, et Bruxelles, De Boeck.

GAUTHIER, C. *et al.* 1993. *Le savoir des enseignants, que savent-ils ?*, Montréal, Éditions Logiques.

GAUTHIER, C. et M. TARDIF. 1996. *La pédagogie : théories et pratiques. De l'antiquité à nos jours*, Montréal, Éditions Gaëtan Morin.

GÉLINAS, A. 2004. «Les exigences de l'accompagnement dans le renouvellement des pratiques», dans *L'accompagnement en éducation*, sous la direction de M. L'HOSTIE et L.P. BOUCHER, Québec, Presses de l'Université du Québec, p. 31-45.

GERVAIS, C. 2005. *L'école, lieu de formation d'enseignants. Questions et repères pour l'accompagnement de stagiaires*, Québec, Les Presses de l'Université Laval.

GIORDAN, A. 1998. *Apprendre*, Paris, Belin.

HOUSSAYE, J. 1994. *Quinze pédagogies, leur influence aujourd'hui. Formation des enseignants*, Paris, Armand Colin.

HUBERMAN, M. 1989. *La vie des enseignants : évolution et bilan d'une profession*, Paris, Delachaux et Niestlé.

HUBERMAN, M. 1993. «Enseignement et professionnalisme dans la professionnalisation de l'enseignement et de la formation», *Revue des sciences de l'éducation*, n° thématique XIX, vol. 1, p. 77-87.

JOANNERT, P. et C. VANDER BORGHT. 1999. «Créer des conditions d'apprentissage : un cadre de référence socioconstructiviste pour une formation didactique des enseignants», *Perspective en éducation*, Bruxelles, De Boeck.

KNOWLES, M. 1990. *L'apprenant adulte*, Paris, Les Éditions d'Organisation.

KOLB, D.A. 1984. *Experiential Learning: Experience as the source of learning and development*, Englewood Cliffs (NJ), Prentice-Hall.

LAFORTUNE, L. *et al.* 1998. *Métacognition et compétences réflexives*, Montréal, Les Éditions Logiques.

LAFORTUNE, L. *et al.* 2001. *La formation continue, De la réflexion à l'action*, Québec, Presses de l'Université du Québec.

LAFORTUNE, L. et C. DAUDELIN. 2001. *Accompagnement socioconstructiviste*, Sainte-Foy, Presses de l'Université du Québec.

LAFORTUNE, L., JACOB, S. et D. HÉBERT. 2000. *Pour guider la métacognition*, Sainte-Foy, Presses de l'Université du Québec.

LE BOTERF, G. 1997. *De la compétence à la navigation professionnelle*, Paris, Les Éditions d'Organisation.

LE BOTERF, G. 2001. *Construire des compétences individuelles et collectives*, Paris, Les Éditions d'Organisation.

LE PAILLEUR, M. et L. Capra. 1997. *Guide d'accompagnement pour une école en mouvement*, Québec, Ministère de l'Éducation.

LESSARD, C., PERRON, M. et P.W. BÉLANGER (dir.). 1991. *La profession enseignante au Québec. Enjeux et défis des années 1990*, Montréal, Institut québécois de recherche sur la culture.

L'HOSTIE, M. et L.P. BOUCHER. 2004. *L'accompagnement en éducation. Un soutien au renouvellement des pratiques*, Sainte-Foy, Presses de l'Université du Québec.

MEIRIEU, P. 1995. *La pédagogie entre le dire et le faire*, Paris, ESF.

MEIRIEU, P. 1987. *Apprendre, oui, mais comment?* Paris, ESF.

MEIRIEU, P. 1994. *Enseigner, scénario pour un métier nouveau*, Paris, ESF.

MEIRIEU, P. 1996. *Frankenstein pédagogue*, Paris, ESF.

MINISTÈRE DE L'ÉDUCATION DU QUÉBEC. 1999. *Orientations pour la formation continue du personnel enseignant*, Québec, Gouvernement du Québec.

MINISTÈRE DE L'ÉDUCATION DU QUÉBEC. 2001. *La formation de l'enseignement, les orientations, les compétences professionnelles*, Québec, Gouvernement du Québec.

MINISTÈRE DE L'ÉDUCATION DU QUÉBEC. 2002. *Échelles des niveaux de compétences, enseignement primaire*, Québec, Gouvernement du Québec.

MINISTÈRE DE L'ÉDUCATION DU QUÉBEC. 2002. *Programme de formation de l'école québécoise. Éducation préscolaire, Enseignement primaire*, Québec, Gouvernement du Québec.

MINISTÈRE DE L'ÉDUCATION DU QUÉBEC. 2002. *L'évaluation des apprentissages au préscolaire et au primaire. Cadre de référence*, Québec, Gouvernement du Québec.

MINISTÈRE DE L'ÉDUCATION DU QUÉBEC. 2004. *Programme de formation de l'école québécoise. Enseignement secondaire*, Québec, Gouvernement du Québec.

MUKAMURERA, J. 2005. *Étude réalisée en 2004-2005 auprès de 642 enseignants québécois*, Sherbrooke, Université de Sherbrooke.

NOISEUX, G. 1997. *Les compétences du médiateur pour réactualiser sa pratique professionnelle*, Sainte-Foy, MST Fournier Éditeur.

PARADIS, P.Y. 1993. « L'art d'enseigner », dans *Le savoir des enseignants. Que savent-ils ?*, Montréal, Éditions Logiques, p. 169-187.

PARÉ, A. 1982. « L'acte d'enseigner : un geste d'art source de perfectionnement », *Prospectives*, p. 175-191.

PARÉ, A. 1989. *Changement personnel et pratique pédagogique*, conférence, Université de Montréal.

PERRENOUD, P. 1996. *Enseigner, agir dans l'urgence, décider dans l'incertitude*, Paris, ESF.

PERRENOUD, P. 1996. « Le travail sur l'habitus dans la formation des enseignants. Analyse des pratiques et prise de conscience », dans L. PAQUAY *et al.*, *Former des enseignants professionnels : Quelles stratégies ? Quelles compétences ?*, Bruxelles, De Boeck, p. 181-207.

PERRENOUD, P. 1997. *Pédagogie différenciée : des intentions à l'action*, Paris, ESF.

PERRENOUD, P., ALTET, M., CHARLIER, E. et L. PAQUAY. 1996. *Former des enseignants professionnels*, Bruxelles, De Boeck.

PRZESMYCKI, H. 1991. *Pédagogie différenciée, pédagogie pour demain. Nouvelles pédagogies*, Paris, Hachette éducation.

RAYNAL, F. et A. RIEUNIER. 1997. *Pédagogie, dictionnaire des concepts clés (apprentissage, formation et psychologie cognitive)*, Paris, ESF.

ROBO, P. Mars 2002. « L'analyse des pratiques professionnelles : un dispositif de formation accompagnante », *Vie pédagogique*, n° 122, mars, p. 7.

RUANO-BORBOLAN, J.C. 1998. *Éduquer et former*, Paris, PUF.

SAINT-ARNAUD, Y. 1992. *Connaître dans l'action*, Montréal, Presses de l'Université de Montréal.

SAINT-YVES, A. 1973. *L'apprentissage de l'animation psychosociale*, Ottawa, Éditions Saint-Yves.

SCALLON, G. 2000. *L'évaluation formative*, Montréal, ERPI.

SCHÖN, D.A. 1994. *Le praticien réflexif, à la recherche du savoir caché dans l'agir professionnel*, traduction de J. Heynemand et D. Gagnon, Montréal, Éditions Logiques.

TARDIF, J. 1992. *L'enseignement stratégique*, Montréal, Éditions Logiques.

TARDIF, J. 1999. *Le transfert des apprentissages*, Montréal, Éditions Logiques.

TARDIF, M. et C. LESSARD. 1999. *Le travail enseignant au quotidien. Contribution à l'étude du travail dans les métiers et les professions d'interactions humaines*, Québec, Presses de l'Université Laval.

TARDIF, M., LESSARD, C. et L. LAHAYE. 1991. « Le savoir enseignant et les fondements de la pratique du métier », dans *Échos du 25e anniversaire de la Faculté des sciences de l'éducation*, Montréal, Faculté des sciences de l'éducation de l'Université de Montréal, p. 73-90.

VYGOTSKY, L. 1985. *Le problème de l'enseignement et du développement mental*, Neuchâtel, Delachaux et Niestlé.

WATZIAWICK, P., WEAKLAND, J. et R. FISCH. 1975. *Changements, paradoxes et psychothérapie*, Paris, Éditions du Seuil.

ZAKHARTCHOUK, J.-M. Avril-mai 2006. « Enseigner : Une tâche difficile, une profession qui avance », *Vie pédagogique*, n° 139, p. 5-9.

Chenelière/Didactique

A APPRENTISSAGE

Accompagner la construction des savoirs
Rosée Morissette, Micheline Voynaud

Aider son enfant à gérer l'impulsivité et l'attention
Alain Caron

Apprendre à sa façon
70 activités pour exploiter les intelligences multiples en classe
Martine Daudelin

Au pays des gitans
Un répertoire d'outils pour développer la gestion cognitive de l'attention, de la mémoire et de la planification
Martine Leclerc

Des idées plein la tête
Exercices axés sur le développement cognitif et moteur
Geneviève Daigneault, Josée Leblanc

Des mots et des phrases qui transforment
La programmation neurolinguistique appliquée à l'éducation
Isabelle David, France Lafleur, Johanne Patry

Déficit d'attention et hyperactivité
Stratégies pour intervenir autrement en classe
Thomas Armstrong

Être attentif... une question de gestion!
Un répertoire d'outils pour développer la gestion cognitive de l'attention, de la mémoire et de la planification
Pierre Paul Gagné, Danielle Noreau, Line Ainsley

Être prof, moi j'aime ça!
Les saisons d'une démarche de croissance pédagogique
L. Arpin, L. Capra

Intégrer l'enseignement stratégique dans sa classe
Annie Presseau et coll.

Intégrer les intelligences multiples dans votre école
Thomas R. Hoerr

La gestion mentale
Au cœur de l'apprentissage
Danielle Bertrand-Poirier, Claire Côté, Francesca Gianesin, Lucille Paquette Chayer
- Compréhension de lecture
- Grammaire
- Mémorisation
- Résolution de problèmes

L'apprentissage à vie
La pratique de l'éducation des adultes et de l'andragogie
Louise Marchand

L'apprentissage par projets
Lucie Arpin, Louise Capra

L'art d'enseigner
Pour une intégration créative des concepts d'apprentissage
Barrie Bennett, Carol Rolheiser, Martine Leclerc

Le cerveau et l'apprentissage
Mieux comprendre le fonctionnement du cerveau pour mieux enseigner
Eric Jensen

Les cartes d'organisation d'idées
Une façon efficace de structurer sa pensée
Nancy Margulies, Gervais Sirois

Les garçons à l'école
Une autre façon d'apprendre et de réussir
Jean-Guy Lemery

Les intelligences multiples
Guide pratique
Bruce Campbell

Les intelligences multiples au cœur de l'enseignement et de l'apprentissage
Linda Campbell, Bruce Campbell, Dee Dickinson, Gervais Sirois

Les intelligences multiples dans votre classe
Thomas Armstrong

Les intelligences multiples dès la maternelle
Francine Gélinas et Manon Roussel

Les secrets de l'apprentissage
Robert Lyons

Par quatre chemins
L'intégration des matières au cœur des apprentissages
Martine Leclerc

Plan d'intervention pour les difficultés d'attention
Christine Drouin, André Huppé

Pour apprendre à mieux penser
Trucs et astuces pour aider les élèves à gérer leur processus d'apprentissage
Pierre Paul Gagné

PREDECC
Programme d'entraînement et de développement des compétences cognitives
- Module 1 : Cerveau... mode d'emploi !
  Pierre Paul Gagné, Line Ainsley

• Module 2 : Apprendre avec Réflecto
Pierre Paul Gagné, Louis-Philippe Longpré

Programme Attentix
Gérer, structurer et soutenir l'attention en classe
Alain Caron

Stratégies d'apprentissage et réussite au secondaire
Un passeport pour les élèves en difficulté
Esther Minskoff, David Allsopp
Adaptation : Hélène Boucher

Stratégies pour apprendre et enseigner autrement
Pierre Brazeau

Un cerveau pour apprendre
Comment rendre le processus enseignement-apprentissage plus efficace
David A. Sousa

Un cerveau pour apprendre... différemment !
Comprendre comment fonctionne le cerveau des élèves en difficulté pour mieux leur enseigner
David A. Sousa, Brigitte Stanké, Gervais Sirois

Une école pour apprendre
Jean Archambault, Chantale Richer

Vivre la pédagogie du projet collectif
Collectif Morissette-Pérusset

G GESTION DE CLASSE

À la maternelle... voir GRAND !
Louise Sarrasin, Marie-Christine Poisson

Apprivoiser les différences
Guide sur la différenciation des apprentissages et la gestion des cycles
Jacqueline Caron

Apprendre... c'est un beau jeu
L'éducation des jeunes enfants dans un centre préscolaire
M. Baulu-MacWillie, R. Samson

Bien s'entendre pour apprendre
Réduire les conflits et accroître la coopération, du préscolaire au 3e cycle
Lee Canter, Katia Petersen, Louise Dore,

Sandra Rosenberg
Construire une classe axée sur l'enfant
S. Schwartz, M. Pollishuke

Créer un livre collectif une page à la fois
France Turcotte

Découvrir la langue par la magie des contes
Mireille Baulu-MacWillie, Barbara Le Blanc

Je danse mon enfance
Guide d'activités d'expression corporelle et de jeux en mouvement
Marie Roy

L'avant-première
Projets et découvertes pour le préscolaire
Monique Drapeau

La classe différenciée
Carol Ann Tomlinson

La multiclasse
Outils, stratégies et pratiques pour la classe multiâge et multiprogramme
Colleen Politano, Anne Davies
Adaptation française : Monique Le Pailleur

Le conseil de coopération
Un outil pédagogique pour l'organisation de la vie de classe et la gestion des conflits
Danielle Jasmin

L'enfant-vedette (vidéocassette)
Alan Taylor, Louise Sarrasin

Ma classe-Qualité
Des outils pratiques de gestion de classe inspirés de la théorie du choix
Francine Bélair

Ma première classe
Stratégies gagnantes pour les nouveaux enseignants
Teresa Langness, Hélène Bombardier, Elourdes Pierre

Moi, j'apprends en jouant
Rosine Deschênes

Pirouettes et compagnie
Jeux d'expression dramatique, d'éveil sonore et de mouvement pour les enfants de 1 an à 6 ans
Veronicah Larkin, Louie Suthers

Quand les enfants s'en mêlent
Ateliers et scénarios pour une meilleure motivation
Lisette Ouellet

Quand revient septembre...
Jacqueline Caron
• Guide sur la gestion de classe participative (volume 1)
• Recueil d'outils organisationnels (volume 2)

Une enfance pour s'épanouir
Des outils pour le développement global de l'enfant
Sylvie Desrosiers, Sylvie Laurendeau

P PARTENARIAT ET LEADERSHIP

Avant et après l'école
Mise sur pied et gestion d'un service de garde en milieu scolaire
Sue Tarrant, Alison Jones, Diane Berger

Communications et relations entre l'école et la famille
Georgette Goupil

Devoirs sans larmes
Lee Canter

- Guide à l'intention des parents pour motiver les enfants à faire leurs devoirs et à réussir à l'école
- Guide pour les enseignantes et les enseignants de la 1re à la 3e année
- Guide pour les enseignantes et les enseignants de la 4e à la 6e année

Enseigner à l'école qualité
William Glasser

Le leadership en éducation
Plusieurs regards, une même passion
Lyse Langlois, Claire Lapointe

Nouveaux paradigmes pour la création d'écoles qualité
Brad Greene

Pour le meilleur… jamais le pire
Prendre en main son devenir
Francine Bélair

CHENELIÈRE ÉDUCATION

7001, boul. Saint-Laurent, Montréal (Québec) Canada H2S 3E3
Tél.: 514 273-1066 • Téléc.: 514 276-0324 ou 1 800 814-0324 • Service à la clientèle: 514 273-8055 ou 1 800 565-5531
www.cheneliere.ca • info@cheneliere.ca

Pour en savoir davantage

Nous offrons différents ateliers de formation à l'accompagnement aux professionnels du milieu de l'éducation et à tout intervenant qui désire réfléchir, échanger, confronter et enrichir sa pratique d'accompagnement pédagogique. Ces formations, pouvant se vivre en petits groupes ou encore individuellement, sont adaptées aux besoins exprimés et s'appuient sur le développement des compétences professionnelles des participants.

Voici à titre d'exemples différentes situations d'accompagnement pouvant être vécues :

- la préparation de plans de formation et d'accompagnement pédagogique ;
- l'aide dans l'analyse et la validation des besoins exprimés ;
- la construction d'outils pertinents et adaptés pour l'accompagnement ;
- le soutien à la direction d'école et aux professionnels pédagogiques dans la gestion et l'accompagnement de projet de développement professionnel des enseignants ;
- l'analyse réflexive des pratiques dans la mise en place de nouvelles pratiques pédagogiques ;
- l'intégration de l'approche par compétences à ses pratiques ;
- la compréhension de la démarche d'accompagnement exposée dans cet ouvrage ;
- …

Pour nous joindre :

Louise Capra
capralouise@hotmail.com

Lucie Arpin
arpinlucie@hotmail.com